国家社科基金一般项目（项目编号：16BFX169）
苏州大学人文社会科学资助项目

转换性使用著作权问题研究

传媒发展融合的视角

A Study on Copyright Problems of Transformative Use

From the Digital Media
Development and Integration Perspective

李杨 著

社会科学文献出版社
SOCIAL SCIENCES ACADEMIC PRESS (CHINA)

摘　要

在著作权侵权尤其是综合性非字面侵权认定中，作品转换性使用是否构成侵权一直是司法实践和理论研究中的难点。所谓"转换性使用"（transformative use），是指对版权作品进行派生使用或具有再生产功能，或与著作权人对原作品内容的使用方式、功能或目的截然不同的作品使用行为。伴随数字技术和传播媒介的不断发展、融合，作品转换性使用的形态呈现多元化，其与著作权保护之间的利益冲突也日益激化。国外研究与我国在法律适用语境上存在较大差异，而国内对转换性使用著作权问题的专项具体研究仍较薄弱，理论拓展性不够深入。同时，国内现有成果对转换性使用与著作权（尤其是演绎权等著作财产权）保护范围以及著作权侵权认定传统规则之间的关系研究尚不够充分，"碎片"特征明显，有待进一步提炼、充实。此外，亟须结合传媒发展融合中的数字新环境对著作权转换性使用问题作深入探索。

本书主要包括五章，主要内容如下。

第一章为转换性使用的理论基础考察。本章先从历史维度考察转换性使用在著作权法判例中的理论发展轨迹，对转换性使用进行理论溯源和谱系梳理。同时，对转换性使用与创益性使用、合理（适当）引用、自由使用等相关概念进行辨析，进而探讨转换性使用的功能定位和价值导向，指出转换性使用概念在著作权法理论研究上具有重要意义。

第二章为传媒融合发展与转换性使用的多元样态。依兼顾平衡公共利益之不同价值导向，事实类型化区分下的转换性使用主要包括基于表达自由的转换性使用（如戏仿）、基于文化多样性的转换性使用（如同人创作、艺术挪用）、基于信息描述与指示来源的转换性使用（如信息检索数据库、网页快照和缩略图、历史呈现类描述）等三大类。随着数字传媒与互联网技术的不断融合发展，版权作品挪用方式呈现网络游戏直播、短视频等传播融合新形态，这些新形态是否适用转换性使用理论亦出现较大争议和分歧。

第三章为转换性使用的著作权法困境。从规范分析层面来看，仅从单一的作品范畴考察，作为"内容性转换"的转换性使用既同版权作品的演绎权存在重叠冲突，又和作品侵权认定的传统规则难以兼容并存，适用上存在难以弥合的理论局限性。使用行为的"目的性/功能性转换"标准既没有为裁判者提供清晰、可预见的规范分析方法，同时还在司法实践中呈现被过度扩张解释的趋势。转换性使用理论是否适应我国本土化的法治环境与现实土壤仍需进一步审视。此外，转换性使用在我国司法适用解释过程中还存在较大的观点分歧和说理局限性。

第四章为转换性使用的著作权法解释论建构。著作权侵权认定规则应重塑著作权保护范围的"作品范畴—行为范畴"二元权利作用"焦点"结构，同时确立从"作者"中心转向"作者/使用者"平衡生态的著作权法解释论体系。我国司法实践中有必要引入并运用合理使用四要素作为辅助三步检验法分析的一般适用规则，将使用行为的"内容性转换"作为补充确立作品保护边界的规范解释概念，将"目的性/功能性转换"作为著作权侵权认定的价值指引和定性工具，同时注重有效运用比例原则，对使用行为的"合理容忍的利益减损"要件进行充分考量。

第五章为转换性使用的著作权法未来。从观念和理论层面来看，著作权法应摒弃根植于"人—物"支配关系、单向度的财产独占观念，回归至"作者/使用者"共存法律关系的利益平衡生态。从立法层面来看，著作权法应以利益平衡原则作为立法宗旨和合理使用制度的价值指引依据。同时，应结合三步检验法相关表述，有效吸纳"因素主义"积极要件，调适规范意义上的合理使用一般条款。从司法适用规则解释层面来看，应明确合理使用一般规则是区分侵权/非侵权行为、已融入综合价值判断的"事实/法律"混同规则。此外，应明确使用行为的"内容性转换"和"目的/功能性转换"定性，二者在侵权认定中发挥着不同的法律解释功能。

关键词：著作权法；侵权认定；转换性使用；作品；合理使用

ABSTRACT

In the determination of copyright infringement especially comprehensive non-literal infringement, whether the transformative use constitutes infringement is always a difficult point in legal practice and theoretical study. The so-called "transformative use" is a use behavior that builds on the derivative use of copyrighted works having the function of reproduction, or in a different manner, a different function or for a different purpose from the original. With the continuous development and integration of digital technology and media, the forms of transformative use of works appear diversified, and the conflicts of interest between them and copyright protection are increasingly intensified. There is a huge difference between study abroad and China in the context of legal application, and special researches on transformative use in copyright issues are relatively weak in China, which without enough theoretical expansion. Meanwhile, the research on relationship between transformative use, range of copyright (especially economic rights such as derivative right etc.) protection and traditional rules of determination of copyright infringement has been insufficient yet in existing achievements in China, which has obvious fragmented features and remains to be refined and perfected deeply. Besides, it is urgent to make a further exploration to transformative use in combination with the new digital environment in integration and evolution of media.

This book consists of five chapters, the main contents of which are as follows:

Chapter one is the inspection of theoretical foundations of transformative use. During this part, I firstly inspect the trajectory of theoretical development of transformative use from a historical perspective, then trace the theoretical origin and sort the pedigree of transformative use. Moreover, I discriminate the related concepts such as transformative use and productive use, appropriate (proper) quotation, free use etc. to explore the functional location and value orientation of transformative use, then point out that transformative use is of great importance in theoretical study of Copyright Law.

Chapter two is the multiple patterns of transformative use in integration and development of media. By covering different value orientations of balancing public interests, transformative use under differentiation of behaviors mainly includes three categories: transformative use base on freedom of expression (such as parody), transformative use based on cultural diversity (such as fan-fiction and appropriation) and transformative use based on information description and indication of sources (such as information retrieval database, web cache and thumbnail, historical presentation description). With the continuous integration and development of digital media and internet technology, the appropriation of copyright works presents a new form of dissemination and integration, such as live game streaming online and short videos, and whether these new forms are applicable to the theory of transformative use has also contributed considerable controversy and disagreement.

Chapter three is the dilemma of transformative use in the Copyright Law. From the perspective of normative analysis, only from a single category of works, transformative use, as "content transformation", not only conflicts with derivative right of copyrighted work overlappingly, but also is incompatible with traditional rules of determination of work infringement, which has unbridgeable theorical limitations. "Purposive/functional transformation" standard of use behavior neither provides a clear and predicable normative analysis method for judges, but also presents a tendency of excessive extensive interpretation in legal practice. Therefore, it still needs further examination whether transformative use theory can adapt to the localized legal environment and realistic soil in China. In addition, there are still great divergences of views and limitations of reasoning in the process of judicial application and interpretation of transformative use.

Chapter four is the construction of Copyright Law interpretation of transformative use. The traditional rules of the determination of copyright infringement should reshape the structure of the focus of "works-behaviors" dual rights function of the protection by copyright, and establish the interpretation system of Copyright Law from "author" center to "author/user" balanced ecology. It is necessary to introduce and apply four factors of fair use judgment as general rules of applicability that assist the analysis of three-step test in domestic judicial practice, take "content transformation" of use behavior as concept of normative interpretation to establish the boundary of work protection supplementally, and take "purposive/functional transformation" as the value orientation and qualitative tool of determination of copyright infringement. Meanwhile, we shall pay attention to the effective application of proportionality principle and give a full examination of "benefit impairment under reasonable tolerance" of use behavior.

Chapter five is the future of transformative use in the Copyright Law. From the perspective of concept and theory, the Copyright Law shall abandon the one-dimensional exclusive property concepts rooted in the dominance relationship between "human-matter", and return to the interest-balancing ecology of the co-existing legal relationship between "authors/users". From the legislative perspective, the Copyright Law shall establish interest-balancing principle as the purpose of legislation and the value-guiding basis of transformative use. Meanwhile, we shall absorb the positive elements of "factor-ism" and adapt the general clauses of transformative use in normative senses combining the relevant expressions of the three-step test. From the perspective of the interpretation of judicial applicable rules, we shall clarify that the general rule of fair use is "fact/law" -mixing rule that distinguishes infringement/non-infringement and has been integrated into comprehensive value judgement. In addition, we shall clear the qualitative analysis of "content transformation" and "purposive/functional transformation", which play different functions of legal interpretation in the determination of infringement.

Keywords: Copyright Law; Copyright Infringement; Transformative Use; Works; Fair Use

目　录

Contents

导言　论著作权的保护范围
——兼谈转换性使用著作权问题的研究价值

一

在考察有体财产的所有权问题时，有体物本身具有的物质特征和物理边界，致使我们都以它的物理性存在作为中心来理解和认知，有体物本身就构成所有权的权利作用"焦点"（focal point）。换言之，所有权通常不会逾越此边界而被无限放大，一旦有过度扩张之嫌，如同我们把一瓶墨汁倾入池塘当中，自然就会审视墨汁的所有权能否延伸至池塘这一物理边界，质疑这究竟还属不属于所有权范畴。不同于作品载体，非物质性的作品看不见、摸不着，不占据一定的物理空间。作为抽象物之信息，作品难以像有体物那样，依自身的物理内在结构就能够确立财产权的权利作用"焦点"。

但现实中，法律一直尝试沿用有体财产的物权逻辑，将作品拟制为一种与有体物类似的、可以确立物质特征和物理边界的东西——抽象物。某种意义上，我们将作品视为著作权的"保护对象"，其本身就预设一种隐喻式的逻辑前提——作品可以像有体财产那样，作为财产权边界划分的主要依据。作品独占论时常用来指涉那些将自然权利作为中心内容的财产理论。在作品独占论看来，占有者应当支配抽象物，所有权理应高于共有利益。换言之，"财产利益本身就被给予道德的至上性，与个人主义有很强的联系"①。某种意义上，作品独占论支撑着著作权是一种自然权利的观

---

① 〔澳〕彼得·德霍斯：《知识财产法哲学》，周林译，商务印书馆，2008，第209～211页。

念，主张作品作为一种抽象物的个人财产具有神圣不可侵犯性，而这将使财产法的原则及制度设计被植入著作权体系，著作权由此可能获得一种绝对性的支配力，进而形成渐次扩张的理论基础。[①] 当人们用"偷窃"一词来形容对作品的未授权使用，实际上恰恰隐喻着自然权利体系内的一种财产观念。

长期以来，人们习惯性地将有体物的财产权观念类推至作品，却忽视了著作权不同于所有权的权利作用"焦点"结构。这种以所有权单一权利作用"焦点"——有体物为参照的拟物化逻辑会引发一系列问题：它使著作权呈现一种完全开放式的专有权模式，从而使著作权有条件地延伸至他人对作品的任何使用行为当中。而这有可能造成个体私权与公共利益之间过度的内在紧张关系，进而使著作权法兼顾的社会公共价值目的难以实现。此外，这种"拟物化"类推逻辑还容易使著作权制度陷入作品保护范畴等同于著作权保护范围的思维误区。著作权法强调人与人之间的"主体间性"（intersubjectivity），著作权绝非反映单纯的作者与作品关系，而是作者与后续作者、作者与公众之间的利益平衡关系。就著作权而言，"与其说保护的是作品，毋宁说保护著作权人基于作品特定利用方式而产生的利益"[②]。

言及著作权的保护范围，需要确立著作权人可以自行或限制他人对作品实施的某些使用行为，难以脱离"行为范畴"的考察。从著作权的权利内容来看，各国都以使用行为类型（如复制、发行、表演、展览、向公众传播等行为）作为权能划分的主要依据；就著作权例外或限制规定而言，各国仍以使用行为类型（如个人使用、合理引用、教学或科研使用、免费表演等）作为划分依据，同时辅之以"三步检验法"（three-step test）或"合理使用四要素"作为使用行为的合理性检验标准。换言之，"知识产权法和政策必须注重人类行为的具体模式——即调整人类活动的连接点，因而法律和政策没有必要调整所有知识创作物的利用行为"[③]，著作权人仅能

---

① 宋慧献：《版权保护与表达自由》，知识产权出版社，2011，第 455 页。
② 李扬：《著作权法个人使用问题研究：以数字环境为中心》，社会科学文献出版社，2014，第 148 页。
③ 〔日〕田村善之：《"知识创作物未保护领域"之思维模式的陷阱》，李扬、许清译，《法学家》2010 年第 4 期。

限制他人对作品的某些使用行为。例如，私人表演就不应认定为个人合理使用的法定豁免情形，而是一种自由使用。这是因为私人表演的"表演"含义已不同于"表演权"定义中的"（公开）表演"，故私人表演行为并未侵害著作权人对作品享有的表演权。

然而，单一的"行为范畴"路径也不能完全解决著作权保护范围的权利作用"焦点"问题，有时仍需要结合"作品范畴"对使用行为进行认知和定性。例如，当涉及著作权非字面侵权问题时，使用行为究竟对原作品构成"复制""改编"抑或"剽窃"，还是"合理引用"甚或"自由借鉴"，需要从作品范畴运用"思想/表达"二分法、"独创性"标准以及"接触＋实质性相似"规则对原、被告作品进行比对和判断。例如，就改编权的保护范围而言，如从行为范畴考察，改编行为绝非原封不动地简单"复制"，而是融入一定创造性劳动的作品改动；而从作品范畴考察，改编行为又是受制于原作品基本内容的有限度创作，改编作品无法脱离于原作品的基本表达。

可见，知识创作物与行为二者之间有时难以严格区分，二者之间彼此联系、互为印证。究竟什么样的东西被视为抽象物——作品，其实是由"使用行为"的抽象化程度所决定的；即使从类型化的行为范畴来判断著作权侵权问题，有时候仍需借助作品范畴来界定行为的性质。① 正基于此，在界定著作权的保护范围时，其权利作用"焦点"（理解著作权保护什么以及保护到什么程度的联结点）结构实为一种二元构造，包括"行为范畴"和"作品范畴"，二者共同构成著作权保护范围的双重认知体系，同时也是侵权认定中彼此关联、互为印证的重要因素。

二

然而，仅指出著作权的权利作用"焦点"结构实为一种二元构造体系还远远不够，必须进一步厘清"行为范畴"和"作品范畴"作为权利作用

---

① 李杨：《改编权的保护范围与侵权认定问题：一种二元解释方法的适用性阐释》，《比较法研究》2018 年第 1 期。

"焦点"的各自功能及其关联性。某种意义上讲，判断作品使用是否侵权即在圈定著作权的保护范围。就著作权侵权认定问题而言，从行为的角度来看，侵权人必须构成不当挪用或是抄袭了他人作品；而从作品的角度来看，则是原、被告两部作品之间存在表达上的相同或实质性相似。可以认为，正因为作为抽象物的作品不具备有体财产那样较清晰的物理边界，故侵权人的使用行为是否达到不当挪用的程度进而侵害他人的著作权，司法实践中首先需要从作品范畴展开比对和分析，以判断侵权人是否抄袭了著作权人在作品表达中的实质性部分。而这一部分，恰恰是原作品能够反映作者智力劳动投入的个性化表达。在此基础之上，裁判者再从行为范畴考察该行为本身属于著作权能内容所确立的哪类法定利用方式（如复制、发行、表演、展览、广播抑或信息网络传播等），是否符合合理使用判断的一般规则（如三步检验法及合理使用四要素）以及侵权行为的法定豁免情形（如个人使用、合理引用、教学或科研使用、免费表演等）。

就作品范畴而言，尤其是在涉及作品改动使用的著作权侵权案件中，我国司法实践中关于判断原、被告两部作品之间是否构成实质性相似的比对和分析规则存在一定分歧。例如在改编侵权司法认定中，较具影响力的观点之一认为实质性相似考察应侧重于将在后作品挪用在先作品的独创性表达部分与在先作品的独创性表达整体作比对，而挪用表达部分占在后作品表达整体的比重考察并不具有决定性意义。[①] 该观点最早可追溯至美国Hand 大法官在 1936 年 Sheldon 案中确立的一项规则，即"剽窃者不能以自己作品中存在多少未剽窃的内容来证明其不承担侵权责任"[②]，否认将挪用表达部分与在后作品表达整体在质和量层面的比重分析融入实质性相似考察的价值判断当中。而另一种观点则认为，改编侵权认定中的实质性相似判断应同时考察受保护的挪用表达相似部分在两部作品中的比重，以及两部作品的独创性表达在整体印象方面所呈现的差异性。[③] 这一观点支持对原、被告作品之间的表达相似性和表达差异性二者同时综合考量，实际

---

① 张玲玲、张传磊：《改编权相关问题及其侵权判定方法》，《知识产权》2015 年第 8 期。
② Sheldon v. Metro-Goldwyn Pictures Corp. , 81 F. 2d 49, 56 (2d. Cir. 1936).
③ 胡震远、朱秋晨：《改编作品的三步检验法》，《人民司法》2013 年第 8 期。

上认可了挪用表达部分占新作品表达整体的比重考察具有同等重要作用。进一步讲，新作品有别于原作品而创作添加的表达差异性部分同样具有不容忽视的作用，在实质性相似考察的价值判断中甚至可以抵消两部作品之间的表达相似性程度。值得注意的是，这一观点在美国司法实践中也获得了部分判决的支持和认同。①

就上述分歧而言，"距离（覆盖）"规则可以为我们提供一定理论指引和参鉴。德国理论界在确立著作权的保护范围和边界时设置了"自由使用"（freie benutzung）这一概念，而主流观点认为区分改编侵权与自由使用应当从新老作品的独创性特征和整体印象比较中进行综合考察。"自由使用的标准应当体现在新作品在文化方面的进步意义上，这种进步只有从新老作品独创性特征的比较中才能判断出来……对在先作品使用部分的数量多少在判断自由使用和改编行为时并不具有决定性意义，更多取决于两部作品在整体印象方面的独创性比较。"② 进言之，根据"距离（覆盖）"规则，如果"被使用作品的独创性隐含在新作品中且原作与新作品的独创性相比已黯然失色"，即"被使用作品的独创性内容已经从新作品中完全'隐退'……对新作品来说仅属于灵感的来源"，则该使用行为构成自由使用。③ 对此，我国司法实务界也有类似的认知："如果已有作品的表达并不构成新作品的基础，没有成为新作品的重要内容、情节和结构，新作品只是将其作为素材来使用，而非以其作为派生、衍生之基础的，不应认为新作品是演绎作品。"④ 正如在华严文化艺术有限公司诉上海沪剧院等改编侵权纠纷案当中，上海市一中院认为原、被告作品表达相同或相似点所占的比重较小，两部作品在独创性表达上呈现整体性的差异。基于此，上海市一中院认定："尽管从《胭脂盒》中隐约可以看到《胭脂扣》的影子，但这种印象更多地体现为自由借鉴而不是演绎侵权。"⑤ 可见，从作品范畴对

---

① Novelty Textile Mills, Inc. v. Joan Fabrics Corp., 558 F. 2d 1090（2d Cir. 1977）；Idema v. Dreamworks, Inc., 162 F. Supp. 2d 1129, 1143 – 55（C. D. Cal. 2001）；Wild v. NBC Universal, Inc., 788 F. Supp. 2d 1083, 1106（C. D. Cal. 2011）.
② 〔德〕M. 雷炳德：《著作权法》，张恩民译，法律出版社，2005，第259页。
③ 〔德〕M. 雷炳德：《著作权法》，张恩民译，法律出版社，2005，第258页。
④ 陈锦川：《著作权审判：原理解读与实务指导》，法律出版社，2014，第59页。
⑤ 上海市第一中级人民法院（2012）沪一中民五（知）终字第112号民事判决书。

原、被告作品进行实质性相似考察时，新作品有别于原作品创作添加的表达差异性部分以及两部作品在独创性表达上呈现的整体差异性同样具有不容忽视的作用，甚至可以抵消两部作品之间的表达相似性考量，这进一步印证"距离（覆盖）"规则在著作权法理论中发挥着界分"改编侵权／自由使用"的行为性质、圈定著作权保护范围及确定权利边界的重要功能。

三

由上可知，判断作品使用行为究竟属于改编侵权抑或自由使用，需要首先从作品范畴认知并界定行为的性质，这同时也是确立著作权保护范围及权利边界的重要步骤。在此基础之上，裁判者还需要从行为范畴判断使用行为归入著作权的哪类权能类型，以及是否符合合理使用判断的一般规则以及侵权行为的法定豁免情形。

从行为范畴来看，就著作权合理使用制度而言，目前主要包括规则主义和因素主义两种立法模式。[1] 规则主义模式是作者权体系国家（以德、法等国为代表）遵循的主要立法模式，主张合理使用实属著作权的例外和限制情形，因而合理使用行为又必须是明确且类型化的法定情形。因素主义模式是版权体系国家（以美国为代表）遵循的主要立法模式，除合理使用的简要例示情形以外，仅侧重在立法中设定合理使用判断的几个基本要素，为法官的具体个案裁判提供原则性的指引依据。故通常来说，规则主义模式实为合理使用制度的封闭模式，而因素主义属于一种开放模式。

在规则主义模式下，立法者在以"三步检验法"作为指引规则的基础上，需通过明确翔实的类型化划分方式将合理使用类型纳入法律条文中，以提升个案中合理使用判断的可预见性。从欧盟司法实践来看，法院虽然认可"三步检验法"并不影响合理使用之法定豁免情形的实质性内容，但个案中的合理使用判断仍需要依据三步检验法进行解释。[2] 尽管"三步检

---

① 吴汉东：《著作权合理使用制度研究（第三版）》，中国人民大学出版社，2013，第275页。

② Case C - 302/10, Infopaq International A/S v. Danske Dagblades Forening, ECLI：EU：C：2012：16，para. 55 - 57.

验法"在规则主义模式下的合理使用判断中起到重要的指引作用，但该检验法更多发挥的是对合理使用法定豁免情形的限定解释功能，并非真正意义上的开放式"安全阀"。换言之，一旦作品使用行为不符合著作权法列举的合理使用法定情形，原则上即应构成侵害著作权的行为，很难再有其他免责抗辩的适用余地。然而，"三步检验法"的设置背景是《伯尔尼公约》等国际条约难以调和各成员国对著作权限制与例外具体情形的设置差异，故《伯尔尼公约》文本不得不采用"三步检验法"这一抽象概括式的表述。换句话说，"三步检验法"实属于指导并督促成员国严格遵守国际公约、履行义务的宣示性条款，本不应作为著作权法定豁免情形在私法意义上的限制解释规则。①

　　伴随着信息社会的不断发展，规则主义模式这一封闭列举形式及其限制解释规则正逐渐暴露出难以顺应时代发展的制度僵化问题。这既要求立法者在合理预见范围内制定开放性的著作权限制与例外情形，同时也要求裁判者发挥必要的司法能动性，对合理使用"三步检验法"展开开放式的合目的性解释，进而将现有的法定限制和例外情形进行必要修正后的类推或延伸性适用，以通过柔性司法的适度介入弥补立法僵化缺陷。针对著作权法"三步检验法"的立法平衡问题，欧洲法学界于 2008 年作出的《关于"三步检验法"平衡解释的慕尼黑宣言》以及 2010 年的《欧洲著作权法典（草案）》都一再强调应对合理使用条款在开放性体例和弹性结构上作进一步细化安排，以顺应规则主义模式在新技术发展环境下对合理使用制度的时代诉求。特别是在欧盟法院对 Deckmyn 案作出裁决性解释之后，欧洲版权协会随之公布了相关立场声明，进一步强调为了确保著作权与其他基本权利之间达成合理平衡，各国法院应对合理使用制度适用合目的的开放性解释而非严格的限制性解释进路。在司法实践中，裁判者也尝试运用司法能动性以及必要的司法张力来灵活处理合理使用制度的闭合或僵化问题，以柔性司法来弥补规则主义模式中立法构造的技术性缺陷。② 在

---

① Silke Von Lewinski, *International Copyright Law and Policy*, Oxford：Oxford University Press, 2008，p. 160.

② 李杨：《著作权合理使用制度的体系构造与司法互动》，《法学评论》2020 年第 4 期。

Deckmyn 案中，欧盟法院认为三步检验法在数字技术环境下应为一种开放式的弹性规则，对合理使用判断具有不可或缺的外部证立作用。① 实际上，三步检验法之步骤一"在特殊情形下"并未仅限定于合理使用的法定豁免情形，欧盟各国法院在司法实践的价值衡量中依据该步骤的抽象表述，业已将合目的性的著作权体系外部因素（如宪法中"信息、艺术和言论表达自由"② 等公民基本权利、民法中的"禁止权利滥用""默示许可"③ 等基本原则等）引入著作权规则体系以内，再根据比例原则进行合理使用的弹性适用解释。可以认为，这些外部引证的功能性目的主要包括使用行为能否被证明"仅造成最低限度的经济影响"或有利于"表达和信息自由""推动社会、政治和文化进步目标"，以及"促进市场自由竞争"等。

在因素主义模式下，美国的合理使用制度是由判例法演化发展而成的开放式模式。根据《美国著作权法》第 107 条规定，是否构成合理使用只有在具体个案中才能判断，考察的综合要素包括使用行为的目的和性质、版权作品的性质、使用部分占被使用版权作品的质与量以及使用对作品潜在市场或价值的影响。该四项综合要素绝非一种穷尽式规定，仅为司法实践中判断合理使用较关键的核心因素。除此之外，当法院认为"被告是否具有主观恶意""与行业相关的习惯""被告行为是否会促进公共福祉"等其他因素也应当考量时，亦可纳入判断分析。④ 然而，诚如 Hand 大法官所确立的作品挪用规则⑤，美国判例法从作品范畴界定著作权的保护范围时，在司法实践中形成并确立了"宽口径"准入的保护规则，既降低了在先作品的"独创性"保护门槛，同时又在实质性相似考察中否认将挪用表达部分与新作品表达整体在质和量层面的比重分析融入价值判断。换言之，从作品范畴来看，美国传统意义上的实质性相似规则似乎更侧重于挪用表达部分的市场独立价值，而忽略新作品中有别于原作品而创作添加的

---

① Case C - 201/13, Johan Deckmyn etc. v. Helena Vandersteen etc., ECLI：EU：C：2014：2132, para. 25 - 27.

② BVerfGE, June 29, 2000, 2001 GRUR 149, para. 10 - 23.

③ Bundesgerichtshof, April 29, 2010, Case I ZR 69/08, pp. 14 - 15.

④ William F. Patry, *Patry on Fair Use*, London：Thomson Reuters & Westlaw, 2013, p. 525.

⑤ 即"剽窃者不能以自己作品中存在多少未剽窃的内容来证明其不承担侵权责任"，*See* Sheldon v. Metro-Goldwyn Pictures Corp., 81 F. 2d 49, 56 (2d. Cir. 1936)。

表达差异性部分可能具备的社会公共价值。基于此，就挪用行为的不法性判断而言，美国裁判者在司法实践中的确需要从侵权豁免的合理使用原则（如合理使用四要素）中寻求必要的引置与弹性适用空间，以有效实现私权与公共利益之间的"动态体系"平衡。

在美国合理使用四要素中，要素二和要素三通常被视为两项辅助参考因素，司法实践中的主导因素之争主要集中在要素一"使用行为的目的和性质"与要素四"使用对作品潜在市场或价值的影响"之间。合理使用原则自从1976年被美国立法正式吸纳以来至20世纪90年代之前，侧重于合理使用要素四考察的市场损害说在司法实践中几乎占据着合理使用判断的绝对主导地位。如在1985年Harper & Row案中，美国联邦最高法院坚称合理使用判断最核心的要素在于考察"使用行为是否会对原作品的潜在市场价值造成实质性损害"，明确表示要素四"无疑是合理使用原则唯一且最重要的判断要素"①。这一观点为权威学者Nimmer教授所认同。直到1990年，Leval法官在《哈佛法学评论》中首次提出合理使用要素一中的"转换性使用"（transformative use）概念，为合理使用解释的功能性转向提供了理论支撑。在他看来，要素一"使用行为的目的和性质"才是合理使用判断的核心内容。同时，要素一也不应仅依使用行为的商业性与否进行划分，而应侧重于考察"使用行为是否以及在多大程度上具有转换性"。Leval法官认为，"转换性使用"通常是将原作品作为一种素材使用，存在于"创造新信息、新艺术以及新价值的使用行为"中，侧重于作品使用能否为公众文化增加更多更好的社会价值。② 在Campbell v. Acuff-Rose案中，联邦最高法院正式承认"转换性使用"并将之视为合理使用要素一的核心考察内容，认同作品转换性使用有助于实现推动技术和艺术进步的版权法目标，进而提出"使用的转换性越大，合理使用分析中其他因素的重要性就越低"。伴随着数字技术的不断发展，美国司法实践中对合理使用的"转换性"考察甚至从兼具"内容性转换"（transformative content）和"目的性转换"（transformative purpose）二者逐渐发展转向为对单一"目的性/

---

① Harper & Row, Publishers, Inc. v. National Enterprises, 471 U. S. 539, 566 (1985).

② Pierre N. Leval, "Toward a Fair Use Standard", *Harvard Law Review* 103 (1990)：1111.

功能性转换"的偏重。①

从司法适用效果来看，"转换性使用"概念的提出确实对版权体系的合理使用判断具有超越其他判断因素的影响力。美国在司法实践中柔性发挥"转换性使用"在合理使用判断中的弹性解释功能，并非完全忽视其他因素尤其是要素四"使用对作品潜在市场或价值的影响"的重要作用，而是作为一种开放式规则，使法官在市场损害分析之外能够兼顾合目的性之功能分析，将合目的性的外部证立因素较顺畅地引入体系规则内进行适用解释，进而在维系著作权人和使用者的利益平衡关系方面发挥更积极有效的作用。简言之，作为合理使用要素一的"转换性使用"考察，类似于步骤一"在特殊情形下"之于"三步检验法"，更多是在功能性分析而非规范层面上发挥必要的适用引置和外部证立作用。

四

基于上述分析，我们发现同为确立著作权保护范围的权利作用"焦点"，"作品范畴"和"行为范畴"二者实为著作权侵权认定中彼此关联、相互印证的重要因素。同时，无论是在作者权体系还是在版权体系内，为了圈定著作权的保护范围，法律于权利作用"焦点"二元框架内都需要在规范解释路径之外，通过立法设置或由司法续造能够弹性发挥功能性解释作用的适用基点和依据。如在作为作者权体系典型代表的德国，"作品范畴"和"行为范畴"彼此之间灵活发挥着补强功能，司法实践中除从行为范畴强调"三步检验法"有必要将合目的性的著作权体系外部因素引入规则并发挥应有的外部证立作用以外，"距离（覆盖）"规则以及"自由使用"这一抽象概念本身就为从作品范畴划定著作权的保护范围，合理界分"复制"、"改编"抑或非侵权使用的行为定性提供了功能性解释层面的弹性适用基点和开放式"阀门"。而作为版权体系典型代表的美国，虽然以作品范畴界分著作权保护范围的规范解释路径并未嵌入像德国法"自由使

---

① Perfect 10 v. Google, 508 F. 3d 1146, 1168 (9th Cir. 2007); Authors Guild, Inc. v. Google Inc., 804 F. 3d 202, 229 (2d Cir. 2015).

用""距离（覆盖）"规则这样的开放式解释空间，但从行为范畴来看，因素主义模式下的合理使用四要素相对于规则主义模式更具有适用层面的解释论灵活性和开放性，要素一判断中的"转换性使用"就是在规范解释路径之外发展而成的功能性阐释"阀门"，在合理使用判断分析中发挥着不容忽视的外部证立作用。

如同"自由使用""距离（覆盖）"规则从作品范畴侧重于考察新作品有别于原作品创作添加的表达差异性部分，关注新旧作品在整体印象方面的独创性比较以及新作品在文化方面的进步意义一样，"转换性使用"从行为范畴侧重于考察作品使用是否"创造新信息、新艺术以及新价值"，关注使用行为本身能否为公众文化提供更多更好的社会价值。可见二者异曲同工，都旨在强调使用行为的违法性判断既应秉持作品"市场价值/社会价值"双轨制衡量的价值导向，又应当遵循融贯"规范性（定量）分析/功能性（定性）分析"的双轨制解释进路。就"转换性使用"而言，其"转换性"内涵包括"内容性转换"和"目的性/功能性转换"两个层面，"内容性转换"即从作品范畴考察新作品基于创作所添加的新信息、新艺术及新价值，而"目的性/功能性转换"实从行为范畴层面考察作品使用的目的及性质——行为本身是否在公众文化及社会价值等方面具备合理且必要的"转换性"目的或用途。换句话说，当使用者的作品挪用本身不涉及再创作行为以及与原作品之间不存在衍生创作关系时，"目的性/功能性转换"可以从行为范畴层面发挥行为正当性解释的补强功能。可以认为，"转换性"的功能性价值亦通过"作品范畴—行为范畴"二元权利作用"焦点"得以彰显，进而为个案价值判断中确立并划定著作权的保护范围发挥着不容忽视的重要作用。同时，这也为我国法律实践中完善著作权保护范围以及侵权认定的解释论体系提供了理论支撑和有益启示。

伴随着数字技术和传播媒介的不断发展、融合，作品转换性使用的形态呈现多元化，其与著作权保护之间的利益冲突也日益激化。在一系列案件中，美国法院将作品使用行为的"转换性"解释进一步延伸至网页快照、电子图书摘节、挪用艺术、音乐混搭等合理使用判断中。对此，版权学者 Paul Goldstein 提出了不同观点，认为倾向于支持合理使用之转换性使用的不断扩张将威胁著作权人演绎权等专有权属性，从根本上打破著作权保护与自由借鉴之间的利益平衡关系。① 对于转换性使用与著作权之间的冲突，部分美国学者尝试提出解决问题的协调方案，如从观念上重塑版权的财产权属性、从行为的类型化上界定构成合理使用的转换性使用、在侵权判定规则上完善转换性使用的功能性分析和默示损害标准、从制度上调整演绎权的保护范围以及侵权责任原则等，为进一步研究传媒发展融合中的转换性使用问题提供了较充实的理论支撑。但与此同时，由于近年来美国司法实践对使用行为的"转换性"解释过度扩张，作为合理使用要素中的"转换性使用"理论也引起部分学者的重新审视。基于美国司法实证分析和较深入的考察，有学者认为："转换性使用已沦为一个司法政策概念，这一术语并不能有效发挥应有的规范分析功能，裁判者过度重视使用行为的'转换性'，会导致对个案具体事实背景的轻视甚至背离，致使合理使用判断更加缺乏连贯性和可预测性。"②

就我国而言，在媒体融合发展背景下，自媒体平台大量涌现，网络用户从单一的消费者身份向兼具消费者与创造者的多元身份转变，"用户生成内容"成为 web2.0 时代的常态。日新月异的数字技术催生了新型产业的迅猛发展，在带动新兴市场发展的同时也推动着作品的传播与利用。与此同时，新技术和新产业也对现行立法不断造成冲击。2011 年底，最高人民法院出台《关于充分发挥知识产权审判职能作用推动社会主义文化大发展大繁荣和促进经济自主协调发展若干问题的意见》（以下简称《指导意见》），第 8 条既认可三步检验法在合理使用判断中的弹性解释功能，又明确可以将美国合理使用四要素纳入三步检验法的分析参考因素。③ 基于此，部分学者认同将美国合理使用要素一"使用行为的目的和性质"分析中的

---

① Paul Goldstein, "Copyright's Commons", *Columbia Journal of Law & Arts* 29 (2005): 1.

② Jiarui Liu, "An Empirical Study of Transformative Use in Copyright Law", *Stanford Technology Law Review* 22 (2019): 240.

③ 《指导意见》第 8 条规定："妥当运用著作权的限制和例外规定，正确判定被诉侵权行为的合法性，促进商业和技术创新，充分保障人民基本文化权益。正确认定合理使用和法定许可行为，依法保护作品的正当利用和传播。在促进技术创新和商业发展确有必要的特殊情形下，考虑作品使用行为的性质和目的、被使用作品的性质、被使用部分的数量和质量、使用对作品潜在市场或价值的影响等因素，如果该使用行为既不与作品的正常使用相冲突，也不至于不合理地损害作者的正当利益，可以认定为合理使用……"

"转换性使用"概念引入我国司法裁判当中,为转换性使用寻求并提供规范分析路径的适用法依据(如依"三步检验法"一般条款①、"合理引用"具体条款②等)。与此同时,在王莘诉谷翔信息技术有限公司等侵害著作权纠纷、上海美术电影制片厂诉浙江新影年代公司侵害著作权纠纷等案件中,法官在裁判说理中正式吸纳并运用"转换性使用"概念对涉案行为的合理使用判断作出辅助性解释,最终支持了被告的合理使用抗辩主张。③然而,多数裁判者则仍坚持规范分析框架内的解释论进路,否认仅依作品使用中的"转换性"考察,即可支持涉案行为的合理使用抗辩主张。④结合我国司法现状,有学者提出反对意见,指出"转换性使用"在美国学界亦饱受批评,它仅为法院判决结果合理化的说理"帽子",而不是影响判决结果的规范分析工具。⑤

然而,对于"转换性使用"是否有引入我国司法裁判解释论体系的必要性疑惑及分歧,本质上涉及对价值的理解问题。价值是人类对于自我发展的本质发现、创造与创新的要素本体,包括社会价值、个人价值、经济学价值及法律价值等不同形态。价值命题代表主体对于客体的评估和态度,既满足主体对客体的"个人"利益偏好,又兼顾客体在整体社会关系中的"公共"价值导向,应"表征主客体之间存在于个人与社会关系范畴的一种普遍价值"⑥。笔者认为,"转换性使用"并非单纯意义上的规范分析概念,需要结合司法实践中的具体个案情形展开解释论层面的价值分析和功能定位。我们与其将"转换性使用"作为规范分析中的一种"理论"或适用"规则",毋宁将之视为功能性术语,即行为事实类型化区分下的

---

① 张耕、林楠:《规范性路径下作品的转换性使用标准重构及本土化运用》,《西南民族大学学报》(人文社科版)2019 年第 8 期;孙松:《著作权转换性使用的本土路径重塑》,《电子知识产权》2020 年第 2 期。

② 熊琦:《著作权转换性使用的本土法释义》,《法学家》2019 年第 2 期。

③ 北京市第一中级人民法院(2011)一中民初字第 1321 号、上海知识产权法院(2015)沪知民终字第 730 号民事判决书。

④ 北京市朝阳区法院(2016)京 0105 民初 50488 号、北京市朝阳区法院(2018)京 0105 民初 50036 号、上海知识产权法院(2017)沪 73 民终 181 号、广州知识产权法院(2017)粤 73 民终 85 号等民事判决书。

⑤ 谢琳:《论著作权转换性使用之非转换性》,《学术研究》2017 年第 9 期。

⑥ 〔德〕文德尔班:《哲学史教程》下卷,罗达仁译,商务印书馆,1993,第 912 页。

一种价值判断"工具"。基于此，本书摒弃"转换性使用"规则形成的具象单线节点，尝试从整个著作权发展史追溯转换性使用在司法判例中的理论发展轨迹，对转换性使用、合理节略、合理使用、创益性使用等历史流变中的概念进行辨析。同时，尝试梳理转换性使用在传媒发展融合背景下所呈现的多元化形式，以权利作用"焦点"的"作品范畴—行为范畴"二元结构作为划定著作权保护边界的理论基础，结合我国著作权法律体系的本土知识语境以确立转换性使用引入我国司法裁判实践的可行性及必要性，进而在解释论层面化解转换性使用与侵权认定传统规则的价值冲突及协调问题，为进一步充实、完善著作权侵权认定的理论解释体系提供有益参考。

第一章 转换性使用的理论基础考察

第一节 转换性使用的理论溯源与谱系发展

自 Campbell v. Acuff-Rose 案确立相关规则以来，"转换性使用"（transformative use）逐渐发展为美国合理使用四要素判断标准要素一"使用行为的目的和性质"考察中的一个核心子因素。尽管在《美国著作权法》条文表述中未被正式确立并提及，但"转换性使用"这一概念已在合理使用判断中为司法实践所普遍认同，对包括我国在内的诸多国家司法实践产生了较深远的影响。"转换性使用"概念从诞生到广泛运用绝非历史实践中的孤立事件，通过回溯合理使用制度的整个历史发展轨迹，才能梳理出转换性使用理论基础的"源"与"流"，进而全面系统地认知其价值及功能。

一 转换性使用的"源"考：节略、模仿与合理使用

"那些现在看来被人视若当然或看作自然构造的东西，事实上却是由一组复杂变化着的环境、实践和习惯共同作用的产物。"① 在早期司法实践中，由于著作权侵权认定规则尚未从作品范畴形成并确立"思想/表达"二分法以及实质性相似规则等规范分析理论体系，故裁判者界分并划定著作权的保护范围，主要是从行为范畴确立抽象的合理使用规则（如"合理节略""合理模仿""合理使用"等），侧重于在个案考察中依具体事实作出侵权成立与否的价值判断。一直到 19 世纪后期，各国制定法才逐渐从行

---

① 〔澳〕布拉德·谢尔曼、〔英〕莱昂内尔·本特利：《现代知识产权法的演进：英国的历程（1760—1911）》，金海军译，北京大学出版社，2006，第 7 页。

为范畴层面确立侵权行为的类型化具体情形。

从行为范畴层面来看，合理使用规则最早可追溯至英国 1741 年 Gyles v. Wilcox 案对"节略"（abridgement）问题的合理性探讨。在 18 世纪的英国，《安娜女王法》赋予著作权人的专有权利仅限于对作品"机械复制"的控制。作为当时主要的作品利用方式之一，将长篇文本进行精简或抽象的"节略"行为，不仅不会被认定为侵权，通常还因为创作出"新作品"而为社会所鼓励。在 Gyles v. Wilcox 案中，主审法官认为合理节略行为不同于机械复制，其"富含节略者的创意、学问和判断，能衍生出有别于原作的新'作品'，将有利于促进公共利益"，故不构成侵权行为。同时，法官进而提出合理节略应当是真实、合理且善意的节略行为，那种仅对原作做少许修改的重印行为应视为侵权。[①] 发展到 19 世纪，司法裁判中的"合理节略"规则更侧重于强调节略行为本身是对原作品的一种"浓缩"（condensing）或"凝结"（refining），而非对原作品的简易"萃取"（taking "extracts"）。正如 Story 法官在 1841 年 Flosom v. Marsh 案中所言：

> 合理节略绝非为了将作品制作成更短篇幅的文本而对原作品部分内容实施的单一选择或不同安排，必须对材料有大量、实质性的浓缩或凝结，同时融入节略者的智力劳动和体现这一智力劳动的判断，这不同于对原作品实质部分的剪刀式撷取。[②]

1853 年 Stowe v. Thomas 案也表达了类似观点。在该案中，主审法官认为"被告虽然在新作品中使用了原作品蕴含的构思、概念、信息或发现，但这些需要被告学习、判断以及发挥创造性"[③]，故认定被告的行为属于合理节略行为而不侵犯原告的著作权。合理节略行为很难被比拟成"仅斩掉角和尾巴的母牛"，而是"母牛孕育产出的牛犊"[④]。可见，在著作权侵权

---

① Ronan Deazley, *On the Origin of the Right to Copy：Charting the Movement of Copyright Law in Eighteen-Century Britain*（1695 - 1775），Oxford：Hart Publishing, 2004, pp. 82 - 84.

② Flosom v. Marsh, 9 F. Cas. 342, 345（C. C. D. Mass. 1841）（No. 4, 901）.

③ Stowe v. Thomas, 23 F. Cas. 207（C. C. E. D. Pa. 1853）（No. 13, 514）.

④ Vaver, "Abridgement and Abstract：Copyright Implications", 5 *E. I. P. R.* 225, 226（1995）.

认定规则尚未从作品范畴形成并确立"思想/表达"二分法以及实质性相似规则等规范分析理论体系的早期司法实践中，"合理节略"起初并未作为侵权免责的抗辩事由而存在，而是如同现代德国著作权理论中的"自由使用"概念一样，其本身就融入作品范畴的"思想/表达"（尽管当时尚未形成这一表述方式及相应规则）判断，同时侧重于节略本身所创造的新信息、新意义和新价值，发挥着界定著作权保护范围、区分侵权与非侵权行为的重要功能性价值。

同样涉及类似侵权认定问题的还有音乐编曲和戏剧改编纠纷。[①] 司法实践早期则主要借用"合理模仿"（fair imitation）这一概念旨在发挥类似于"合理节略"的司法裁判功能。1835 年的 D'Almaine v. Boosey 案是支持改编侵权成立的最早案例，英国王座法院在该案中判定被告对原告音乐作品的曲调改编构成侵权。在该案中，主审大法官 Abinger 认为："虽然音乐曲调的改编通常被理解成对来源音乐进行了变动，但人们的听觉认知仍视之为同一对象……这一侵权行为剥夺了来源作品的派生利益。"[②] 除判例法以外，同时期的普鲁士王国率先在制定法上明确禁止针对文学艺术作品的擅自改编（包括文字节略、音乐编曲以及戏剧改编等）行为。如 1837 年《普鲁士著作权法》第 20 条规定："未经作者许可，任何人对作品的节略、编曲或其他改编行为将被视同非法复制处置，不享有类似于原作品的独立权利。"[③] 尽管如此，大多数国家的制定法和判例在 19 世纪中期以前并未对改编行为的不法性给予广泛认同。这是因为各国著作权法在印刷技术时期侧重对复制权的保护，无创造性的"改编"不属于合理使用，依传统规则可被复制权所涵盖。而就具备一定独造性的改编而言，早期的判例和制定法更倾向认定其属于"合理模仿"的一种创造性活动。如在 Strahan v. Newbery 一案中，主审法官认为："改编行为是一种类似于文学创作的合

---

① 值得注意的是，音乐作品的"改编"在传统意义上使用"arrangement"一词，直译为"安排、整理"，不同于其他文学艺术作品通常用"adaptaiton"，"arrangements of music"实际上指的是对乐曲的改写，常翻译为"音乐编曲"或"音乐改编"。

② D'Almaine v. Boosey, (1835) 160 Eng. Rep. 117 (K. B.) 123.

③ Prussian Copyright Act, §20, Berlin (1837), http://www.copyrighthistory.org/cam/pdf/d_1837a_1.pdf，最后访问日期：2023 年 5 月 30 日。

理模仿，同样凝结着技巧、判断和智力劳动……改编产物与原始作品截然不同，能将现有作品引入新市场，故有助于知识在更宽广的范围内有效传播。"① 这一共识在 19 世纪中叶缔结的著作权双边保护协定中可见一斑。尽管欧洲诸国在这一时期已对作品的翻译权保护达成一致意见，但普遍认同节略、编曲以及戏剧改编等行为仍可能因为添加或创造出新信息、新意义和新价值而构成非侵权的"合理模仿"②。

19 世纪中期以降，作为大众主要的娱乐和消遣方式，音乐表演和戏剧行业发展迅猛，市场日益活跃。正是在这样的社会经济背景下，日益增加的音乐编曲和戏剧改编现象引起了各国重视。在这一时期，法国以作者权观念为基点，依据民法财产规则已将文字节略、音乐编曲以及戏剧改编等行为界定为"擅自间接侵占"（unauthorized indirect appropriation），这和英美等国从功利主义出发，长期认同上述行为在具体个案中仍可能构成"合理模仿"的态度迥然不同。如 1880 年《英国与西班牙著作权双边保护协定》第 4 条明确列举"合理模仿和戏剧改编"属于著作权例外情形，而 1880 年《法国与西班牙著作权双边保护协定》第 4 条则将"未经授权的改编、所谓的合理模仿、音乐作品的编曲利用以及任何将文学、戏剧或音乐等作品以复制或舞台表演等形式的利用"都认定为不法间接侵占。③ 直到 1886 年英、法、德、西班牙等欧洲大国为了签订《伯尔尼公约》，在英法等国相互妥协的基础上，才最终形成原始文本中的改编禁例条款。一方面，它首次明确同一形式或不同形式的改编或音乐编曲等如不符合实质变动、增补或删节的条件将构成擅自间接侵占，视同一种非法复制行为。另一方面，在条款附言的补充性解释中澄清小说转换为戏剧作品以及戏剧作

---

① Stranhan v. Newbery, (1774) 98 Eng. Rep. 913.

② Bilateral Treaty between Prussian and Britain, §4, Berlin (1846), http://www. copyrighthistory. org/cam/pdf/d_1846_1. pdf; Bilateral Treaty between Britain and French, §4, London (1851), http://www. copyrighthistory. org/cam/pdf/uk_1851_1. pdf, 最后访问日期：2023 年 5 月 30 日。

③ Spanish Literary Property Act, §7, Madrid (1847), http://www. copyrighthistory. org/cam/pdf/s_1847_1. pdf; Franco-Spanish Bilateral Copyright Treaty, §4, Madrid (1880), http://www. copyrighthistory. org/cam/pdf/s_1880b_1. pdf; Anglo-Spanish Bilateral Copyright Treaty, §4, Madrid (1880), http://www. copyrighthistory. org/cam/pdf/s_1880c_2. pdf, 最后访问日期：2023 年 5 月 30 日。

品转换为小说等不同作品类型之间的转换性行为（transformation）可类推适用改编禁例条款。① 经历这一时期的演化和发展之后，"adaptation" "arrangement" "abridgement" 等词汇逐渐实现从"合理模仿"到"擅自间接侵占"的观念转型，从 19 世纪中期以前的一般中性词逐渐演变为 19 世纪后期各国制定法中类似于"非法复制"侵权的贬义词汇。

　　一直以来，美国合理使用制度被视为早期"合理节略""合理模仿"规则的当然延续。尽管学界将合理使用原则（四要素判断标准）追溯至 Story 法官在 1841 年 Flosom v. Marsh 案中创设并提炼的合理使用要素，但该案实际上主要探讨的是文本"合理节略"问题。据考证，"合理使用"（fair use）术语在美国司法裁判中的表述和运用最早可追溯至 1869 年 Lawrence v. Dana 案，整个 19 世纪的可考案例仅有 9 件，主要涉及对词典和法律文本等汇编作品中事实材料的挪用问题。② 在 Lawrence v. Dana 案中，主审法官认为被告对原告国际法教程中"旧材料"（old materials）的使用行为属于"合理使用"，该材料并没有体现出原告的"计划、安排和操作模式"③。同样在 Simms v. Stanton 案中，法官认为被告对原告地质书籍内容的使用行为构成"合理使用"，因为"被告行为本身是一种非依附于原告的独立研究，原、被告作品的相似部分属于双方都可利用、源于公共资源（common sources）的事实素材"④。在这些案件中，美国法院主要借用"非合理使用（unfair use）/合理使用"这一对概念尝试界分侵权/非侵权行为，旨在明确著作权的保护范围能否延及事实材料本身以及确立汇编作品的保护边界等核心问题，替代发挥区分作品保护内容和公共领域（近似于著作权法"思想/表达"二分法）的重要作用。

　　直到第二次世界大战结束前的较长时期内，美国司法实践中有近一半的案件将"合理使用"术语适用于起初不构成侵权的作品使用行为，并未

---

① Berne Convention, § 10, Berne (1886), http://www.copyrighthistory.org/cam/pdf/uk_1886c_2. pdf, 最后访问日期: 2023 年 5 月 30 日。

② Lara G. Lape, "Transforming Fair Use: The Productive Use Factor in Fair Use Doctrine", *Albany Law Review* 58 (1995): 680.

③ Lawrence v. Dana, 15 F. Cas. 26 (C. C. D. Mass. 1869) (No. 8, 136).

④ Simms v. Stanton, 75 F. 6, 10 – 11, 12 – 13, 17 (C. C. N. D. Cal. 1896).

用于可以免责抗辩的侵权行为当中。① 甚至在著名的 Nichols v. Universal Pictures Corp. 案中，Hand 法官将"合理使用"定义为一种"非实质性利用"（a taking that is not substantial），它意味着"被告仅复制原作品中的主题或思想而非表达"②。在这一时期，法院在司法实践中已经开始逐渐形成"合理使用"判断较稳固的参考因素，包括复制材料的数量和价值、复制的目的以及行为对原作品传播的影响（如是否会替代原作品或与之竞争）等。自第二次世界大战以后至合理使用制度正式被 1976 年《美国著作权法》吸纳的这段时期，法官在大量案件中仍将"合理使用"概念用作非侵权的使用行为，而不是一种侵权免责抗辩事由。

同时在这一时期，"合理使用"术语在判例法糅合了从作品范畴考察的实质性相似规则的基础上，逐渐重视考察使用行为本身的性质及其发挥的社会公共价值。在 H. C. Wainwright v. Wall Street 一案中，纽约南区法院认为"合理使用"应考察以下四个要素：第一，行为是否构成实质性利用；第二，行为是否在本质上减少版权财产的市场需求；第三，行为是否有利于信息自由传播的公共利益；第四，行为的素材准备是否以使用版权作品为必要。③ 到 20 世纪 60 ~ 70 年代，大量案件在合理使用判断中支持法官强化对使用行为本身的性质考察，被告使用行为的社会价值成为这一时期"合理使用"司法裁判的独立基础。④ 在一些典型判例中，法院甚至认为被告使用行为的性质（特别是使用行为是否服务于公共利益）构成合理使用考察的核心要素。如在 Meeropol v. Nizer 一案中，使用行为所服务的公共利益目的被认为是极重要的考量因素，"使用行为的性质、目的和被告作品的属性是必须考察的重要因素"⑤。同样在 Williams & Wilkins Co. v.

---

① Lara G. Lape，"Transforming Fair Use：The Productive Use Factor in Fair Use Doctrine"，*Albany Law Review* 58（1995）：689.

② Nichols v. Universal Pictures Corp.，45 F. 2d 119，121（2d Cir. 1930），*cert denied*，282 U. S. 902（1931）.

③ H. C. Wainwright & Co. v. Wall Street Transcript Corp.，418 F. Supp. 620，625（S. D. N. Y. 1976）.

④ Lara G. Lape，"Transforming Fair Use：The Productive Use Factor in Fair Use Doctrine"，*Albany Law Review* 58（1995）：694.

⑤ Meeropol v. Nizer，361 F. Supp. 1063，1068（S. D. N. Y. 1973）.

U. S. 一案中，法院还进一步主张"合理使用考察旨在平衡作者享有的专有权和为文学、艺术与科学领域作出贡献的公共利益"，合理使用"使著作权人的市场收益必须受制于更大程度上能服务于艺术、科学和工业发展的公共利益——社会效用（social utility）"①。

通过从历史之维对"节略""模仿""合理使用"展开梳理和考察，可以发现它们类似于"自由使用"术语在现代德国著作权法中的功能，既替代发挥着区分作品保护内容和公共领域（近似于著作权法"思想/表达"二分法）的重要作用，又从行为范畴尝试着界分侵权/非侵权行为。正如导言所述，"行为范畴"和"作品范畴"二者共同构成著作权保护范围的双重认知体系，同时在侵权认定中亦是彼此关联、互为印证的重要因素。在这一演进过程中，司法裁判者对"节略""模仿""合理使用"等术语的运用都尝试兼顾考察作品使用行为是否"创造新信息、新艺术以及新价值"，关注使用行为本身能否为公众文化增加更多元化的社会价值。

二 美国合理使用判断标准与"创益性使用"

"合理使用"原则在美国司法实践中主要由逐案累积而成，于1976年为《美国著作权法》正式吸纳。美国合理使用制度采用的是一种"概括性示例＋确立判断要素"的因素主义模式。② 在因素主义模式下，合理使用制度绝非著作权机制的一种人为偏离（如"著作权的例外与限制"制度设计），并未被看作从现有财产制度中挤出来的公共利益"恩泽"，而是整个著作权法富有逻辑性的内在体系规则。根据《美国著作权法》第107条规定，是否构成合理使用只有在具体个案中才能判断，应当综合考察的法定因素包括"使用行为的目的和性质""版权作品的性质""使用部分占被

---

① Williams & Wilkins Co. v. U. S., 487 F. 2d 1345, 1354–59 (Cl. Ct. 1973).
② 《美国著作权法》第107条规定，无论第106条及第106条之二如何规定，出于批评、评论、新闻报道、教学（包括用于课堂的多份复制件）、学术或研究等目的而采用包括制作复制品、录音制品或以该条规定的其他方法使用版权作品的属于合理使用，不视为侵犯版权的行为。在任何一项具体案件中判断作品使用行为是否属于合理使用时，应予考察的因素包括：使用行为的目的和性质，包括该使用具有商业性质还是为了非营利的教学；该作品的性质；所使用部分的质和量与版权作品作为一个整体的关系；该使用对作品的潜在市场或价值的影响……

使用版权作品的质与量""使用对作品潜在市场或价值的影响"等。这四项分析要素也绝非穷尽式的规定，仅为司法实践中判断合理使用最关键的核心因素。除此之外，当法院认为"被告是否具有主观恶意""与行业相关的习惯""被告行为是否会促进公共福祉"等其他因素也应当考量时，亦可纳入判断分析当中。① 可以认为，合理使用原则即使被成文法吸收，仍不能改变该原则在美国的衡平法性质，即作品利用方式是否构成合理使用，无法从条款文义中全面预先确定，仍有赖于司法权在个案中判断。

在合理使用四要素判断中，第二要素"版权作品的性质"和第三要素"使用部分占被使用版权作品的质与量"被认为是两项辅助性要素，美国司法实践中的主导因素之争主要聚焦要素一"使用行为的目的和性质"与第四要素"使用对作品潜在市场或价值的影响"。根据《美国著作权法》第 107 条的文本表述，要素一在司法实践中通常从"商业性"与否进行判断，如考察作品使用本身是具有商业性质的行为，抑或是为了教学目的之非营利性行为。可见，该要素在传统意义上主要依据"商业性/非商业性"的划分标准对使用行为的目的和性质展开考察。在 Universal City Studios, Inc. v. Sony Corp. of America 一案中，美国联邦第九巡回法院摒弃了初审法院对涉案使用行为作"商业性/非商业性"简单划分的传统做法，转而认为合理使用要素一"使用行为的目的和性质"还应重点考察行为本身是否具有"创益性"，是否构成一种"创益性使用"②（productive use）。

Sony 案涉及索尼公司在美国销售的一款家用盒式录像机（VCR），该款家用录像机可以在用户不在家时按预设时间自动对某一指定频道的电视节目进行录制。由于该设备迅速提高了用户个人复制视听节目的能力，作为版权人的环球影城公司深感其市场利益受到极大威胁，故向法院提起版权侵权之诉。Sony 案的争议焦点之一是当版权影视作品被广播时，用户为了"时移"（time shifting）的目的而实施的录制行为究竟属于侵权还是合理使用。联邦第九巡回法院认为该案中"使用行为的目的和性质"除关注

---

① William F. Patry, *Patry on Fair Use*, London：Thomson Reuters & Westlaw, 2013, p. 525.

② "创益性使用"这一提法最早可追溯至 Eldon 大法官在 1810 年 Wilkins v. Alkin 一案裁判意见中的表述。*See Wilkins v. Alkin*, 17 Ves.（Ch.）422, 426（1810）；William F. Patry, *Patry on Fair Use*, London：Thomson Reuters & Westlaw, 2013, p. 120.

行为的商业性/非商业性以外，还应重点考察使用行为的"创益性"，使用行为只有符合"创益性使用"要求才更倾向于认定为合理使用。进言之，只有当使用者并非基于复制者所固有的、通常的目的，而是基于创作新作品的目的去使用在先作品，且该使用行为为公众增加了新的利益，那么该使用行为才可能构成合理使用。① 基于此，联邦第九巡回法院法官认为著作权法并未承认"便利"（convenience）、"娱乐"（entertainment）、"增进接触"（increased access）② 可以作为合理使用一般范畴的设置目标，最终认定产品用户在家庭范围内对广播影视节目所实施的录制行为不符合使用行为的"创益性"，同时认为"使用录像机所造成的大规模复制行为的积累效应无疑会挤压版权作品的潜在市场"，故涉案录制行为不构成合理使用行为。

索尼公司随后上诉至美国联邦最高法院，尽管联邦最高法院从该款录像机所具备的"非实质性侵权功能"和用户"时移"符合公共利益目的等层面展开了较全面、系统的论证，最终认定涉诉家庭录制构成合理使用行为，但以 Blackmun 大法官为代表的少数反对派仍支持联邦第九巡回法院提出并论述的"创益性使用"理论。③ 在该案中，美国联邦最高法院认为使用行为的"创益性"区分标准仅在某些环境下具有帮助，并不认同"创益性"区分标准在合理使用判断过程中构成"全部的决定性因素"④（wholly determinative）。在合理使用要素一中，美国联邦最高法院仍坚持"商业性/非商业性"的传统划分标准，聚焦考察家庭录制这样一种"时移"行为并无任何商业性营利目的，故属于非商业性使用行为，更倾向于一种合理使用认定。作为少数反对派，Blackmun 大法官支持以"创益性使用"作为本案解释的指导性理论。他对"创益性使用"的探讨不仅仅聚焦新作品的创作环节，还假定任何普通的使用行为都不属于创益性使用。在 Blackmun 看来，没有作者能在对前人研究成果仅作重复性研究的基础上创作出新作品。为了实现增加公共利益的目标，著作权法的合理使用制度预设允

---

① Universal City Studios, Inc. v. Sony Corp. of America, 659 F. 2d 971 – 72 (9th Cir. 1981).
② Universal City Studios, Inc. v. Sony Corp. of America, 659 F. 2d 970 (9th Cir. 1981).
③ Sony Corp. of America v. Universal City Studios, Inc., 464 U. S. 417, 449 (1984).
④ Sony Corp. of America v. Universal City Studios, Inc., 464 U. S. 417, 455 (1984).

许学者对他人在先作品实施一定限度的使用行为，诸如"批评、评论、新闻报道、教学……学术或研究"，这构成一种"创益性使用"，将促使使用者超越在先作品进行再创造，符合著作权法所兼顾的公共利益保护目的。[①]在此基础之上，大法官 Blackmun 认为诸如家庭录制这样普通的使用行为不可能构成"创益性使用"，仅出于增进公众对电视节目的接触而对合理使用原则进行扩张性的尝试，并不符合著作权法对合理使用制度的立法本意。[②]

由上可知，"创益性使用"这一术语在 Sony 案中作为司法实践中的一次积极尝试，旨在超越《美国著作权法》第107条对合理使用要素一"使用行为的目的和性质"的字面表达以探寻其本质含义，进一步引发并推动法官对合理使用要素一的相关理论展开深入思考与探索。

三 美国"转换性使用"理论的产生与发展轨迹

（一）"转换性使用"概念的提出及司法首认

"转换性使用"这一术语由美国纽约南区地方法院 Leval 法官在 1990年《哈佛法学评论》发表的《论合理使用标准》（Toward a Fair Use Standard）一文中首次提出，后被美国联邦最高法院在 Campbell 一案中引用并正式确认。在《论合理使用标准》一文中，Leval 法官首先指出著作权以促进科学和文学艺术进步的公共利益提升为根本目的。合理使用制度并非著作权机制的一种人为偏离，不应被看作从现有财产制度中挤出来的公共利益"恩泽"，而是整个著作权法富有逻辑性的内在机制。在分析合理使用四要素时，Leval 法官将要素一"使用行为的目的和性质"提升至合理使用的正当理由问题，认为要素一构成合理使用判断中的核心问题，同时主张涉诉使用行为是否以及在多大程度上具有"转换性"是要素一的重点考察内容。他首先提出"转换性使用"一词并用该术语替代"创益性使用"，认为"转换性使用"是指"该使用行为必须具有创益性（productive）且必须服务于以不同于原作品的方式（manner）或目的（purpose）引用原

---

① Sony Corp. of America v. Universal City Studios, Inc. , 464 U. S. 417, 476 (1984).
② Sony Corp. of America v. Universal City Studios, Inc. , 464 U. S. 417, 480－81 (1984).

作品的内容"①。在此基础之上，Leval 法官在简单的"重述"（restatement）或"改头换面"（repackaging）与增加新价值的二次使用之间进行区分，认为"如果挪用内容被作为素材（raw material）使用，进而转换成能产生新信息、新美感、新见解和新认识的创作物，那么这一行为将被视为有利于保护社会繁荣的合理使用原则所指向的行为类型"②。在他看来，"转换性使用"包括对被引作品的批评，揭示原作者的个性特征，提供事实以及为了回应、反驳的目的而概括原作品的观点等，也包括诸如戏仿、象征性隐喻、审美声明以及其他使用行为。应注意的是，Leval 法官认识到任何可识别的"转换性"目标并不都足以支持合理使用抗辩。"转换性的正当理由必须胜过支持著作权的其他要素。过度挪用将阻碍激励创新……如果对作品的挪用是过分的，同时合理使用其他要素更倾向于支持著作权，则转换性的正当理由有可能被推翻。"③ 综上，在合理使用要素一分析中，Leval 法官侧重于对作为著作权法目标之社会公共利益的关注，更倾向于二次创作中不同于原作品所增加的社会价值考察。

在 1994 年 Campbell 一案中，美国联邦最高法院正式确立了"转换性使用"在合理使用要素一"使用行为的目的和性质"中的核心地位，"转换性使用"分析在该案中起到了重要的决定性作用。Campbell 案涉及对音乐作品的商业性戏仿行为。在该案中，原告 Acuff-Rose 公司是摇滚民谣《哦，漂亮女人》的版权所有人，被告 Campbell 是说唱乐团 2 Live 的主要成员。被告在发出愿意支付许可使用费的要约被原告拒绝的情况下，对该民谣进行戏仿式改编，同时将新作品《漂亮女人》作为音乐专辑的部分内容录制成歌典。2 Live 乐队一公开发行该音乐专辑，即被原告 Acuff-Rose 公司诉至法院。在该案中，被告的新作品《漂亮女人》只保留了原民谣歌曲的基本旋律和个别词句，同时为了达到讽刺原歌曲的戏仿效果，被告用极为粗俗的词汇重新填写了歌词。Campbell 案的主要争议焦点在于被告行为（公开发行）具有商业性目的，那么对于具有商业性的作品戏仿行为是

---

① Pierre N. Leval, "Toward a Fair Use Standard", 103 *Harv. L. Rev.* 1105, 1111 (1990).
② Pierre N. Leval, "Toward a Fair Use Standard", 103 *Harv. L. Rev.* 1105, 1111 (1990).
③ Pierre N. Leval, "Toward a Fair Use Standard", 103 *Harv. L. Rev.* 1105, 1112 (1990).

否可以纳入合理使用范畴，就成为美国联邦最高法院亟待解释和澄清的重要问题。不同于 Sony 案"任何商业性使用行为……都被假定具有非正当性"① 的裁判认知，美国最高院在 Campbell 案中完全推翻并摒弃"使用行为的商业性质是合理使用判断的决定性因素"这一观点，对于合理使用要素一作出如下理论阐释：

> 在制定法将批评、评论或新闻报道作为合理使用例示情形的基础上，本案调查的核心目的旨在考察新作品仅仅是作为排挤原作品的"替代对象"，还是增加了新的东西，具备更进一步的目的或不同的性质，在变造原作品的同时产生了新的表达、意义或信息；换言之，它是在回答新作品是否以及在多大程度上具有"转换性"的问题。②

此外，美国联邦最高法院还认为："为了在著作权保护边界内提供必要的自由呼吸空间，转换性使用居于合理使用原则的核心位置。新作品的转换性程度越高，对合理使用其他要素（像商业性标准这样可以否认合理使用要素等）的考察就越不重要。"③ 在联邦最高法院看来，被告使用行为的"转换性"属性已成为合理使用分析的重要内容，著作权法的根本目标通过"被转换性作品的创作活动不断推动而实现"④。

（二）理论变迁与发展：从"内容性转换"到"目的性/功能性转换"

美国联邦最高法院在 Campbell 案中所阐释的"转换性使用"既包含再创作过程中改变原作品表达形式和内涵的"内容性转换"，又涵括使用行为转变原作品所欲实现目的或功能的"目的性/功能性转换"。然而，将"内容性转换"作为合理使用要素一分析中的必要条件，可能会造成合理使用司法裁判结果的价值扭曲。如在 American Geographical Union v. Texaco 一案中，法院认定研究人员因科研目的在公司内对科学期刊进行影印复制不构成合理使用，该复制行为虽然是为了未来潜在的科学研究，但本身因

---

① Sony Corp. of America v. Universal City Studios, Inc., 464 U. S. 417, 451 (1984).
② Campbell v. Acuff-Rose Music, Inc., 510 U. S. 569, 579 (1994).
③ Campbell v. Acuff-Rose Music, Inc., 510 U. S. 569, 578 – 579 (1994).
④ Campbell v. Acuff-Rose Music, Inc., 510 U. S. 569, 579 (1994).

缺乏"创益性"而不具有"内容性转换"①。可见，司法若过度关注并聚焦被告行为是否创造出新作品且是否具备"内容性转换"时，将会忽视甚至否认一部分虽不具有"创益性"但依然符合社会公共利益的合理使用行为。② 随着科学技术和社会经济的不断发展，在随后的一系列案件中，美国法院在司法实践中逐渐由"内容性转换"和"目的性转换"转移至单向度的"目的性/功能性转换"阐释。

在 Nunez v. Caribbean Int'l News Corp. 案中，被告是一家报社，在报纸上刊发的一篇新闻评论中使用了原告的几张照片，原告作为摄影作品的著作权人继而提起诉讼。在该案中，联邦第一巡回法院对合理使用要素一的转换性使用分析聚焦被告使用行为的"转换性"目的上。联邦第一巡回法院认为，被告对照片的挪用和公开发行行为是"为了试图宣传和强调 Giraud 女士作为具有潜力的模特这样一位公众人物的能力"，报社出于不同的目的而使用这些照片——告知读者这位波多黎各世界小姐是否从事与其身份不符的行为这样一个争议事件。法院结合新闻评论旨在报道争议事件来探讨报纸挪用照片的事实，即尽管被告的照片使用行为构成对版权作品原封不动的完整复制，并没有发生版权作品的内容"转换"，但法院最终认定被告是为了报道新闻事实、批评及评论公众人物而使用这些照片，该使用行为因具有"转换性"目的而构成合理使用。③

在 Bill Graham Archives v. Dorling Kindersley Ltd. 一案中，联邦第二巡回法院得出相类似的结论。该案被告在音乐会 7 张海报中原封不动地完整复制了 Grateful Dead 乐队的 480 页人物传记中超过 2000 张的图片，尽管复制的图片尺寸被明显缩小。联邦第二巡回法院同样认为被告的行为具有"转换性"。对此，法院解释道：

> 被告使用这些版权作品的目的不同于这些图片被创作出来时所具备的目的。起初，每一幅图片具有艺术表达和推动音乐会现场的双重

---

① American Geographical Union v. Texaco, Inc., 60 F. Supp. 1, 16 (S. D. N. Y. 1992).
② Lara G. Lape, "Transforming Fair Use: The Productive Use Factor in Fair Use Doctrine", *Albany. Law Review* 58 (1995): 715.
③ Nunez v. Caribbean Int'l News Corp., 235 F. 3d 18, 23 (1ST Cir. 2000).

目的……与之相反，被告使用这些图片的目的是对 Grateful Dead 乐队相关文献进行历史考掘，以及对贯穿"梦幻旅途"主题的系列音乐会的事实呈现。①

在该案中，联邦第二巡回法院并不认同这样一种观点——转换性使用必须对原作品进行具体的评论或批评。在法院看来，"虽然这些图片和文本之间的联系不太明显，但被告对这些图片的使用行为主要服务于对 Grateful Dead 乐队的历史考掘与事实呈现……被告的使用目的不同于这些图片被创作时的目的，故被告的行为仍符合合理使用分析中的转换性要求"②。

伴随互联网技术的不断发展，使用行为的"目的性/功能性转换"在司法实践中被美国法院作出进一步阐释。在 2003 年 Kelly v. Arriba Soft 一案中，法院对搜索引擎提供图片和照片的行为是否构成转换性使用展开了较系统的解读。在该案中，原告 Leslie Kelly 作为一名摄影师是涉案照片的著作权人，被告 Arriba Soft 开发了一款应用于互联网环境的搜索引擎工具，主要用于检索图像和照片。该工具根据输入关键词的检索指令，可以提供并呈现图像和照片的缩略图。因此，原告以著作权侵权为由将被告诉至法院。联邦第九巡回法院在该案中认为，被告搜索引擎未经授权呈现的涉案缩略图是从原告网页上抓取产生的，基于合理使用原则构成一种侵权豁免的复制行为。"尽管网页快照是对原告图像的精确复制行为"，但依然可以认定被告的行为具有转换性。在联邦第九巡回法院看来，原告创作图像的目的"旨在从艺术审美体验层面传达和吸引观众"，而网页快照所呈现的缩略图"和原告的原始图像服务的功能完全不同，其尺寸小得多、分辨率低得多"③。总体而言，被告的搜索引擎的目的是"帮助检索和推动对互联网及相关网页图像接触的一种工具"④。

在类似纠纷的 Perfect 10 v. Amazon. com 案中，不同于 Kelly v. Arriba Soft 案，被告谷歌公司呈现的缩略图抓取自第三方网站，对原告 Perfect 10

---

① Bill Graham Archives v. Dorling Kindersley Ltd. , 448 F. 3d 605, 609 (2d Cir. 2006).
② Bill Graham Archives v. Dorling Kindersley Ltd. , 448 F. 3d 605, 610 – 11 (2d Cir. 2006).
③ Kelly v. Arriba Soft, 336 F. 3d 811, 818 (9ᵗʰ Cir. 2003).
④ Kelly v. Arriba Soft, 336 F. 3d 811, 818 (9ᵗʰ Cir. 2003).

公司照片缩小后使用于移动电话的市场利益构成实质性替代。同时，谷歌公司的使用行为比 Arriba Soft 公司更具有商业属性。联邦第九巡回法院在该案中认为谷歌公司的使用行为并没有侵犯原告业已存在且具有可预见性的市场开发利益，"该案中被告使用行为的实质性替代影响并不具有决定性的重要意义，对 Perfect 10 公司市场利益的潜在损害也仅是一种假设"①。在对被告使用行为的"转换性"考察方面，法院认为谷歌公司通过搜索引擎"将图像转换成指引用户的一种信息源，而这是对原作品完全不同的一种新使用"②。图片被创作出来可能是为了娱乐、艺术或表达信息等，但搜索引擎对图片的使用起到了将特定信息源指示给用户的功能，此种不同于原作品创作目的的使用方式能够通过吸收原作品，形成信息索引工具，进而创造社会价值。法院认为，搜索引擎将图片置于一个完全不同的环境，被转换成一种新的使用目的和功能。最终，联邦第九巡回法院以被告使用行为在目的和功能上具有高度的转换性而支持其合理使用抗辩主张。

在 2013 年 Cariou v. Prince 案（简称 Cariou 案）中，转换性使用的适用范围被进一步放大，在理论界也引起了一定争议。原告摄影师 Cariou 在牙买加与当地土著塔法里教人（Rastafarian）一起生活 6 年，拍摄了一系列展现当地风土人情的黑白照片，并将这些照片收集在摄影集 Yes Rasta 中出版。被告挪用艺术家 Prince 使用了原告摄影集中超过 60 张照片，通过裁剪、缩放、转换颜色、拼贴图案等多种方式创作出 30 幅新作品。初审法院裁定原告胜诉，认为一部作品除非像戏仿作品那样系对原作品的评论，才能被认定为具有转换性。但联邦第二巡回法院推翻了原审判决，同时对转换性使用理论进行了进一步延伸。法院认为如果后续作品是基于批评、评论、新闻报道、教学、学术研究以外的其他目的，也可能构成合理使用。上诉法院进而将考察重点聚焦其中的 25 件作品中，认为这些作品与原告照片所反映的黑白色彩和朴实风格具有极大不同，它们粗糙、不和谐且颇具挑衅意味，呈现后启示录风格。法院认为，虽然被告并没有以不同于原告的方式来呈现相同的材料，但被告的使用给原告的照片增加了一些新的东

---

① Perfect 10 v. Amazon. com, 508 F. 3d 1146, 1168 (9th Cir. 2007).
② Perfect 10 v. Amazon. com, 508 F. 3d 1146, 1165 (9th Cir. 2007).

西并最终呈现完全不同的美感，构成对原作品的转换性使用。① 在联邦第二巡回法院看来，"被告 Prince 的新作品具有不同的特质，赋予 Cariou 的摄影作品新的表达，运用新的美学创意与沟通方式，因而产生了与原告作品不同的独特结果"②。该案的判决结果表明，作为一种挪用艺术（appropriation art），即使后续使用者没有主观上的不同使用意图，但从理性公众的视角能够判断出被告作品有不同于原告作品的新特征或新美感，也符合合理使用的"转换性"要求。

在 2021 年判定的 Google LLC v. Oracle America, Inc. 一案③中，谷歌公司复制甲骨文 Sun Java 程序中的 11500 行 Java SE API 代码，如果仅从作品范畴界定其究竟属于思想还是表达以及是否构成受著作权法保护的独创性表达等都是难以企及的重任。基于此，美国联邦最高法院搁置首先从作品范畴运用"思想/表达"二分法、实质性相似规则展开法律分析的传统侵权认定思路，转而预先假定谷歌公司复制的 API 声明代码构成甲骨文 Sun Java 程序中应受著作权法保护的表达成分，而将综合价值判断的重心放在该复制行为属于侵权行为还是合理使用的法律定性层面。④ 联邦最高法院认为合理使用判断属于事实和法律相互融合和彼此印证的分析过程，著作权侵权认定规则旨在确立侵权构成中"行为的不法性"，最终需要从对象范畴回归至行为定性的价值判断当中。其中，就使用行为的目的和性质而言，法院认定"被告谷歌对声明代码的使用行为旨在创造新产品，扩大了基于安卓系统的智能手机的实用价值，为程序员提供了一个在智能手机环境下极具创新性的工具"，该使用行为"构成具有革新意义的转换性使用，与著作权制度的宪法基本目标（追求创新性的进步）保持一致"⑤，进一步为案涉行为最终被认定为合理使用提供了充实的理论依据。但值得注意的是：使用行为的"转换性"要素只是合理使用判断规则中的重要分析因素之一，使用行为的"转换性"程度越高，其他合理使用判断因素的决定性

---

① Cariou v. Prince, 714 F. 3d 694 (2nd Cir. 2013).
② Cariou v. Prince, 714 F. 3d 694, 707 – 08 (2nd Cir. 2013).
③ Google LLC v. Oracle America, Inc., 583 U. S. No. 18 – 956 (2021).
④ Google LLC v. Oracle America, Inc., 583 U. S. No. 18 – 956 (2021), pp. 11 – 15.
⑤ Google LLC v. Oracle America, Inc., 583 U. S. No. 18 – 956 (2021), pp. 24 – 28.

作用就越受影响。转换性使用行为是否最终构成合理使用，仍需要结合合理使用的其他要素（尤其是要素四"使用对作品潜在市场或价值的影响"），运用比例原则作出综合价值判断。

四 "转换性使用"在中国司法实践中的理论借鉴与本土化发展

（一）我国"转换性使用"概念的首次援引及理论借鉴

由前述可知，滥觞于英美判例法早期对"节略""模仿""合理使用"等规则的司法阐释，"转换性使用"概念承继于 Blackmun 法官在索尼案关于合理使用判断中的"创益性使用"探讨，在美国司法实践中作为合理使用判断规则的核心考察要素之一被正式提出且不断发展。同时，"转换性使用"理论历经美国司法实践的不断发展与演化，逐渐从使用行为的"内容性转换"和"目的性转换"二元要件延伸至"目的性/功能性转换"单向要件阐释，对包括我国在内的诸多国家司法实践也产生了较深远的影响。在我国司法实践中，北京市第一中级人民法院在王莘诉北京谷翔信息技术有限公司侵害著作权纠纷案初审判决中，首次援引"转换性使用"概念并在裁判说理中进行理论阐述。[①]

在该案中，北京市第一中级人民法院径直适用三步检验法之步骤二、三判断被告的涉案提供行为是否侵害原告作品的信息网络传播权。法院认为被告谷翔信息技术有限公司涉案信息网络传播行为所采取的片段式提供方式，不属于对原告作品的实质性利用行为，不足以对原告作品的市场价值造成实质性影响，亦难以影响原告作品的市场销路。同时，法院在论证分析被告该片段式的提供方式"不会不合理地损害原告的合法利益"时，援引了美国司法判例中的"转换性使用"概念，认定该片段式的提供行为具有为网络用户提供方便快捷的图片信息检索服务的功能和目的。在北京

---

① 有观点认为我国司法实践中最早适用"转换性使用"的代表性案例是杨洛书诉中国画报出版社案，参见张陈果《解读"三步检验法"与"合理使用"——〈著作权法（修订草案送审稿）〉第 43 条研究》，《环球法律评论》2016 年第 5 期；熊琦《著作权转换性使用的本土化释义》，《法学家》2019 年第 2 期。然而，山东省高院在杨洛书诉中国画报出版社案终审判决书的裁判说理中仅借用美国合理使用四要素解释分析被告行为是否符合"适当引用"构成要件，并未明确援引"转换性使用"概念并展开理论阐述，参见山东省高级人民法院（2007）鲁民三终字第 94 号民事判决书。

市一中院看来，"被告对原告作品的传播行为并非为了单纯地再现原作本身的文学艺术价值或者实现其内在的表意功能，而在于为网络用户提供更多种类、更为全面的图书检索信息，从而在更大范围内满足网络用户对更多图书相关信息的需求……被告涉案片段式使用行为并未实质性地再现原告作品表意功能，且又在较大程度上实现了相应图书信息检索功能的情况下，这一行为已构成对原告作品的转换性使用，不会对原告对其作品的正常使用造成影响，亦不会不合理地损害原告的合法利益"。①

在王莘诉北京谷翔信息技术有限公司一案中，北京市一中院运用三步检验法的步骤二、三，从考察被告涉案片段式的提供行为是否会对原告对其作品的正常使用造成实质性影响以及是否不合理地损害原告的合法利益这两个层面，展开是否侵害原告作品信息网络传播权的判断分析。在判断过程中，法院结合"被告涉案片段式提供行为不同于单纯再现原作品本身的文学艺术价值或实现其内在表意功能"的行为性质以及"主要用于图书信息检索服务"的行为功能，认为被告行为已构成对原告作品的"转换性使用"，属于对原告作品的合理使用，并未侵害原告作品的信息网络传播权。②该案比较有争议的问题点在于，北京市一中院在忽略三步检验法之步骤一"在特殊情形下"的前提下径直适用三步检验法之步骤二、三进行侵权判断分析，同时借用美国合理使用判断分析中的"转换性使用"概念展开说理解释，是否于法无据？又或者说，该司法适用解释路径是否构成在中国法治本土化语境下的"法官造法"行为？

（二）"转换性使用"的中国裁判说理与本土化适用

如果说北京市一中院在王莘诉北京谷翔信息技术有限公司案中忽视我国合理使用制度的规则主义立法模式且存在法律适用层面的"法官造法"之嫌，那么法院在注重适用合理使用法定具体情形（即三步检验法之步骤一"在特殊情形下"）的基础上，结合美国合理使用四要素对三步检验法之步骤二、三予以解释分析的标志性典型案件当属上海美术电影制片厂诉浙江新影年代文化传播有限公司等侵害著作权纠纷案。

---

① 北京市第一中级人民法院（2011）一中民初字第1321号民事判决书。
② 北京市第一中级人民法院（2011）一中民初字第1321号民事判决书。

在该案中，原告上海美术电影制片厂对"葫芦娃""黑猫警长"等角色形象美术作品享有著作权，被告新影年代文化传播有限公司在其电影宣传海报中未经授权使用"葫芦娃""黑猫警长"等角色形象作为背景图案的一部分，占海报整体比例较小。上海知识产权法院在终审判决中认为，判断被告行为是否构成合理使用的"适当引用"，关键在于明确引用行为的适度性问题，仍应重点考量该引用是否"与原告作品的正常利用不相冲突，亦无不合理地损害原告作为权利人的合法利益"，需要"综合考虑引用作品的目的、引用作品在新作品中的比例、是否影响权利人正常使用、是否对权利人造成不合理的损害"等方面。① 上海知识产权法院对作为合理使用法定情形之"适用引用"构成要件中的"为说明某一问题"特别作为如下阐释：

> 为说明某一问题，是指对作品的引用是为了说明其他问题，并不是为了纯粹展示被引用作品本身的艺术价值，而被引用作品在新作品中的被引用致使其原有的艺术价值和功能发生了转换；该被引用作品在新作品中亦不是以必需为前提，即使在新作品中引用作品不是必需的，也会构成合理使用……因此，合理使用的审查认定不以是否需要引用作品为要件。电影海报中引用"葫芦娃""黑猫警长"美术作品不再是单纯地再现"葫芦娃""黑猫警长"美术作品的艺术美感和功能，而是反映一代共同经历80年代少年儿童期，曾经经历"葫芦娃""黑猫警长"动画片盛播的时代年龄特征，亦符合电影主角的年龄特征……"葫芦娃""黑猫警长"美术作品被引用在电影海报中具有了新的价值、意义和功能，其原有的艺术价值功能发生了转换，而且转换性程度较高，属于我国著作权法规定的为了说明某一问题的情形。②

可见，上海知识产权法院认为必要性（"是否需要引用原告作品"）并非"适当引用"合理使用法定情形的必要审查标准，基于原告美术作品被

---

① 上海知识产权法院（2015）沪知民终字第730号民事判决书。
② 上海知识产权法院（2015）沪知民终字第730号民事判决书。

引用时"具有了新的价值、意义和功能"，其目的"旨在说明 80 后这一代少年儿童的年代特征"，故该引用行为的转换性程度较高，既不会产生替代性使用，亦不会影响权利人的正常使用。可以认为，上海美术电影制片厂诉浙江新影年代文化传播有限公司等侵害著作权纠纷案的终审判决，在沿用我国合理使用制度规则主义立法模式的基础上，尝试在司法适用解释层面将"适当引用"具体条款和合理使用四要素进行有机结合，同时将"转换性使用"中的"目的/功能性转换"内涵与"适当引用"的"为说明某一问题"目的进行裁判说理衔接和具体对应，为"转换性使用"理论的中国法治本土化适用作出具有重要意义的司法探索和尝试。

在作为上海美术电影制片厂系列维权的另一起典型案件——上海美术电影制片厂诉广州读努门教育科技有限公司（以下简称读努门公司）侵害信息网络传播权纠纷案中，广州互联网法院采用了同样的司法适用路径，同时亦借用"转换性使用"概念展开裁判说理解释。在该案中，被告广州读努门公司在微信公众号中公开发表《为什么葫芦娃是个云南人?》一文，当中使用了原告享有著作权的"葫芦娃"角色形象，被上海美术电影制片厂以侵害美术作品的信息网络传播权提起诉讼。该案一审由广州互联网法院受理，二审由广州知识产权法院受理并作出维持一审判决的决定。在该案中，一审法院认为被告使用行为并非仅仅简单再现"葫芦娃"角色作为美术作品的艺术形象，"因为产生了新的价值、意义和功能而具有一定转换性"[1]。法院认为，被告读努门公司在文章中使用涉案图片是"为了说明葫芦娃的成长、葫芦娃的修炼及葫芦娃的籍贯等问题，介绍葫芦科植物的植物学、地理学以及少数民族服饰等知识，相应配图使得涉案文章兼具趣味性与知识性"[2]，属于"介绍、评论观点或说明问题"的合理使用目的。同时，法院认为"被告在文章中虽然使用了 6 张涉案图片，但从文章整体内容来看，上述 6 张图片仅起到辅助作用，从图片数量来看，上述 6 张图片占比也较小，属于适当引用作品"，故被告行为构成合理使用行为，并

---

① 广州互联网法院（2019）粤 0192 民初 745 号民事判决书。
② 广州知识产权法院（2019）粤 73 民终 6650 号民事判决书。

未侵害原告涉案美术作品的信息网络传播权。[1]

随着互联网技术的不断发展，我国司法实践中开始探讨网络服务提供者通过搜索引擎服务向用户提供缩略图的行为所具备的"目的/功能性转换"问题的典型案件，则是由上海知识产权法院作出终审判决的陈红英诉上海虎扑文化传播公司、百度公司侵害信息网络传播权纠纷一案。[2] 在该案中，两被告都是网络服务提供者，其中百度是搜索引擎服务的提供者。原告陈红英对涉案图片享有著作权，用户未经许可上传至上海虎扑文化传播公司的网络服务平台当中，并被百度公司以缩略图的方式通过搜索引擎提供给公众。原告认为两被告对其作品构成侵害信息网络传播权的行为。对于作为网络搜索引擎服务提供者的被告百度公司以缩略图的方式向公众提供作品是否侵害原告作品的信息网络传播权这一焦点问题，上海知识产权法院借鉴北京市第一中级人民法院在王莘诉北京谷翔信息技术有限公司一案中的司法适用审理思路，认为三步检验法之步骤二、三构成著作权侵权认定中的一般规则，即判断被告上述行为是否侵害原告作品的信息网络传播权，应考量该行为是否"不影响相关作品的正常使用"，且"未不合理地损害著作权人的合法权益"。在法院看来，"被告百度公司向公众提供搜索引擎服务，在搜索服务结果中出现的涉案图片系以不同于作品分辨率的缩略图形式表现，是为了实现图片搜索的特定功能"[3]，被告百度公司以缩略图的方式向公众提供作品的行为具有不同于权利人正常利用作品的"目的/功能性转换"。上海知识产权法院最终认定在原告未依避风港规则发送侵权通知、无法证明百度公司存在主观过错的基础上，原告亦未举证证明百度公司行为影响了涉案作品的正常使用，或不合理地损害了其合法权益，被告百度公司未侵害原告作品的信息网络传播权。

综上可知，司法裁判者在我国著作权侵权认定中借用"转换性使用"概念展开裁判说理解释，更侧重于作品使用行为的"目的/功能性转换"阐释，而在使用行为的"内容性转换"层面说理分析不足，甚至在理解上

---

[1] 广州知识产权法院（2019）粤73民终6650号民事判决书。
[2] 上海知识产权法院（2020）沪73民终字552号民事判决书。
[3] 上海知识产权法院（2020）沪73民终字552号民事判决书。

存在明显的分歧，司法实践中有待进一步澄清、解释。

第二节　转换性使用与相关概念辨析

一　转换性使用、创益性使用与合理使用

"转换性使用"这一术语，在历史发展轨迹上可以说承继于美国司法实践对"创益性使用"的理论探讨。在 Campbell 案中，美国联邦最高法院援引 Leval 法官的观点，认同合理使用分析的重心在于要素一中使用行为是否以及在多大程度上具有"转换性"。在该案中，美国联邦最高法院借用 Leval 法官的论述并梳理了转换性使用与创益性使用之间的法律关系。"转换性使用"指涉"该行为必须具有创益性（productive）且必须服务于以不同于原作品的方式（manner）或目的（purpose）引用原作品的内容"①。换言之，虽然转换性使用和创益性使用皆属于合理使用要素一"使用行为的目的和性质"考察中的子因素，但 Campbell 案中合理使用分析中的"转换性"包括"内容性转换"（transformative content）和"目的性转换"（transformative purpose），转换性使用的外延大于创益性使用。进言之，创益性使用相当于转换性使用中的"内容性转换"使用要件，即增加了新的东西，在变造作品的同时产生了新的表达或信息。从这个意义上来讲，不同于简单复制的消费性使用行为，创益性使用是对原作品内容的变造性使用，与产生新作品的演绎使用行为有可能构成一定重合。正如 Blackmun 大法官在 Sony 案反对意见中所言：

> 著作权法的合理使用制度预设允许学者对他人在先作品实施一定限度内的使用行为，诸如批评、评论、新闻报道、教学……学术或研究，这构成一种创益性使用，将促使使用者超越在先作品进行再创造，符合著作权法所兼顾的公共利益保护目的……像家庭录制这样普通的使用行为不可能构成创益性使用，并不符合著作权法对合理使用

---

① Pierre N. Leval, "Toward a Fair Use Standard", *Harvard Law Review* 103 (1990): 1111.

制度的立法本意。①

但正如前文所述，"转换性使用"理论历经美国司法实践的不断发展与演化，逐渐从使用行为的"内容性转换"和"目的性转换"二元要件转移至"目的性/功能性转换"单向要件阐释。换言之，使用行为即使不具有"创益性"，仅为简单复制的挪用行为，则因符合"目的性/功能性转换"要件依然可能具备"转换性"，进而在合理使用要素一中作出对使用行为有利的分析结论。如在 Perfect 10 v. Amazon. com 案中，联邦第九巡回法院认为被告谷歌公司通过搜索引擎将图像转换成指引用户的一种信息源，而这是对原作品完全不同的一种新使用。在法院看来，"搜索引擎工具将图片置于一个完全不同的环境，被转换成新的使用目的和功能"②。然而，值得注意的是：使用行为的"转换性"或"创益性"要素只是合理使用原则中的重要判断因素之一，使用行为的"转换性"或"创益性"程度越高，则其他合理使用要素的决定性作用就越受影响。转换性使用和创益性使用最终是否构成合理使用，仍需要结合合理使用其他要素（尤其是要素四"使用对作品潜在市场或价值的影响"），运用比例原则作出综合判断。

二　合理引用与转换性使用

合理使用中的"引用"，仅限于介绍、评论、报道之目的，引用的部分应为"适度"，且引用的作品来源明确，不能损害作者的其他合法权益。③"合理引用"作为一种法定的合理使用情形，已为各国所广泛认同。如《伯尔尼公约》第 10 条第 1 款规定："对于已合法提供给公众的作品，包括报纸上的文章和新闻摘要形式的期刊，准许进行引用，只要这种使用符合公平惯例（fair practice），而且不超出这一目的所证明的合理限度。"该公约对合理引用规定了三个限制条件。①被引用的作品必须是已经合法提供给公众的作品。②引用必须"符合公平惯例"。对于引用是否符合"公

---

① Sony Corp. of America v. Universal City Studios，Inc.，464 U. S. 417，476，480–481（1984）.

② Perfect 10 v. Amazon. com，508 F. 3d 1146，1165（9th Cir. 2007）.

③ 吴汉东：《论著作权作品的"适当引用"》，《法学评论》1996 年第 3 期。

平惯例"，最终由法院进行裁量，需要考量"引用部分在被引用的作品中和使用这些片段的新作品中所占的比例，特别是新作品通过同被引用作品的竞争，对它的销售和发行所造成的影响程度等"①。③引用不应超过"这一目的所证明的合理限度"。例如，引用者使用引文来说明其作品的主题，通常是用以善意证实或反驳一个论点，或说明一个问题。依该文本，合理引用应符合"为达到目的的正当需要范围内"使用要件，需要在具体个案中依"三步检验法"作综合考察。作为一种著作权例外的法定情形，《欧盟信息社会著作权指令》（《2001/29/EC 号指令》）基本上继承了《伯尔尼公约》文本对"合理引用"的相关表述。依该指令 5.3（d）的相关规定："诸如批评或评论目的的引用，在被引用的作品或其他对象已经被合法地提供给公众的前提下，该引用应指明包括作者姓名在内的文献来源（除非这种引注不可能实现），同时该使用与公平惯例保持一致且保持在基于特定目的的适度范围以内。"由此可见，该指令认为"合理引用"应符合以下构成要件：①引用主要出于批评、评论等目的；②被引用作品已被合法地提供给公众，引用对象并不包括未公开发表的作品；③引用应指明文献的出处或来源，尤其是作者的姓名；④引用应符合公平惯例或社会实践达成的基本共识；⑤引用还应当保持在必要的适度范围以内。

我国《著作权法》第 24 条将"合理引用"作为"著作权的限制"的合理使用法定情形之一。"合理引用"在我国又被称为"适当引用"，作为一种合理使用行为，既不需要征得著作权人的同意，也不需要向著作权人支付报酬。根据《著作权法》第 24 条的规定，"合理引用"是指"为介绍、评论某一作品或者说明某一问题，在作品中适当引用他人已经发表的作品"。1991 年《著作权法实施条例》（已失效）第 27 条曾对"合理引用"的定义作出具体解释②，但由于在解释上存在一定分歧，后 2002 年修订时

---

① 《保护文学和艺术作品伯尔尼公约（1971 年巴黎文本）指南》，刘波林译，中国人民大学出版社，2002，第 48 页。

② 1991 年《著作权法实施条例》第 27 条规定："……适当引用他人已发表的作品，必须具备下列条件：（一）引用的目的仅限于介绍、评论某一作品或说明某一问题；（二）所引用部分不能构成引用人作品的主要部分或实质部分；（三）不得损害被引用作品著作权人的利益。"

被删除。作为合理使用法定情形之一，"合理引用"通常认为应具备以下构成要件。①使用者必须在新作品中引用。我国《著作权法》规定的"合理引用"不同于《伯尔尼公约》《欧盟信息社会著作权指令》关于"合理引用"的相关表述，"合理引用"只能在创作新作品的基础上引用。因此，"合理引用"虽然仍是复制侵权的法定豁免情形，但以产生新作品的"创益性使用"或"内容性转换"为适用基础。②引用的目的仅限于"介绍、评论某一作品或者说明某一问题"。这不同于美国合理使用要素一"使用行为的目的和性质"，后者并不局限于介绍、评论作品或说明问题。因此，合理引用的适用目的范畴小于转换性使用，转换性使用并不以"介绍、评论作品或说明问题"为必要条件。使用者即使未创作出新作品，也不以"介绍、评论作品或说明问题"为使用目的，仍可能基于"目的性/功能性转换"符合行为的"转换性"要件，进而构成合理使用行为。③引用的作品内容必须"适当"。一般而言，这需要从被引用作品内容部分的"质"和"量"进行考量，有一定限度要求。从量来看，如文化部于1985年颁布的《图书、期刊版权保护试行条例实施细则》（已失效）第15条曾从引用部分占被引用作品内容的比例和在引用者作品中所占比例两方面作了具体规定，一般情况下不允许引用部分超过被引用作品和引用者创作作品总量的1/10。从质来看，引用部分不应当构成被引用作品和引用人作品的主要或实质性内容。④引用应尊重被引用作品著作权人的其他合法权益。这主要是指引用他人作品不得侵害原作品著作权人的署名权、保护作品完整权等精神权利和其他财产权利。

由上可见，"合理（适当）引用"作为合理使用的法定情形之一，其适用基础（是否产生了新作品）、使用目的（是否以"介绍、评论作品或说明问题"为引用目的）以及"适当"限度等要件皆比"转换性使用"规定得更加狭窄、严格。就合理（适用）引用条款的法律适用而言，除考察是否符合其法定构成要件以外，因涉及不得超过"引用目的所证明的合理限度"之"适当"程度考量，故仍应运用合理使用一般规则（合理使用四要素或三步检验法之步骤二、三）进行综合分析和法律价值判断。反之，"转换性使用"仅为美国合理使用要素一"使用行为的目的和性质"考察中的功能性子要素，既关注"内容性转换"，同时更侧重于"目的性/

功能性转换"考察，需要结合对合理使用原则其他要素（尤其是要素四之"使用对作品潜在市场或价值的影响"）的综合分析，才能对使用行为是否构成合理使用作出最终的价值判断。

三　自由使用与转换性使用

"自由使用"（freie Benutzung）是德国著作权法确立著作权保护边界、界分被使用作品作者与"独立作品"作者之权利界限的一项特殊制度设计。[①] 应注意的是，"自由使用"条款并未设置在《德国著作权法》"著作权的限制"部分，而是作为例外情形被列入第四章第三节作品作者的系列"利用权"条文中。该制度具备立法层面上的双重蕴意：既是立法者在《德国著作权法》中设置的作者"利用权"的但书规则，同时也是保障《德国基本法》第5条第3款关于公民艺术创作自由这一基本权利的重要制度安排。[②]

《德国著作权法》第24条第1款规定："自由使用他人作品创作的独立作品，不经被使用作品的作者同意而可以发表与利用。"从该条款的内容来看，自由使用既涉及对他人在先作品的利用，又关联新作品的产生，即涉及在先作品和独立作品之间的权能边界问题。从立法目的来看，该条款一方面划定"演绎与改变"权能对作品支配效力的适度界限，另一方面又赋予使用者沿用前人在先作品自由创作出具有独立个性之作品的利用权能。正如有学者所言："如所有引用到前人受著作权保护之著作加以思想精神之延伸的创作，都非得原著作权人同意不可，则创作空间将大受钳制，人类艺术与精神创作之延续及文化与科学之发展恐将难以为继。"[③] 从行为属性来看，自由使用制度基于维护在后创作人之创作自由，允许对他人在先作品的合法使用，重在维系使用人创作自由与著作权

---

① Loewenheim, in: Schricker/Loewenheim, Urheberrecht, UrhG, KUG（Auszug），C. H. Beck, 5. Aufl. 2017, § 24 Rn. 1.

② 易磊：《〈德国著作权法〉自由使用制度研究》，《苏州大学学报》（法学版）2019年第3期。

③ 梁哲玮：《从德国著作权法对著作权之权利限制看著作权之合理使用》，载黄铭杰主编《著作权合理使用规范之现在与未来》，元照出版公司，2011，第33页。

人排他权能之间的利益平衡关系。因此，"自由使用"是对他人在先作品保护效力极限之外的使用，并非侵权免责抗辩事由，与权利限制的性质截然不同。

"自由使用"制度赋予使用者创作上使用他人在先作品的自由空间，这种对他人在先作品的使用权能，与复制、演绎或其他改变作品内容的行为，主要依据使用行为再现且依附他人作品的一致性程度作必要的区分。

由图1-1可知，复制行为是对原作品外在表达（具体表现形式）的完整或部分再现。改编等演绎行为排除对原作品原封不动地挪用以及在原作品表达基础上进行非实质性改动的行为，"因体现出某些独创性（符合最低限度的创造性要求——笔者注）特征而成为一种新的创作"①。但同时，演绎行为又因挪用原作品的基本内容（具有独创性的内在综合性表达，体现在作品的结构、顺序及组织等内容中）而无法完全脱离于原作品，演绎作品仍依附于原作品的基本表达。自由使用与演绎、复制等行为之间的区别在于：被使用作品的独创性表达对于自由使用而言仅仅属于或"褪色"为新作品的创作背景（Hintergrund）、素材或灵感来源；而复制、演绎等侵权行为则是对被使用作品的独创性表达予以全盘接收或者是在依附于原作品基本内容的同时还体现了某种独创性。正如德国学者雷炳德教授所言：

> 只有被使用作品的独创性特征隐含在新作品当中且与新作品的独创性特征相比已经黯然失色的情况下，该使用行为才构成自由使用……自由使用行为的标准应当体现在新作品在文化方面的进步意义上，只能从新老作品之间的独创性特征比较中才能判断出来……对原作品使用部分的数量多少在判断自由使用与非自由使用时并不具有决定性意义，更多取决于两造作品在整体印象层面的独创性比较上。②

---

① 〔德〕M. 雷炳德：《著作权法》，张恩民译，法律出版社，2005，第161页。
② 〔德〕M. 雷炳德：《著作权法》，张恩民译，法律出版社，2005，第258~259页。

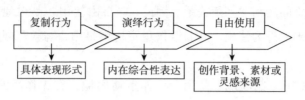

图1-1　自由使用与复制、演绎行为的区别

可见，当原作品的独创性表达从新作品中完全"褪色"，即新作品已清晰地远离原作的基本内容且不存在原作之所以成为作品的独创性特征时，对原作品的这种使用行为将构成自由使用。换言之，如果改动后的作品独立于原作品，二者的基本内容并不相同，则这种改动更倾向于重新创作而构成自由使用；但演绎行为又必须对原作品的内容作出一定修改，否则就是复制。[①] 进一步讲，改编等演绎行为是受制于原作品基本表达的有限度创作，改编等演绎作品无法完全独立于原作品。应注意的是，在将原作品转化成另一类型作品的改动行为（如将文学作品、美术作品和音乐作品转化成三种类型中的另一种类型）中，如果基于作品类型的跨越性差异程度而使前后作品在内在结构受保护的"综合性成分"上呈现完整的实质性差别，进而在不同类型作品之间难以提炼出内在表达中的可归同性元素，则这种改动行为更可能构成将在先作品作为创作背景、灵感或素材来源的自由使用行为，故不应认定构成使用原作品基本表达的演绎行为。如有人依据一幅美术作品《晨曦》的视觉体验和艺术感受，转而创作出音乐作品《晨曦》，它以生动活泼的主旋律和节奏来描述早晨愉悦欢快的听觉感受，这种派生性挪用更符合自由使用，而不构成依附于原作品基本表达的演绎行为。

综上所述，自由使用同转换性使用有以下区别。自由使用是德国著作权法运用"距离"（Abstand）学说及"褪色"标准从作品保护范畴界分复制及演绎侵权/非侵权行为、确立著作权保护边界的特殊制度设计，而转换性使用是美国合理使用原则不断发展并逐渐形成的理论术语，使用行为的

---

① 胡康生主编《中华人民共和国著作权法释义》，法律出版社，2002，第58页。

"转换性"考察作为合理使用要素一—"使用行为的目的和性质"的重要参考因素之一，当使用行为的"转换性"程度越高，对合理使用其他要素（像使用目的之商业性、被使用内容的数量和质量、使用对作品潜在市场或价值的影响等）的考察权重就越低。

首先，从使用行为的目的和性质来看，自由使用不考察使用他人作品的目的和意图，使用行为是否具有商业性抑或具备"目的性/功能性转换"都在所不论。而转换性使用本身属于合理使用原则中"使用行为的目的和性质"要素的重要判断标准之一，同时"目的性/功能性转换"在行为的"转换性"考察中发挥着核心价值。其次，从使用关系来看，自由使用必须产生独立的新作品，同时该作品在基本内容上并不依附于原作品。而转换性使用规则逐渐从"内容性转换""目的性转换"发展成为单向的"目的性/功能性转换"标准，是否产生新的作品并非构成合理使用的必要条件。此外，转换性使用是否最终构成合理使用，仍需要结合合理使用其他要素，运用比例原则进行综合判断。而自由使用的认定主要是对两个作品的独创性特征进行整体印象之比对，"或关注被使用片段与新作之间的交融互动关系，或关注被使用片段与新作之间的'距离'……要求被使用作品的独创性特征在新作品中完全消隐，无须考察使用者是否挪用他人在先作品的'实质性'部分"①，即使用部分占被使用版权作品的质与量等问题在所不论。

第三节　转换性使用的功能定位与价值导向

一　从作品独占论到著作权工具论

在现实生活中，人们一直尝试沿用有体财产的物权逻辑，将作品拟制为一种与有体物类似的东西——抽象物。某种意义上，我们将作品视为著作权的"保护对象"，其本身就预设一种隐喻式的逻辑前提，即作品可以像有体财产那样，作为财产权边界划分的主要依据。作品独占论时常用来

---

① 易磊：《〈德国著作权法〉自由使用制度研究》，《苏州大学学报》（法学版）2019 年第 3 期。

指那些将自然权利作为中心内容的财产公平理论。在作品独占论看来，占有者应当支配抽象物，所有权理应高于共有利益。换言之，"财产利益本身就被给予道德的至上性，与个人主义有很强的联系"①。某种意义上，作品独占论支持著作权是一种自然权利，主张作品作为一种抽象物的个人财产具有神圣不可侵犯性，而这将使有体财产法的原则及制度设计被植入著作权体系，著作权由此可能获得一种绝对性的支配力，进而形成渐次扩张的理论基础。② 当人们用"偷窃"一词来形容对作品的未授权使用时，实际上恰恰隐喻着自然权利体系内的一种财产观念。

然而，作为一种知识财产权，著作权实际上是由建立在作品这一抽象物基础上人与人之间的社会关系所构成，而并非由人与作品之间的独占关系所构成。可以认为，个人在创作过程中既是贡献智力劳动成果的创造者和革新者，又是使用前人知识信息的借用和复制者，扮演着相互对立的双重角色。③ 这是因为，创作一个新的独创性表达的作品，一般涉及对已有的一系列作品中的材料进行借用或重塑，再给它加上新的独创性表达。④ 例如，一部新小说除了包含作者在独创性表达方面的贡献以外，还包括由以往作者所创作设计的人物、场景、具体情节以及类似的东西。所以，法律需要有效协调和维系著作权人与使用者以及社会公众之间的利益平衡关系，从本体意义上解决著作权制度的价值导向和利益合理配置问题。

尽管《与贸易有关的知识产权协议》（TRIPS 协议）的导言开宗明义宣称"知识产权为私权"，但从公共政策层面来说，著作权仍被普遍视为实现著作权法根本宗旨的一种手段或方式，甚或可谓一种工具主义特权。如《美国联邦宪法》第 1 条第 8 款"版权及专利保护"条款规定："为了促进科学和实用技术的发展，国会有权……通过（by）保障作者和发明者对他们各自的作品、发现在有限期间内享有专有权利。"⑤ 再如《2001/29/

---

① 〔澳〕彼得·德霍斯：《知识财产法哲学》，周林译，商务印书馆，2008，第 209~211 页。
② 宋慧献：《版权保护与表达自由》，知识产权出版社，2011，第 455 页。
③ 〔澳〕彼得·德霍斯：《知识财产法哲学》，周林译，商务印书馆，2008，第 73 页。
④ 〔美〕威廉·M. 兰德斯，理查德. A. 波斯纳：《知识产权法的经济结构》，金海军译，北京大学出版社，2005，第 84 页。
⑤ United States Constitution, Article 1, Section 8.

EC 号指令》导言中的大量表述，都在说明制定该指令的目的在于"通过（by）提供知识财产的高水平保护，可以有利于培育创造力和革新的大量投资，包括引领欧洲产业竞争力的持续增长……这将会捍卫就业并将鼓励创造新的就业机会"①。可见，著作权在立法层面实际上是实现著作权法的根本宗旨、公共政策层面的一种工具主义特权，必须谨慎、合理地维系权利人与社会公众之间的利益平衡关系，各国在法律实践中仍无法回避将著作权视为一种工具主义之法定权利的现实。

　　然而，让著作权从自然法权利回归至制定法权利，使知识财产理论从作品独占论转向著作权工具论，仅解释了著作权的"术"现象，并未从本体价值上探讨并确立著作权的"道"本质。言及著作权是一种工具主义的法定权利，仅表明它是实现公共政策之特定目标的一种手段或工具，至于这一特定目标所指为何，仍不得而知。换言之，工具主义的法定权利说仅能够解释著作权作为实现公共政策之特定目标的技术性功能，而未能真正解决著作权本体意义上的价值指向和利益合理配置问题。如果我们仅简单地强调著作权是一种政策性的工具主义特权，无异于承认其因受权力角逐中的集团政治影响而可以肆意地扩张和重设权利边界。这既可能损害著作权人（尤其是原始创作者）对利益回报的合理诉求，又可能危及鼓励学习、实现表达自由以及推动公众文化参与等公共福祉的实现。② 澳大利亚学者德霍斯教授在反对独占论的基础上也主张知识产权是一种工具主义的法定权利，但他将这一工具性权利延伸至伦理层面进行探讨，强调财产工具论必须服务于道德价值，即"财产服务于道德价值，而并非道德价值的基础"③。在德霍斯看来，"如果确立特权（如知识产权）的目的是实现某一既定目标，那么特权拥有者有义务以不损害特权被最初授予的目的的方式行使这项特权"④。正义的财产权是权利人在行使意志自由时，必须能够

---

① Directive 2001/29/EC of the European Parliament and of the Council of 22 May 2001 on the Harmonisation of Certain Aspects of Copyright and Related Rights in the Information Society, Preface (4).

② 李杨：《著作权法个人使用问题研究——以数字环境为中心》，社会科学文献出版社，2014，第 207～208 页。

③ 〔澳〕彼得·德霍斯：《知识财产法哲学》，周林译，商务印书馆，2008，第 222 页。

④ 〔澳〕彼得·德霍斯：《知识财产法哲学》，周林译，商务印书馆，2008，第 227 页。

和所有其他人的自由并存。用穆勒的话说，"效用主义的财产观与正义之间应建立某种必然联系"，行为应当遵守的规则是一种"所有理性人都采纳的有益于集体利益的行为规则"①。换言之，作为知识财产权之一，著作权必须服务于一定的道德价值——具有人本主义倾向或显现必要的人文主义道德关怀，应置于仅限于市场利益至上的个人主义观念之外的多元价值体系的环境中加以考量。

著作权所谓之"道"，即著作权的终极价值指向或既定的根本目标是实现社会福祉的最大化以及利益的公平分配伦理。② 由于知识产品的价值实现依赖并取决于经济、社会、文化、政治等多元层面的因素，故与有体财产相比，著作权更倾向于对作品的开放式利用和公共效用的发挥。权利人在行使著作权的同时，应合理地兼顾使用者基于学习、表达自由以及民主文化参与等宪法基本权利对作品的使用自由。可见，著作权除私权属性以外，还应当具备实现"公共福祉"的社会属性。在对著作权制度进行价值衡量时，我们应清醒地意识到个人财产由市场价值最大化原则单向支配的法律体系可能会对公共利益造成的破坏和消极影响，必须兼顾实现社会福祉最大化和利益分配伦理的社会责任，以避免"市场取代市民社会，凌驾于市民社会之上而成为法律"③。

二　效用主义指向的利益平衡及比例原则

作品独占论使著作权呈现一种完全开放式的财产专有权模式，从而使著作权有条件延伸至他人对作品的任何使用行为当中。而这将造成个体私权与公共利益之间过度的内在紧张关系，进而使著作权法兼顾的社会公共价值目的难以实现。此外，作品独占论的"拟物化"财产逻辑还容易使著作权制度陷入作品本身等同于著作权保护范围的思维误区。就著作权而言，与其说保护的是作品，毋宁说保护著作权人基于作品特定利用方式而

①　〔英〕约翰·穆勒：《功利主义》，徐大健译，上海世纪出版集团，2008，第53页。
②　李杨：《著作权法个人使用问题研究——以数字环境为中心》，社会科学文献出版社，2014，第209页。
③　〔法〕米海依尔·戴尔玛斯－马蒂：《世界法的三个挑战》，罗结珍等译，法律出版社，2001，第15～16页。

产生的利益。① 当我们谈到著作权的保护范围时，都需要在确定作品保护范畴的基础上，进一步厘清并确立著作权人或使用者对作品的行为模式：言及著作权保护什么样的内容、保护到什么程度，无非是确立著作权人可以自行或依法控制使用者和后续创作者对作品的某些使用行为。他人行为被归于法定豁免或许可情形，即构成著作权的限制或例外；超越法定豁免或许可的行为方式，即可能构成侵权行为。可以认为，著作权保护范围的行为范畴路径始终贯穿于著作权保护思路当中。一言以蔽之，著作权法强调一种"主体间性"（Intersubjectivity），塑造"作品"这一抽象物的观念，但调整的是人与人之间的法律关系，著作权反映的绝不是作者与作品之间的单纯控制或独占关系，而是作者与后续作者、作者与公众之间的利益平衡关系。

从传统意义之效用主义出发，法权的创设旨在实现最大多数人的最大幸福。与主要建立在个人主义观念下的有体财产不同，作品的有益外部性、互动性使之相较有体物而言，更侧重于"公共效用"的发挥，即以实现每个人的幸福作为财产存在的本体意义。就著作权而言，我们可以将这种最大多数人的最大幸福，表述成著作权指向社会福利最大化的目的性价值。作为激励作品创作和传播的一种效用主义工具，著作权的终极目标在于推动文化繁荣和科学进步的"公共福祉"实现。激励作品创作及投资的著作权机制，不过是实现这种目的性价值的一种手段、工具而已。我国《著作权法》第1条"立法宗旨"明确指出，立法的根本目的为"鼓励有益于社会主义精神文明、物质文明建设的作品的创作和传播，促进社会主义文化和科学事业的发展与繁荣"。《美国联邦宪法》第1条第8款的著作权条款也确立著作权创设的基本宗旨在于"推动科学和实用文艺的进步"。可见，著作权在给著作权人必要回报与激励的基础上，最终以实现作品之社会价值最大化的公共福祉为根本目的。

文化参与功能是著作权实现社会价值最大化目的的主要内涵之一，主要体现为鼓励学习和推动大众文化参与、互动等两方面。一方面，鼓励学

---

① 李杨：《著作权法个人使用问题研究：以数字环境为中心》，社会科学文献出版社，2014，第148页。

习是文化参与功能最基本的表现形式，也是著作权实现社会价值最大化的核心内容。文化与科学事业的繁荣与发展有赖于市民社会之参与者——人的学识提高。如果不鼓励人们学习知识，严厉控制对作品的必要接触和使用，法律将难以实现著作权创设的本质目的。历史上第一部现代著作权法——《安妮女王法》就曾明确将"鼓励学习"作为立法的根本宗旨。[1]从《美国联邦宪法》第 1 条"知识产权条款"也可以推知"鼓励学习"对实现社会价值最大化具有重要的意义。另一方面，推动大众文化参与、互动也是实现著作财产权文化参与功能的重要内容之一。某种意义上，正是使用者与作者之间形成文本上的互动，才使作品的意义被真正塑造出来。诚如米勒所言："一部文学作品的词语，（作者）并没有创造它们描述的世界，而只是被读者发现或揭示而已。"[2] 可见，使用者不再理所当然地被视为单一的受众，而是文本意义的塑造者和推动者。通过主体之间的文化交流和互动，作品往往能够产生远比个人努力更大的价值，"一部作品和其他作品之间的'互文'，其本身就比单一的作品更有价值"[3]。阅读和解释一部作品的人越多，作品文本的内在含义不断被丰富，有关该作品的信息就越多。可见，著作权的公共福祉目标和社会价值指向不应简单地等同于个人主义的市场利润最大化。就文化层面的社会价值而言，著作权应在人与人之间确立一种生态型的利益平衡关系，允许使用者对作品的必要接触和学习，不断推动社会文化的交流与互动，才能使促进文化繁荣的根本目的真正得以实现。

除文化参与功能以外，著作权指向的社会价值还包括民主政治层面。著作权自产生伊始就对塑造民主市民社会具有重要的支撑作用，即著作权在资产阶级启蒙运动中发挥摆脱封建压迫的重要政治功能。著作权的产生过程就是作者脱离封建专制束缚的解放过程。一方面，正是借助向文化消费者收取费用的著作权制度，作者阶层才进一步从王室赞助体制下解放出

---

① 这从《安妮女王法》冗长的标题——《通过授予作者及购买者就其已印刷图书之复制件在限定时间内享有权利以鼓励学识的法律》可以推知。

② 〔美〕希利斯·米勒：《文字死了吗？》，秦立彦译，广西师范大学出版社，2007，第 117 页。

③ Carol M. Rose, Roman, "Roads and Romantic Creators: Traditons of Public Property in the Information Age", 66 *Law & Comtemp. Prob.* 89 (2003).

来，实现从写者到作者的重大转变，获得了更大程度的独立与创作自由。按美国学者内坦尼尔教授的观点，著作权主要从"生产功能"（production function）和"结构功能"（structural function）两个方面促进民主市民社会的培育。通过生产功能，著作权旨在激励人们就一系列广泛的政治、社会和审美主题实现创造性的表达自由，从而为民主文化和公民集会提供讨论的基础。通过结构功能，著作权为那些创造性的交流活动提供经济支撑，从而使人们不必依赖于国家补贴、精英赞助和各级文化机构拨款。① 如果说著作权可以帮助作者实现民主政治参与的市民品格塑造，那么这种民主政治功能也应同样适用于民主市民社会的其他参与者——使用者。"表达自由"是宪法赋予公民的一项基本人权，除包括通常意义上的"言论和出版自由"以外，还包括信息的"获取、接受、持有和传播自由"。如果说作者享有的著作权能够实现民主政治层面上的表达自由，那么民主市民社会的其他参与者也应惠及。另一方面，著作权使作者从早期王室赞助体系的束缚中解放，实现真正意义上的人格独立。如果著作权的结构功能使作者实现民主政治意义上的人格独立，不再受制于封建专制的审查和控制，那么使用者对作品的必要接触、使用行为，也不应受到"信息封建主义"专制的严厉控制与审查。只有这样，著作权才能充分、有效地发挥民主政治功能，促进民主市民社会的培育，进而实现作品的社会价值最大化目标。

实用主义者否认存在财产自洽性的基本原理，他们认为"财产就像一个制度的壳，它被用来涵盖一系列由历史和文化决定的关系"②，作为财产的抽象物——作品亦如此。在他们看来，"有（经济）价值便有权利"的财产权理论体系本身就具备经验上的合理性基础——财产就是财产，它是资本的重要形式。然而，财产权绝不是孤立的存在，它包含一定程度的共识，即一种"公共认可的产物"③。概言之，权利是一种建立在彼此认同基础上的公共选择结果。作品本身具备公共产品属性，如作为抽象物具有非

---

① Neil Weinstock Netanel, "Copyright and Democratic Civil Society", *Yale Law Journal*, 106 (1966): 238.
② 〔澳〕彼得·德霍斯:《知识产权法哲学》，周林译，商务印书馆，2008，第208页。
③ 〔美〕A. 爱伦·斯密德:《财产、权力和公共选择：对法和经济学的进一步思考》，黄祖辉等译，上海人民出版社，2006，第40～41页。

物质性、作为知识产品具有非稀缺性与非竞争性、作为自由信息具有有益外部性与互动性等。法律在处理社会关系时，都需要对权利划定合理的边界，以实现参与性主体之间的利益平衡与分配正义。是故，著作权在实现权利人收回投资并获取合理回报的同时，还应满足推动民主政治以及促进文化繁荣的社会总体需求。

转换性使用这一功能性术语承载着推动科学进步、促进知识学习与保护表达自由的宪法目标。使用者在使用他人智力劳动成果的同时，将有可能促进科学和艺术的进步，造福公众。正如大法官 Blackmun 在 Sony 案裁判保留意见中所言："著作权法旨在促进科学进步和艺术发展的目标正是通过转换性作品（transformative works）的不断创造而被推动……《（美国）著作权法》第 107 条所规定的每一项合理使用例示情形都是创益性使用，它将超越原作品所创造的价值而进一步造福于公众……合理使用原则应允许作品出于值得赞赏的社会公益目的而被使用。"[1] 作为一项功能性术语，转换性使用即发挥行为事实类型化区分下承载着公共利益的法律判断"工具"作用，让法律观念从著作权人的单一主体模式转变为著作权人、使用者以及社会公众的多元主体模式，使司法裁判者在确定著作权的保护边界时遵循利益平衡原则以及比例原则，在多元参与性主体之间公平、合理地分配相关利益，从而实现著作权法框架下的财产配置伦理。

三 基于市场失灵的制度调适机制

著作权的经济学分析暗含这样一个标准：一个被指控的版权作品复制件，当它在市场中成为该版权作品在表达性方面的一个相近的替代品，进而将明显挤占其市场份额时，就构成侵权。就创益性（转换性）使用而言，该行为能降低表达成本，进而有益于推动原创作品基数的增加，而消费型的复制性使用则只增加了某一给定作品的复制件数量，但同时减少了著作权人的市场利润，降低了有关原创作品的激励效应。[2] 转换性使用作

---

① Sony Corp. of America v. Universal City Studios, Inc., 464 U. S. 417, 479, 104 S. Ct. 774, 78 L. Ed. 2d 574 (1984).

② 〔美〕威廉·M. 兰德斯，理查德·A. 波斯纳：《知识产权法的经济结构》，金海军译，北京大学出版社，2005，第 112、156 页。

为一种功能性术语，最重要的莫过于基于交易双向负外部性之市场失灵的制度调适"工具"作用。市场失灵理论最早由美国学者戈登（W. J. Gordon）引入著作权合理使用的正当性分析当中。戈登于 1982 年在《哥伦比亚法律评论》发表了《作为市场失灵的合理使用》一文，主张著作权的制度功能在于发挥作为商品的信息在市场机制中的价值最大化效用。在他看来，合理使用因难以克服的市场失灵而被限定在特殊情形下。戈登将这种市场失灵解释为一种因著作权人与使用者之间交易达成的双向负外部性，即无论是著作权人还是使用者，都将以超过正常交易成本的方式达成许可使用协议。戈登认为，当符合这种引发双向负外部性的市场失灵条件时，使用者的行为应被视为合理使用。[①] 简而言之，市场失灵理论认为合理使用是对偏离市场机制的一种纠正反应。在一个充分竞争的市场里，自由交易使得资源可以被转移到最能实现其价值的人手中。国会通过赋予著作权法上的专有权利，从而促进一个作品市场的形成。在该市场中，著作权人可以将其创作的版权作品许可给那些最能实现这些作品价值的人。然而，各种类型的市场缺陷可能会妨碍自由交易的发生。此时，法院可以此为由而豁免该侵权行为。[②] 换言之，以市场为基础的交易被阻碍时，法律可代替市场成为解决手段之一。"转换性使用"之所以被认为能够提高二次使用行为的合理性和正当性程度，主要原因在于使用行为本身造成了市场失灵，具体包括拒绝许可的市场失灵和交易成本过高的市场失灵。

首先，作为拒绝许可的市场失灵。戏仿作品的完成须通过对版权作品部分内容的扭曲式模仿来达到批评、讽刺效果，但一般来说，享有著作权的作者通常不愿意向一位具有敌意的评论者或戏仿者授予许可。面对许可申请，作者或是直接拒绝许可，或是为遏制批评而采用提高许可费的方式给戏仿者增加负担。实际上，著作权人充当了审查者的角色，只许可有利于自身的使用者并对其使用附以条件。在这样的情况下，即使戏仿作品获得许可，戏仿作品的读者也会怀疑戏仿者是否会为了一个更低的许可费而

---

① Wendy J. Gordon, "Fair Use as Market Failure: A Structural and Economic Analysis of the Betamax Case and Its Predecessors", *Columbia Law Review* 82 (1982): 1600.

② 〔美〕朱莉·E. 科恩、莉蒂亚·P. 劳伦等：《全球信息经济下的美国版权法》下册，王迁、侍孝祥等译，商务印书馆，2016，第 943 页。

对戏仿对象手下留情，戏仿作品批评之可靠性也会随之被破坏。强制戏仿者与著作权人缔约的做法更加侧重于版权人的私人利益，但可能有悖于社会公共利益。此时，基于批评的许可使用市场将难以形成，市场解决方案面临一个不可逾越的障碍，必须通过法律的介入来解决相应的问题。因此，对戏仿作品的"转换性使用"认定有利于在合理使用判断中保障权利人与社会公众之间的利益平衡。除戏仿作品外，部分被判定为构成合理使用的挪用艺术类的案件也可能没有超出市场失灵的范围，如颇富争议的 Cariou 案中，原作的著作权人表示不愿意授权，所以无法形成相关市场。

其次，作为交易成本过高的市场失灵。在理性经济人的假设中，当一项交易成本大大超过此次交易能够获得的收益时，授权许可的私人交易就无法达成。最典型的案例就是谷歌数字图书馆案。在不考虑交易成本的前提下，对于谷歌公司而言，数字图书馆计划能为其带来可观的预期收益；对于图书版权人而言，其图书在被数字化并录入数字图书馆后能够为其带来更广泛的图书宣传效果；对于社会大众而言，数字图书馆的存在能够有效提升图书检索效率。此时，私人缔约于缔约双方和社会而言，福利皆能达到最大化。但是，凡是交易，必然存在交易成本。在这种情形下，私人收益与社会福祉都很容易被交易成本所抵消，从而导致负的净收益。数字图书馆往往倾向于对图书进行海量的收集与数字化，但若要求图书馆计划提出者对收录内容的权利人进行一一识别并与之协商，将产生极为高昂的交易成本。① 故在此种情形下，也需要法律加以适度介入。

可见，无论是应对拒绝许可的市场失灵还是交易成本过高的市场失灵，转换性使用作为一项功能性术语，都承载着基于市场失灵的制度调适"工具"作用，对于协调解决著作权人与使用者之间交易达成中的双向负外部性问题发挥着不容忽视的重要作用，是司法实践中为解释难以克服的市场失灵现象而作出的一种合理使用特殊安排。

---

① 冯晓青、刁佳星：《转换性使用与版权侵权边界研究——基于市场主义与功能主义分析视角》，《湖南大学学报》（社会科学版）2019 年第 5 期。

本章小结

本章主要是对转换性使用的理论基础进行考察。通过从历史维度对转换性使用的理论溯源和谱系发展进行考察，我们发现类似于转换性使用问题的探讨最早可追溯至判例法对"节略""模仿""合理使用"等概念及其规则的适用解释。它们类似于"自由使用"术语在现代德国著作权法中的功能，既替代发挥区分作品保护内容和公共领域的重要作用，又从行为范畴尝试界分侵权/非侵权行为。在这一演进过程中，司法裁判者对"节略""模仿""合理使用"等术语的运用都尝试兼顾考察作品使用行为是否"创造新信息、新艺术以及新价值"，关注使用行为本身能否为公众文化增加更多元化的社会价值。"合理使用"原则在美国司法实践中主要由逐案累积而成，于1976年为《美国著作权法》正式吸纳。在Sony案中，Blackmun大法官提出了"创益性使用"① 这一概念，是超越《美国著作权法》第107条对合理使用要素一"使用行为的目的和性质"的字面表达以探寻其本质含义的一次积极尝试。在Campbell一案中，美国联邦最高法院正式肯定了Leval法官提出的"转换性使用"概念及其在合理使用原则中占据的核心位置，使用行为的"转换性"已成为合理使用分析的重要内容。此外，历经判例法的不断发展，"转换性使用"理论已超越使用行为的"内容性转换"要件，实现从"内容性转换"到"目的性/功能性转换"的延伸性扩张。从规范层面来看，"转换性使用"概念同"创益性使用""合理使用""合理引用""自由使用"等术语也并不完全等同，有必要从规范解释层面逐一辨析，以明确彼此之间的联系和区别。此外，转换性使用概念在理论研究上具有重要意义，其功能定位和价值导向主要在于实现从作品独占论到著作权工具论的观念转型、遵循效用主义指向的利益平衡及比例原则、发挥基于市场失灵的制度调适机制作用等方面。

---

① 在大法官Blackmun看来，"创益性使用"考察不仅仅聚焦新作品的创作环节，他还假定任何普通的使用行为都不应当属于创益性使用。

第二章　传媒融合发展与转换性
使用的多元样态

第一节　传播技术与媒体的融合发展及社会影响

　　著作权法的发展史也是传播技术不断发展与进步的演化史。一般而言，著作权法经历的传播技术发展阶段可以被大致概括为印刷技术时期、模拟技术时期和数字技术时期三个阶段。在前数字技术时期，作品固定的形式大多以直接感知的实体形式为人们所接触，即作品难以脱离载体而独立存在。例如在印刷技术时期，文本信息的复制成本较高，传播者需要对复制设备进行高额投入才可以实现作品的有效传播。即便在模拟技术时期，伴随着复制的持续性发生，作品复制件的传播效果（如图文、影像、音质等）依然会发生实质性减损。最直观的例子就是录音录像内容的翻录，录有声音或影像的磁带在被多次翻录以后，其音质或画质会不断降低。而伴随数字技术的不断发展特别是"互联网＋"的叠加效应，复制的天然障碍已不复存在。数字技术所具有的抗干扰和抗失真能力，使得各类信息的传播、复制更加精确。[①] 以数字化形式传播文本信息的新媒介特性在于，作品复制件与原件在传播的保真性效果上已无本质区别，不再会呈现前数字技术所产生的内容失真问题。可以认为，文本信息在数字技术的加持和渗透下甚至成为一种脱离物理介质的独立存在形式，作品无须再借助有形载体即可实现独立且高效的传播。数字技术的无限潜能和巨大优势

---

　　① 张今：《版权法中私人复制问题研究》，中国政法大学出版社，2009，第126页。

在于具有强大的数据处理能力，能够将用户终端、信息处理设备和信息传播网络进行有效联通。它带来的巨大变化与革新主要表现在以下方面。首先，数字技术使传统媒介能够汇集并实现一体化。在数字技术的推动下，信息文本能够集中各类传统媒介的优势，消解各类传统媒介的缺陷，通过文字、声音、图像、数据之间的融合及一体化，在数字互联网环境中发生有效的传播。其次，在数字互联网环境下，我们可以自由地接触、获取全世界范围的各类数据和信息，进而有效促进人自身知识的提高。最后，数字技术可以促进人与人之间的社会交往和联系，进一步促进大众参与作品创作的相关活动，激发人们的创作欲望和创新能力，积极推动人与人之间的社会互动和文化表达自由。

新媒体将传统广播电视媒体、手机和互联网进行融合，是依赖互联网传播技术将文化和信息呈现给公众的新形态。网络广播、网络电视、手机电视、有线数字电视、移动数字电视、IPTV等都是视听新媒体的形式，它们融合了大众媒体和人际媒体，为受众提供了视、听、读相结合的个性化内容。可以认为，传统媒体对信息内容呈现一种单向、线性的传播，而新媒体依托现代传播技术，其信息内容的传播呈现开放性、平等性、参与性、交互性以及个性化、去中心化特性。在新媒体环境下，受众依据自身需求可以选择想要接触、体验的文本信息和视听内容，同时能够对信息内容进行暂停、回放等。因此，在数字技术的推助和影响下，新媒体使传播者与受众之间形成彼此融合和共生的关系，人们可以自由选择信息的接收方式，因此具有较强的互动性甚至主动性。相对于传统媒体而言，新媒体形式进一步打破了时空对传播行为的限制，使作品传播更加自由、开放，这不仅仅深刻影响了人们获取、表达以及传递信息的文化参与方式与社会生活结构，也极大地促进了全球范围的信息交流以及市民社会的多元化形塑。

在新媒体环境下，结合互联网与移动通信技术的移动互联网不断融合大数据、人工智能等新兴技术领域，是一种重新塑造世界的结构性力量。它使公众能够快捷、自由地接收、传递以及表达信息，改变了人们在社会交往和运行过程中的消极被动地位，既有效地推动了市民社会的形塑与转型，同时也改变了社会性传播体系和话语结构，独立于传统媒体的社交平台为信息传播提供更为多元丰富的资源和技术支持，个体取代媒体机构成

为信息传播体系的基本单元。移动互联网将一对多的大众传播模式转换成
"所有人面向所有人进行传播"的网络社交传播模式，网络社交传播模式
将社会关系和内容生产有机融合，赋予个人用户创造且交互传播信息的能
力。经过个人门户、QQ、播客、微博、微信等网络社交工具的迅速发展，
即时通信、社群、用户生成内容（UGC）以及信息共享等业已成为网络社
交的典型方式。移动互联网从单向信息传播的超链接形态，发展成为以
"人—物"联网为基础的人际网络，这种关系网络的典型特征是以社交媒
体为平台、以人为节点。① 伴随着移动互联网技术的不断发展，个人用户
依托移动终端，一方面在网络社交平台能够独立"编织"社会关系网络；
另一方面由于传播能力的极大提升，在信息传播过程中的角色定位也从被
动获取内容信息的受众转变为更加积极主动的传播参与者甚至信息生产
者。在这样的背景下，移动互联网的新传媒形态以用户个性化定制、精准
推送、即时交互传播为特征的移动化信息生产方式已成为现实，人类进入
共享传播模式下"人媒合一"的智媒时代。例如，"微信"这一网络社交
工具将个人用户的社会关系引入移动互联网环境中，促成了个体社会关系
的网络化形态。这一新型网络社交方式，不仅突破了传统的信息传播和社
会交往模式，还有效创造了共享传播模式下基于信息互动、分享乃至共享
的网络传播新文化。

　　新传播技术的扩散与延伸性使用赋予了政治文化新的内涵与价值，既
使得政治文化的发展进程呈现更加开放和多元化的形态，同时也使政治文
化的传播模式从线性的"单向传播"质变为去中心化的"交互传播"。
"政治文化"是美国学者加布里埃尔·A. 阿尔蒙德提出的概念，它是指在
一定的社会与历史条件下，社会共同体成员所形成的对于政治体系以及国
家政治生活较稳定的政治价值取向与政治心理倾向，包括政治态度、信仰
和情感。② 从社会影响来看，包括移动互联网在内的新传播技术推助并催
生了个人用户实现"网络政治参与"的新形式，进一步拓宽了多元化的公

① 周妍、张文祥：《移动互联网下的传播变革及其社会影响》，《山东社会科学》2019 年第
　　2 期。
② 〔美〕加布里埃尔·A. 阿尔蒙德：《比较政治学：体系、过程和政策》，曹沛霖等译，上
　　海译文出版社，1987，第 29 页。

民政治参与渠道，有效推动了参与型政治文化的不断发展。① 新传播技术对促进参与型政治文化发展的积极影响，主要体现在以下两点。首先，新传播技术为公民参与政治活动和政治进程提供了新的平台、工具和手段以及快捷有效的传播方式，满足了人们对参与型政治文化发展的时代要求。这使得公民在整个政治体系当中能够以主人翁的身份开展相关活动，充分参与到政治活动的全部过程。在共享传播模式下，越来越多的公民利用互联网能够快捷、公开地获取充分的公共事务信息，打破了传统政治生态中的"信息不对称"格局，推动并扩大了参与型政治文化的市民社会空间。其次，新传播技术推动的共享传播模式可谓是一种与民赋权和分权的过程，有助于增强和提升公民的政治主体意识。移动互联网承载并传播海量信息，这可以保障公民政治参与的信息表达通畅，使公民可以积极参与到政治生活，甚至对现有政治体系进行较自由、全面的批判和评价，进而得以自觉意识到个体的政治权利和义务，真正成为参与型政治文化和政治活动的主体。

第二节　数字新环境下的著作权法变革与调适

在信息时代的数字新环境下，网络的交互性、即时性、快捷性为公众获取信息提供了极大的方便和自由，但同时也对知识产权传统的法律制度和规则提出了挑战，尤其是伴随着以数字化、网络化等为代表的传播技术的融合发展和应用，著作权法必须对技术发展和实践需要进行回应，作出必要的变革和调适。这需要在既有效保护著作权人的合法权益又兼顾社会公共利益的前提下，紧扣网络化、数字化等技术发展与变化，协调处理好互联网和数字新环境下的著作权保护问题，以适应新技术的发展，解决新技术发展给著作权法带来的挑战。

客观上说，传播技术的不断发展与变迁带来了著作权制度的必然回应和变革。在前数字技术背景下，无论是印刷技术时期抑或是模拟技术时

---

① 吴世文、石义彬：《新传播技术扩散与使用对我国政治发展的影响研究》，《福建论坛》（人文社会科学版）2013 年第 12 期。

期，复制行为的产生在时间点上都明显早于发行或传播活动，复制与作品有形复制件之间的联系密不可分。如在印刷技术时期，复制行为既是著作权对作品所控制的最主要的直接利用方式，同时也是以不同方式公开再现作品（如发行等）的重要前提。在这一时期，著作权人要想获得市场经济利益，主要是通过公开出版并批量发行作品的有形复制件来完成，这就要求著作权人在作品发行或传播之前必须进行大规模的批量复制活动。因此，这一时期的各国立法普遍承认著作权的权利内容以复制权能为主。如世界上第一部现代意义上的著作权法——英国《安妮女王法》就曾明确授予作者"印刷（print）、重印（reprint）、出版（publish）及销售（vend）"的专有权。此外，1790年《美国著作权法》第1条同样也有类似的规定："任何自然人基于立法授权享有包括印刷、重印、出版及销售版权作品的专有权。"到模拟技术时期，最典型的传播技术就是广播。广播从1920年代诞生初期其发射、接收设备运用电子管技术以及主要使用模拟信号，到1940年代以半导体晶体管取代电子管技术且开始使用调频技术，再发展到1960年代集成电路技术使广播发射和传输设备性能不断改善以及1970年代电视技术的迅速发展，广播电视等已成为最主要的大众传播方式。正是在这一时期，各国立法以及国际条约普遍认可广播权为著作权的主要权能内容之一。发展到数字技术时期，远程传播技术发生的最大变革就是从单一的非交互式传播方式（如广播）发展成为以交互式传播方式（如信息网络传播）为主要特性、非交互式/交互式传播融合发展的新远程传播方式。为了解决数字网络环境下的传播新纠纷，《世界知识产权组织版权条约》（WCT）第8条赋予了著作权人一项向公众传播权，即"文学和艺术作品的作者应享有专利权，以授权将其作品以有线或无线方式向公众传播，包括将其作品向公众提供，使公众中的成员在其个人选定的地点和时间可获得这些作品"。可见，WCT规定的向公众传播权包括著作权人对作品控制的交互式传播利益，为我国2001年《著作权法》修订内容增设的"信息网络传播权"提供了国际法依据。类似情形还包括WCT关于技术保护措施和权利管理信息的规定，同样体现国际立法回应数字技术发展要求，旨在落实对著作权人利益的充分、有效保护。由上可见，不同时期传播技术发展催生的市场利益诉求，著作权法都会作出及时回应和变革，使著作权内容为了顺应传播技术发展而不断延伸、拓展。

新传播技术与著作权保护的关系应避免走入认识上的误区。我们不应想当然地认为伴随着科学技术的不断进步以及新传播技术与媒体之间的融合发展，由作品使用衍生并拓展形成的新兴市场理应迎合著作权人的利益需求，为著作权人所有与所用。同时，我们也不应将传播技术的融合发展理解成必然导致著作权的不断延伸乃至扩张，并对著作权限制制度构成一定的反限制甚至挤压。在确立著作权保护范围时，必须塑造并维系一种参与性多元主体之间构建公平、合理分配伦理的利益生态关系。这需要政策制定者和立法者在对著作权法进行修订和调适时，既要考虑对著作权的延伸和扩张是否合理、有无必要，更需要进一步省思它所引发的利益失衡问题。对此，WCT 和《世界知识产权组织表演和录音制品条约》（WPPT）议定声明都有指导性表述。如 1996 年 WCT 议定声明曾明确表示《伯尔尼公约》第 9 条所规定的复制权及其所允许的例外，完全适用于数字环境，尤其是以数字形式使用作品的情况。同时，WCT 议定声明还对 WCT 第 10 条（涉及限制与例外的规定）作出进一步强调：

> 不言而喻，公约第 10 条规定允许缔约各方将其国内法中依《伯尔尼公约》被认为可接受的限制与例外继续适用并适当地延伸到数字环境中……另外，不言而喻，第 10 条第 2 款（即"三步检验法"的规定）既不缩小也不扩大由《伯尔尼公约》所允许的限制与例外的可适用范围。[1]

"著作权产生的收益并未反映作者创作的真实价值，而反映的是新技术所产生的市场价值。"[2] 伴随着传播技术和新媒体的融合发展，作品的增

---

[1] 关于 WCT 第 10 条的议定声明内容，参见〔匈〕米合依·菲彻尔《版权法与因特网》下册，郭寿康、万勇等译，中国大百科全书出版社，2009，第 1044~1045 页。

[2] Birgitte Andersen, "How Technology Changes the Scope, Strength and Usefulness of Copyright: Revisiting the 'Economic Rationales' Underpinning Copyright Law in the New Economy", in Fiona Macmillan eds., *New Directions in Copyright Law* (*Volume 5*) (Cheltenham: Edward Elgar Publishing, Inc., 2007), p. 155.

值和价值衍生部分并不一定都是由作品本身的创作和投资产生，亦可能是由技术本身形成。基于技术中立原则，传播技术和新媒体的融合所产生的新兴市场利益应以维持传统著作权法已有的利益分配格局为前提，即使要对著作权相关制度及规则作出必要的变革和调适，也应当关注实现多元参与性主体相关利益之间已有的市场配置格局，在各参与性主体之间进行公平、合理的利益再分配。进一步讲，如果著作权法将作品基于传播技术和新媒体的融合发展而外溢产生的所有正外部性价值全部内化成著作权人控制力绝对支配的话，将对公众甚至著作权人自身创作都产生莫大的使用成本，进而使著作权法偏离兼顾社会公共利益、旨在实现社会福祉最大化的根本目标。因此，著作权法对专有权延伸的变革与调适，也同样应适用于著作权的限制与例外（合理使用）制度。

　　就作为著作权限制与例外（合理使用）制度的一般规则而言，由于著作权的法定限制情形难以在各国之间达成一致意见，《伯尔尼公约》、TRIPS 协议以及 WCT 都采取"三步检验法"这一抽象概括式的表述，寄期望于各国依自身公共政策目的，对这一递进式的一般规则作出解释。在此基础之上，各国再依据普遍认同的社会实践以及达成的习惯性共识，对设置著作权的哪些具体限制情形作出列举式规定。这一行使自由裁量权的列举式选择，实际上是各国对经济、文化、人权等多元因素综合考量后所作出的公共政策选择。可以认为，国际公约创设的"三步检验法"是一种开放性的规则，本属于指导并督促成员国严格遵守国际公约、履行义务的宣示性条款，应作为著作权设立具体限制情形的"开放式"衡量标准。然而在司法实践中，欧盟有超过 50% 的内国法院在司法实践中以直接或间接的方式承认"三步检验法"构成合理使用判断中的具体适用规则，将其作为著作权法定豁免情形在私法意义上的限制解释规则。对此，欧盟法院已明确表示"三步检验法"的适用主体不仅仅是内国立法机关，还应当包括内国法院。[①] 在 ACI Adam 案中，欧盟法院甚至强调内国法院仅在具体个案中适用"三步检验法"解释合理使用或著作权例外内容的时候

---

① Richard Arnold & Eleonora Rosati, "Are National Courts the Addressees of the InfoSoc Three-step Test?", *Journal of Intellectual Property Law & Practice*, 10（2015）：741 – 49.

才产生相应的法律效力。^①但在 Football Association Premier League 一案中，欧盟法院对作为限制解释规则的三步检验法作出重新阐释，认为该方法在合理使用判断中应具备适度的解释弹性和开放性，有必要从著作权法的立法宗旨出发，兼顾合目的性的特殊例外情形。在法院看来，为了维系著作权与公民基于信息表达自由而享有的基本权利等公共利益之间的平衡，三步检验法有必要回应新技术的发展诉求，并应对合理使用作出适度的合目的性解释。^②

除了司法导向发生转变以外，学术界也发出相应呼声。伴随着数字传播技术的不断融合、发展，欧洲知识产权学界意识到传统封闭式的著作权限制与例外规定以及作为一种限制解释规则的三步检验法将对著作权与其他基本权利之间的生态平衡关系造成不可逆转的破坏。为了阐明传播技术发展变革背景下"三步检验法"一般规则的利益平衡困惑，欧洲学者于2008 年达成《关于三步检验法的慕尼黑宣言》（以下简称为《慕尼黑宣言》）。该宣言序言强调：

> 不断加快的技术发展步伐促使著作权法的功能和效力发生了根本转变……新商业模式的出现，既对著作权人也对作品使用者构成了威胁……当下没有相应机制来预防对三步检验法作出过度狭隘的限制性解释。因此，在对三步检验法进行解释时，应当确保限制与例外制度得到适当、平衡的适用，这对实现有效的利益平衡至关重要。

此外，《慕尼黑宣言》序言还强调"著作权法的目标是促进公共利益"，著作权法"必须保持作者的权利与广大公众的利益，尤其是在教育、研究和获取信息方面的公共利益之间的平衡"，故在运用三步检验法确立合理使用（权利限制与例外）的适用范围时，"不应当仅仅考量著作权人的利益，第三方的合法利益也应同等考量"。宣言第 6 条列举出"应尊重

---

① Case C-435/12，ACI Adam BV and Others v. Stichting de Thuiskopie and Stichting Onderhandelingen Thuiskopie vergoeding，ECLI：EU：C：2014：254，para. 25.

② Case C-403/08 & C-429/08，Football Association Premier League/QC Leisure，ECLI：EU：C：2011：631，para. 163-64.

的第三方合法利益"具体范围，包括："（a）从人权和基本自由衍生的利益；（b）自由竞争的利益，尤其是在二级市场上的竞争利益；（c）在科学进步和文化、社会或经济发展方面的其他公共利益。"宣言第 3 条还进一步明确指出："虽然三步检验法将专有权的限制与例外限定在特殊情形下，但这并不否认：（a）立法机构可以制定合理预见范围的、开放性的限制与例外情形；（b）法院可以将现有的法定限制与例外情形进行必要修正后的类推适用，或创设其他新的限制与例外情形。"① 可见，规则主义模式下的"三步检验法"规则也好，因素主义模式下的合理使用原则（其四要素本身即一种开放式规则）也好，为了回应数字技术的融合发展以及利益冲突挑战，都需要创设出一种弹性解释的开放性空间，以有效地协调著作权人与传播者、使用者之间的利益平衡关系。

在因素主义模式下，作为合理使用四要素中的一项功能性概念，转换性使用即发挥着行为事实类型化区分下兼顾公共利益的法律判断"工具"价值。如同三步检验法作为平衡著作权人与社会公众之间利益生态关系的价值功能，作为一种工具和观念，转换性使用的功能性适用尝试将著作权人的单一主体模式转变为著作权人、使用者以及社会公众的多元主体模式，使司法裁判者在确定著作权的保护边界时得以顺畅遵循利益平衡原则，在著作权人与其他参与性主体之间公平合理地平衡、协调相关利益。

第三节　基于多元价值的转换性使用类型考察

可以认为，与其将"转换性使用"作为规范分析中的适用规则，不如将之视为功能性术语甚或一种价值观念，即行为事实类型化区分下的价值判断"工具"。因此，理解著作权法意义上的"转换性使用"，需要结合司法实践中的个案情形展开具体使用行为的类型化考察。伴随着数字技术与新媒体的不断融合发展，可能构成合理使用的转换性使用行为依兼顾平衡

---

① Declaration：A Balanced Interpretation of the "Three-Step Test" in Copyright Law，§ 3，A-TRIP Conference，Munich September 2008，available at：http://www. ip. mpg. de/fileadmin/ipmpg/content/forschung＿aktuell/01＿balanced/declaration＿three＿step＿test＿final＿english1. pdf，最后访问日期：2023 年 5 月 30 日。

的公共利益价值导向，大致可划分为基于表达自由的转换性使用、基于文化多样性的转换性使用、基于信息描述与指示来源的转换性使用三大类。

一　基于表达自由的转换性使用：戏仿

波斯纳法官在 1992 年发表的《戏仿何时构成合理使用?》（*When is Parody Fair Use?*）一文中将戏仿（parody）的特征归纳如下：（1）戏仿是对原作的夸张和扭曲，因此它是一种有限的批评形式；（2）戏仿通过使用在先作品中的部分内容进行创作，能够提供不同于原作的新版本以满足部分读者需求；（3）戏仿并不总是嘲笑或批评被戏仿的作品，也可能批评其他社会问题。在波斯纳法官看来，只有当戏仿是以原作品为批评对象（target）而不是以原作品为"武器"（weapon）批评其他社会问题时，才有可能构成合理使用。[①]

波斯纳法官的区分观点在 1994 年的 Campbell 案中得到适用。美国联邦最高法院在认可"戏仿具有明显的转换价值"的同时，对戏仿的范围进行限定。法院认为，戏仿的核心在于"使用在先作品中的某些内容创作出新作品，且新作品中至少有部分内容是为了评论或讽刺该在先作品"。对于那些并非将在先作品视为评论对象，而是将在先作品用作评论一般社会问题的手段，意图吸引观众眼球或者仅是为了避免自己劳心劳力地重新创作的新作品，法院则将其称为"讽刺作品"（satire）。由于讽刺作品能够"靠自己的两只脚站立"而无须借助在先作品，因此，法院认为讽刺作品引用在先作品的行为正当性值得商榷。自此之后，"戏仿/讽刺二分法"成为美国司法实践中认定戏仿作品是否构成转换性使用的重要准则。

通常情况下，以在先作品为目标进行批评和讽刺的戏仿作品能够构成转换性使用。例如，电影《白头神探3》的宣传海报将男主角的面部形象叠加在一位怀孕模特的头像上，而该模特摆拍的姿势系模仿杂志《名利场》黛米·摩尔的一期封面。法院认为海报中男主角顽皮傻笑的表情与摩尔严肃的表情形成了鲜明的对比，是对原照片中摩尔过于严肃甚至是装腔

---

① Richard A. Posner, "When Is Parody Fair Use", 21 *J. Legal Stud.* 67 (1992).

作势的样子进行嘲讽，构成转换性使用。① 不过，这并非要求构成转换性使用的戏仿作品只能用于评论原作。根据 Campbell 案的判决，系争作品只要有"部分内容"是对原作品的批评或评论即有利于转换性的认定。如电视剧《恶搞之家》将迪士尼主题曲《当你向星星许愿》改编为《我需要一个犹太人》穿插在剧集的播放过程中，法院认为被告的作品不仅是对种族偏见的评论，更是对原歌曲所创造的温暖世界以及"向星星许愿，愿望就会成真"美好幻想的讽刺，因此具有转换性。②

"戏仿/讽刺二分法"之下，讽刺作品的转换性通常不被认可。最典型的为 Dr. Seuss Enterprises, L. P. v. Penguin Books U. S. A., Inc. 案中被告出版的图书 *The Cat NOT in the Hat* 对原告作品 *The Cat in the Hat* 的模仿。被告通过模仿原告鲜明的插图与写作风格讲述辛普森案的故事，以此讽刺辛普森案的审判结果。尽管被告在出版图书封面上标明了"PARODY"字样，但系争作品的戏仿特征能否被合理感知并不取决于图书封面的特意注明。法院认为，系争作品并未对原作进行实质性评价，因此它只是一个讽刺作品而非戏仿作品，没有产生新的内涵和意义，不具有转换性。该案中，合理使用四要素中的另外三个要素也没有强大到足以支持被告，被告最终败诉。③

但随着美国司法实践的发展，转换性使用的认定不再因系争作品是戏仿作品或是讽刺作品而变得泾渭分明。在 Mattel v. Walking Mountain Product 案中，被告创作了一组题为"食物链芭比"的系列照片，展现一个或多个裸体芭比娃娃与厨房老式电器并置的画面。如"火锅芭比"描绘了一个头在火锅里的芭比娃娃。"玉米卷芭比"描绘了四个芭比娃娃在一个火炉砂锅中被沙司覆盖，裹在玉米粉圆饼里。法院认为，被告的作品将重点转移到了芭比娃娃的头部，展现了她未被粉饰、有时有些疲惫的样态，并将她置于荒谬而又危险的情境中。被告改变了芭比娃娃的意义，在作品中表达了对性别角色和女性在社会中地位的看法，所以被告的使用行为具有转换

① Leibovitz v. Paramount Pictures Corp., 137 F. 3d 109, 110 (2d Cir. 1998).
② Bourne Co. v. Twentieth Century Fox Film Corp., 602 F. Supp. 2d 499 (S. D. N. Y. 2002).
③ Dr. Seuss Enters., L. P. v. Penguin Books U. S. A., Inc., 924 F. Supp. 1559 (S. D. Cal. 1996), aff'd, 109 F. 3d 1394 (9th Cir. 1997).

性。① 很显然，被告作品系属于讽刺作品范畴，但法院依然认定被告构成转换性使用。

不同于美国，欧盟并未对戏仿与讽刺作明确的区分，这从 2001 年《欧盟信息社会著作权指令》在设置例外时将戏仿与讽刺漫画（carica-ture）、模仿混搭（pastiche）并列的做法中可窥探一二。② 2014 年 Deckmyn 案中欧盟法院对这一例外的适用解释也支持了这一观点。欧盟法院认为，"戏仿"是欧盟法律中的自治概念，各国应根据该词在日常用语中的通常含义来理解，但至少需要具备两个特征：第一，能够唤起对在先作品的记忆并且与在先作品有很大的不同；第二，构成一种幽默或嘲讽的表达。欧盟法院强调，各国在适用这一例外时，应遵循指令的总目标，考虑所有相关要素，在著作权人的权利与戏仿者的言论自由之间寻求平衡。③ 有学者认为，欧盟法院的裁决虽未直接采纳佐审官意见中"戏仿对象应是被戏仿作品本身（parody for）还是其他问题（parody with）在第 5（3）（k）条下并不重要"的表述，但法院最后关于利益平衡的强调却从侧面印证了这一结论：无论是以在先作品为批评对象的"戏仿作品"，还是借在先作品对其他社会问题进行评论的"讽刺作品"，都体现了使用者的言论表达自由，因此区分与否无关紧要。④ 欧盟法院的这一裁决似乎能够解释美国法院对讽刺作品转变态度的原因。毕竟，转换性使用并非合理使用判断的唯一要素。对戏仿或是讽刺作品转换性使用的认定，仅是将言论表达自由这一合目的性的价值引入体系规则之内，最终能否构成合理使用，还需法院通过对其他要素的考察加以综合衡量。

鉴于此，法院在认定转换性使用时仅须确认系争作品的戏仿特征能够被合理感知，即系争作品是对原作的部分内容进行扭曲模仿而创作出的具有讽刺意味的新作品，而无须进一步探究戏仿作品的评论对象。以《一个

---

① Mattel, Inc. v. Walking Mountain Prods, 353 F. 3d 792 802（9th Cir. 2003）.

② Article 5（3）（k）of Directive 2001/29.

③ Case C – 201/13, Johan Deckmyn etc. v. HelenaVandersteen etc., ECLI：EU：C：2014：2132.

④ E Rosati,"Just a Laughing Matter? Why the Decision in Deckmyn is Broader than Parody", *Common Market Law Review* 52（2015）：530.

馒头引发的血案》为例，该片采用恶搞的方式，截取电影《无极》中的部分内容与其他素材进行拼接与剪辑，不仅反映了农民工、城管等社会问题，还嘲讽了电影本身的谬误和荒诞。该片引发的争论虽未以判决形式审结，但由于其戏仿特征能够被合理感知，我国学界普遍认可其符合转换性使用的要求。而在上海美术电影制片厂诉深圳微世界文化传媒公司一案中，被告为了说明不同生活场景下上海女性的表现，在公众号中使用原告美术作品"葫芦娃"的行为，只是借原告作品提升文章的趣味性，并未对原作的内容进行扭曲模仿，其戏仿特征难以被感知，因此法院并未采纳被告的转换性使用抗辩。①

必须明确的是，并非所有具备戏仿特征的行为都能够构成合理使用。法院在判断合理使用时仍须对戏仿作品的其他相关要素进行逐一考察。其中，"使用的数量与质量"颇为关键。"观众必须意识到原作品之后才能欣赏新作品"是一部作品构成戏仿的检验标准。② 因此，被告复制的量须以能够唤起读者的记忆为限，超出这一必要限度，被告行为的正当性就大打折扣。一般来说，被戏仿的作品越是不同寻常，唤起读者记忆所需引用的量就越少。③ 在 Walt Disney Prods. v. Air Pirates 案（简称"米老鼠案"）中，被告的漫画书将米老鼠和唐老鸭描绘成了猥琐、杂乱、喜欢消遣的吸毒者，从而讽刺迪士尼公司笔下天真烂漫的人物形象。法院虽然认可被告的行为构成戏仿，但最终并未支持其合理使用抗辩。法院认为涉案作品中的主要人物，如米老鼠和唐老鸭早已受到公众的广泛认可，所以通过呈现米老鼠的形象勾起读者回忆的必要性较低；另外被告是以漫画为媒介，一个可识别的形象并不难绘制，所以相较其他形式而言，被告复制的量需要更少；被告的戏仿并非针对这些人物的外在特点，而是针对它们的性格，因此被告本可以用更少的复制来达到戏仿目的。法院认为，在没有特别要求精确性的复制需求下，被告声称的"最好的戏仿"，即"在第一眼看到的

---

① 深圳市南山区人民法院（2017）粤 0305 民初字第 18896 号民事判决书。

② 〔美〕威廉·M. 兰德斯、理查德·A. 波斯纳：《知识产权法的经济结构》，金海军译，北京大学出版社，2016，第 156 页。

③ 〔美〕威廉·M. 兰德斯、理查德·A. 波斯纳：《知识产权法的经济结构》，金海军译，北京大学出版社，2016，第 155 页。

时候认为是原作，而经过更仔细的审查才发现是另一回事"，会破坏版权人与社会公众之间的利益平衡。这种超出必要限度的复制，会将戏仿作品和具有讽刺效果的特定属性深深刻在读者脑海中，对原作市场造成损害。[①]

此外，法院还应当考察被告对复制部分是否有所改动，改动越少，对戏仿者越不利。在 Campbell 案中，法院就提出，如果被告对原歌曲中实质性内容进行的是逐字逐句的抄袭，那和复制行为相比，戏仿因素反而是非实质性的，此时，就要考察合理使用要素三并作出不利于戏仿者的解释。前述美国司法实践中具有转换性且最终构成合理使用的戏仿案件中，被告都对复制部分进行了改编和创作，从而使合理使用要素三也向被告倾斜。

最后，法院仍需考察市场要素。通常情况下，以原告作品为批评对象的戏仿作品不会进入原告预期进入的衍生市场，但如果被告的使用超出必要的限度，仍可能对原作市场构成实质性替代。需注意的是，过于尖锐的批评和讽刺虽会降低原作的市场需求，但这种市场损害并非版权法意义上的影响。以其他社会问题为批评对象的戏仿作品，仍然存在损害原作市场的可能性，因此需要法院在著作权人的市场利益与戏仿者的言论自由之间寻求平衡。

综上可知，戏仿类案件最终能构成合理使用，取决于以下要素：（1）被告作品是对原作的部分内容进行扭曲模仿而创作出的具有讽刺意味的新作品，构成转换性使用；（2）被告复制的量以足以唤起人们对原作的记忆为必要；（3）对复制部分的内容性改动更有利且倾向于合理使用的认定；（4）被告作品不会对原作构成市场替代。

二　基于文化多样性的转换性使用：同人创作与挪用艺术

（一）同人创作

伴随着数字传媒与互联网技术的不断融合发展，诸如粉丝文学创作、用户创造内容（UGC）等同人创作的新形式正在涌现和日益流行。同人作品，是指借用在先作品中的人物或背景，对故事情节、作品风格、作品类型进行再创作的作品。根据其独创性程度的不同，同人作品可以划分为演

[①]　Walt Disney Prods. v. Air Pirates, 581 F. 2d 751 (9th Cir. 1978).

绎类同人作品与非演绎同人作品。

在演绎类同人作品中，作品的人物、情节、背景等与原作大致相同，是作者在原作基础上经过创造性劳动创作出的新作品，如前传、后传、续写等。此类作品若未经原作著作权人授权许可，通常情况下构成改编侵权，且难以被法院认定为转换性使用。作为经典名著《麦田里的守望者》的续写作品，《六十年后——走过麦田》依然采用了与原作相同的叙事方式和语言风格，且延续了原作主人公孤独、消极的个性特征，该续作与原作唯一不同的是主人公增长的年龄。法院认为被告的续作没有足够的新特点，依然体现了与原作相同的主旨，并且无法体现对原作的批评或评论，所以没有认定被告行为具有转换性。[①] 未被认定转换性使用的还有一部旨在成为"星际迷航"系列前传的电影《Axanar》，被告为了忠于原著，尽可能地使用或参考了"星际迷航"系列电影中的元素和细节，与系列电影保持着同一主线。[②] 这些不具有转换性的同人创作，由于本身的商业特性，第一要素自然不利于合理使用的认定。再者，与原作保持统一主旨的续写作品仍然属于版权作品的潜在市场，被告未经许可的使用会对版权作品构成市场替代，影响合理使用要素四的判断。

但并非所有的演绎类同人作品都不能构成转换性使用。在 SunTrust Bank v. Houghton Mifflin 案中，被告借用原告经典名著《飘》中的人物、场景等表达创作出了同人作品《随风而逝》(The Wind Done Gone)。法院认为，续作对原作中的黑人角色进行了颠覆，续作中的黑人形象积极、勇敢、聪明、善良，与原作对黑人的贬低形成了鲜明的对比，表达出被告对原作品中所描绘的黑奴制度以及内战时期的南方的批判，具有转换性。[③] 换言之，如果新作与原作主旨不同，且新作能够体现对原作内容的批评或评论，新作依然有可能构成转换性使用。

在非演绎同人作品中，作品仅使用原作角色名称及主要创作元素，而故事背景、情节与原作完全不同。此类作品通常不构成改编侵权，也即无

---

① Salinger v. Colting, 607 F. 3d 68 (2d Cir. 2010).

② Paramount Pictures Corp. v. Axanar Prods. , No. 2：15 – CV – 09938 – RGK-E, 2017 WL 83506 (C. D. Cal. Jan. 3，2017).

③ SunTrust Bank v. Houghton Mifflin, 268 F. 3d 1257 (11th Cir. 2001).

须探讨新作是否构成合理使用。最典型的要数我国的"金庸诉江南案"。被告的校园小说《此间的少年》因使用了原告四部武侠小说中的大部分人物名称、部分人物的简单性格特征、人物关系以及部分抽象的故事情节而被诉至法院。法院认为,《此间的少年》基本没有利用原作的具体情节,是一部基于不同时空背景、具有全新故事情节、完全不同于原作的校园文学作品。这部校园小说中,部分人物的性格特征、人物关系及相应故事情节与原告作品截然不同,情节所展开的具体内容和表达的意义也并不相同,因此,原、被告作品仅在抽象形式上相似,在整体印象上并不相同,所以二者不构成实质性相似,不能认定被告作品是以原告作品为基础而衍生的改编作品,被告不侵权。①

由此可见,同人创作能否构成转换性使用不能一概而论,需要对原、被告作品进行比对后从以下三个层次进行分析。(1)如果被告为贴合原作而延续与原作相同的主旨、场景、人物性格、写作风格进行写作,虽有自己独创性的表达部分,但会落入改编权的权利范畴。(2)如果被告在原作的既有设定之上,加入了自己完全不同价值取向,表达自己对原作部分情节或人物设置的评论,虽会落入改编权范畴,但其合乎促进言论自由的价值目标,因此能够被认定构成转换性使用。至于能否构成合理使用,还需借助其他要素加以考察。(3)如果原作的独创性隐含在新作品中,并且与新作品的独创性相比已经黯然失色,换言之,新作并未将情节建立在原作基础之上,原作对于新作而言只是灵感或素材来源,不应当认定被告构成侵权。

(二)挪用艺术

挪用艺术是后现代艺术中的一种流派,是指从流行文化、广告、大众传媒及其他艺术家那里借用其形象,再将它们结合到新的艺术作品中。②当艺术家挪用的是处于公共领域的作品时,一般不会产生法律问题;但若挪用尚处于版权保护期间的作品,往往会被诉诸法律。

在转换性使用理论被提出后,美国法院将理论的适用进一步扩张至挪

---

① 广州市天河区人民法院(2016)粤 0106 民初字第 12068 号民事判决书。
② 〔美〕威廉·M. 兰德斯、理查德·A. 波斯纳:《知识产权法的经济结构》,金海军译,北京大学出版社,2016,第 314 页。

用艺术领域。在挪用艺术家高呼"艺术自由"的同时，许多学者认为此种做法会从根本上威胁版权人演绎权等专有权利。诚然，"一刀切"地将挪用艺术拦在合理使用的大门外并非良策，正如 Brian 教授所提出的那样，如果降低不确定性的目的是促进表达，那么放弃整个表达类别以降低不确定性是没有意义的。① 有学者认为，如果版权法的最终目的是促进艺术进步，那么当艺术和法律发生冲突时，应该由法律作出让步。② 但笔者以为，法律让步的前提是，该艺术品确实存在促进艺术进步的价值。

我国虽没有相关挪用艺术的典型案例，但在艺术界遭人诟病的艺术家也不在少数。画家曾梵志创作的《雪豹》一画涉嫌抄袭国外摄影师史蒂夫·温特的摄影作品《风雪之豹》，中国著名艺术家叶永青涉嫌抄袭比利时艺术家柯里斯迪安30多年……这些艺术家究竟是临摹、抄袭抑或是艺术挪用，目前尚无准确定论，但多数人持侵权观点，主要原因在于他们的画作仅是对原作画面做了简单的修改，几乎与原作无异，且没有在原画作基础上添加任何新的语意，因此难以认定其对艺术的促进价值。

在美国，那些被法院认定为具有转换性而又无太大争议的挪用艺术类案件，被告的使用通常具备了不同于原作的目的，并用新的意义改变了在先作品。在 Blanch v. Koons 案中，原告 Blanch 为古驰凉鞋拍摄了一组广告照片并发表在 *Allure* 时尚杂志上，被告挪用艺术家 Koons 未经许可扫描了其中一张照片，并将照片主体部分———一双穿着凉鞋的女性的腿提取出来，与另外三双女性的腿拼贴在一起，置于尼尔加拉瀑布背景下，在图片下方配以许多甜点图片，形成了一幅名为《尼尔加拉》的艺术作品，在德国艺术馆中展出。法院认为，被告改变了原作的颜色、背景、大小和细节，并且被告的意图在于以原作为素材发表他对大众传媒的社会和审美结果的艺术评论，完全不同于原作的创作目的，所以被告的使用具有转换性。③ 由此可见，在挪用艺术领域，转换性使用的认定在一开始就没有严格要求被告的评论须以

---

① Brian Sites, "Fair Use and the New Transformative", *Columbia Journal of Law & Arts* 39 (2015 – 2016): 513.

② Caroline L. McEneaney, "Transformative Use and Comment on the Original: Threats to Appropriation in Contemporary Visual Art", *Brook. L. Rev.*, 78 (2013): 1551.

③ Blanch v. Koons, 467 F. 3d 244, 252 (2d Cir. 2006).

原作为目标，这或许是"艺术自由"下著作权的些许让步。

在 Cariou 案中，被告承认自己在创作时没有不同的目的，但法院依旧认定被告的使用具有转换性，其理由在于，转换性的评估不应局限于被告的主观陈述，而应考察该作品如何被公众合理地感知。诸多学者认为，被告仅仅改变了原作的内容而无不同于原作的目的，转换性认定会严重破坏权利人的演绎权。但应当注意，法院认定转换性使用的理由并非基于被告内容的转换而是基于被告不同于原作的功能。质言之，新作品充分展现了艺术的张力，而这种张力恰是促进艺术进步的动力。

上述案件表明，被告的挪用艺术如果能够实现新的功能——可以是对原作或社会现象的评论，也可以是对艺术张力的充分展现，那么被告的使用具有转换性。新功能的实现，除了有赖于被告本身的创作意图，还取决于被告对原作的挪用程度以及对挪用部分的改动程度。如果被告对原作改动较小且挪用程度较高，被告的使用通常难以被认定为具有转换性。正如Cariou 案中，剩下的 5 张照片因对原作几乎没有改变，所以没有被认定为转换性使用，并被法院发回重审。[①] 在 Rogers v. Koons 案中，被告 Koons 将原告拍摄的一对夫妇与一窝小狗的黑白照片复刻成一幅上色的三维雕塑作品，被告的使用只是在立法复制的基础上为原作增添了色彩，挪用程度高且改动较小，展现的还是原作的独创性内容，不具有转换性。[②]

在德国，如果来源作品的独创性内容对新作品而言仅仅是灵感或素材来源，即"被使用作品的独创性隐含在新作品中，并且与新作品的独创性相比已经黯然失色"，那么新作品可能构成"自由使用"。[③] 俄罗斯画家普申科夫在其绘画中使用了包括牛顿在内的多个画家的画作元素，牛顿提出反对并要求销毁画作。受理该案件的德国法院认为涉案作品是"自由使用"，不构成侵权。[④] 若以观念上的"转换性使用"来看待该案件，被告的

---

① Carious v. Prince，714 F. 3d 694（2nd Cir. 2013）.

② Rogers v. Koons，960 F. 2d 301（2d Cir. 1992）.

③ 〔德〕M. 雷炳德：《著作权法》，张恩民译，法律出版社，2005，第 258 页。

④ Geraldine Norman，*The Power of Borrowed Images*，*Art and Antiques*，123，1996，转引自〔美〕威廉·M. 兰德斯、理查德·A. 波斯纳《知识产权法的经济结构》，金海军译，北京大学出版社，2016，第 322~323 页。

挪用有多个来源，存在交易成本过高的市场失灵，同时，被告作品能使原作黯然失色，可见其独创性程度之高，显然能够增进社会知识财富。因此被告的画作能被认定为转换性使用，只是在德国著作权法语境下，该类转换不再作为侵权抗辩依据，而是直接否认侵权事实。

由此可见，对于挪用艺术是否构成转换性使用的判断，同样需要对原、被告作品进行比对分析。可根据被告对原作挪用部分的改动程度以及挪用部分占被告作品的比例等要素，从普通理性观众视角进行考察。若被告的作品实现了不同于原作的新功能，如展现了不同于原作的艺术张力或是提出了对原作的评论、对社会现象的批判，那将有利于转换性的认定。至于合理使用的判断，还需法院对其他要素进行逐一认定，在综合权衡后作出符合利益平衡要求的判决。

三　基于信息描述与指示来源的转换性使用

（一）信息检索数据库

信息检索数据库是在不对收录内容进行增删或修改的情况下使用采样作品的行为，例如图像、文本采样等。一般而言，原作主要是为了娱乐或传递信息，而数据库则是为了便于公众检索，因此此类行为通常能满足转换性的认定。

最为典型且影响力较大的案件便是谷歌数字图书馆案。谷歌自 2004 年起，对超过 2000 万册已出版图书进行数字化，在提取可读文本的同时为每本书创建文本索引，并最终建立"谷歌数字图书馆"这一覆盖面非常广泛的图书检索数据库。在谷歌图书网站上，用户可通过输入关键词搜索数据库内包含该关键词的书单，了解该关键词在每本书中出现的频率，同时还能看到每本书中至多 3 个包含这一关键词的片段且这些片段的总和不会超过 1 页。法院认为谷歌未经授权许可通过展示片段来使用图书文本的行为是为方便公众进行搜索，具有转换性。虽然谷歌有营利动机，但这一行为的教育目的远远超出了其营利动机，故法院认为合理使用要素一有利于谷歌。[①]

除图书检索外，电视检索数据库也能被法院认定为具有转换性。在

---

① Authors Guild v. Google, Inc., 804 F. 3d 202 (2d Cir. 2015).

FOX News Network，LLC v. Tveyes，Inc 案中，被告 Tveyes 公司将全国所有电视节目及其字幕文本复制到一个数据库中并提供一项商业订阅服务，通过该服务，企业和个人用户可以在海量节目中快速挑出自己感兴趣的视频，从而提高检索效率。用户可以通过输入关键词搜索相关视频片段列表，每个视频片段最多能观看 10 分钟。法院认为，被告提供的这一功能能够起到提高检索效率的目的，具有转换性，但由于被告没有对内容作出改变，所以法院只承认被告的转换性是适度的（modest）。再加上被告的使用具有商业性，所以第一要素只是略微有利于被告。[①]

这两个案件皆为联邦第二巡回法院作出，但明显感觉后一个案子对于转换性使用的认定态度发生了改变。法院对于转换性的认定不再是全有或全无，而是采用波谱式的认定方式，对于此类没有内容转换只有目的转换的使用，其转换性程度只能是适度的。正如 Brian 教授所言，转换性使用并非一个二元概念。[②] 也正像本书一直强调的那样，转换性使用并非是认定合理使用的充分条件，即使构成转换性使用，若其他要素的权重超出第一要素，仍然可能认定为侵权。

谷歌数字图书馆案中，法院分析了合理使用要素三，认为谷歌虽然复制了完整内容，但其呈现原作的方式是每本书至多 3 个包含关键词的片段且片段总和不会超过 1 页，使用原作的量相对较小。除此之外，谷歌还采取了其他措施，如禁止用户重复搜索从而避免用户找到能够拼凑出一个连贯文本的多个片段；将每本书 22% 的内容设置为"搜索黑名单"，而这部分的内容不会出现在搜索结果页面……所以，第三要素也有利于谷歌。合理使用要素四的考察中，法院认为谷歌公司为提供搜索服务而复制图书并展示文本片段的行为难以替代读者对图书的需要，不会构成市场替代。最终，法院判定谷歌的使用行为构成合理使用。

同样获得合理使用要素一支持的 Tveyes 电视检索数据库，却面临截然不同的判决结果。Tveyes 电视检索数据库为用户提供了 10 分钟的片段观看

---

① Fox News Network，LLC v. Tveyes，Inc.，883 F. 3d 169（2d Cir.），cert. denied，139 S. Ct. 595，202 L. Ed. 2d 428（2018）.
② Brian Sites，"Fair Use and the New Transformative"，*Columbia Journal of Law & Arts* 39（2015 – 2016）：513.

时长，但鉴于新闻片段的简洁性特征，被告的提供行为相当于为其客户提供了原告的所有节目以及节目中的全部内容，被告的使用数量是广泛的、内容是实质的，因此法院认为第三要素不利于被告。在第四要素的分析中，法院认为该市场是原告 FOX 预期进入的衍生市场，被告 Tveyes 公司实际上剥夺了原告向那些用户收取许可费用的权利，构成了市场替代。最终权衡四要素后，法院认为被告的使用不构成合理使用。

我国法院通常认可数字图书馆的提供行为具有转换性。在北京世纪读秀公司与吴锐一案中，被告世纪读秀公司所运营的读秀网是基于超星数字图书馆而存在的图书检索网站，针对被告依据超星公司获得的授权而使用原告吴锐作品的行为是否构成合理使用这一问题，法院考察了读秀网对作品内容的呈现方式及呈现数量。法院认为，用户通过关键词搜索仅能看到图书的版权页、前言、目录和正文第 8～10 页的内容，被告的使用行为主要是为了给读者介绍图书，使读者了解图书的主要内容及作者的基本思路和表达方式。同时，第 8～10 页的内容对于一部 167 页以及两部 500 页左右的图书而言，所占比例轻微，仅能使读者对该书有初步的了解，不会损害原告的合法利益。最终，法院判定读秀网的行为构成合理使用。[①] 在该案件中，法院虽未言明被告的使用行为具有"转换性"，但法院认可被告的使用在功能上发生的转变，从而表明法院对于此类不损害作者权益且有助于社会文化发展与繁荣的传播行为的鼓励。

数字图书馆提供作品的行为在王莘案中也同样被认为在功能和目的上具有转换性。但稍有区别的是，王莘案的一审裁判仍然认为被告复制全文的行为构成侵权。换言之，法院将数字图书馆复制全文并通过检索服务提供作品部分内容的行为拆分成两个部分加以判断，前者构成复制侵权，后者构成合理使用。二审法院认为，专门为了合理使用行为而进行的复制，应与后续使用行为结合起来作为一个整体看待。如果是专门为了后续的合理使用行为而未经许可复制他人作品，应当认定为合理使用行为的一部分，同样构成合理使用。不过，由于被告证据不充分，二审依然维持原

---

① 北京市第一中级人民法院（2008）一中民终字第 6512 号民事判决书。

判。① 该案与美国谷歌数字图书馆案的案件事实大致相同，但结果大相径庭。部分原因在于美国并未单独设置信息网络传播权，因此美国司法实践不存在"复制行为与提供行为应分开判断还是整体判断"这样的分歧。不过，二审法院的说理部分似乎透露出这样一个信号：如果被告的证据充足，我国法院也将认可数字图书馆所有人复制全文并提供作品部分内容的行为构成合理使用。

我国台湾地区在审理此类案件时，并没有把复制行为与提供行为割裂开来看。在赖和丛书案中，被告擅自以扫描方式复制系争丛书，并将其内容制成电子版归入电子数据库中，以供读者通过购买点数的方式下载。台湾地区智慧财产法院在合理使用判断中并未特别强调被告的行为由两部分构成，而是直接将被告的行为视为一个整体进行分析。法院认为，系争丛书仅有手稿影像，不方便读者检索，且告诉人目前就系争丛书并无出版电子书与电子数据库之计划，而被告的电子数据库增加了释文与全文检索功能，为坊间赖和著作唯一全文检索资料库，有助于社会公共利益与国家文化发展，应予以正面评价。在该案件中，被告是将赖和著作以电子数据库的方式呈现，而系争丛书是依照标准的学术规格编排，属于转化性利用，系争丛书与电子数据库之间实为互补关系，而非互相排挤的关系，所以法院认定第一要素能够支持合理使用。同时，法院认为系争丛书占被告电子数据库的比例较低，且电子数据库不仅能够促进系争丛书的销售量增加，还对学术研究具有贡献，有助于台湾文化发展，因此最终认定被告构成合理使用。②

综上可知，在信息检索数据库类案件中，法院在判断是否构成合理使用时，应当将数据库所有人复制享有著作权的作品并将其内容上传至数据库以供公众检索的行为视作一个整体。由于数据库使用作品的行为是为了方便公众检索，有利于社会文化的发展与繁荣，所以通常能够构成转换性使用。但由于数据库作为内容的储存站，本身不会对收录内容进行修改，

---

① 北京市第一中级人民法院（2011）一中民初字第 1321 号民事判决书，北京市高级人民法院（2013）高民终字第 1221 号民事判决书。
② 台湾地区智慧财产法院（2015）刑智上诉字第 47 号刑事判决书。

所以数据库的转换性只可能是适度的。数据库的使用最终能否构成合理使用，还取决于数据库内容的呈现方式、呈现内容的数量和质量，以及版权人是否预期进入这一市场，等等。

（二）网页快照和缩略图

新技术的产生催生了多元化的作品利用方式，以网页快照、缩略图的形式使用原作品的方式也引发了版权侵权诉讼。

在 Blake A. Field v. Google 案中，原告的小说作为网页的一部分被存储于被告向公众提供的快照之中，法院认为被告是为了让网络用户在无法访问原网站时也能看到该网站上的信息，而无意于代替原网站提供小说从而达到娱乐公众的目的，因此认定被告的使用具有转换性。[①]

我国司法实践中也有相关案例，尽管法院未表明被告的行为"具有转换性"，但在裁判中依最高人民法院《关于审理侵害信息网络传播权民事纠纷案件适用法律若干问题的规定》（以下简称《规定》）[②]，在说理部分引入对经济价值和社会价值的考量，并最终判定此类新型作品利用方式构成合理使用。如丛文辉著作权权属、侵权纠纷案中，原告的体育评论文章在被原网站删除 5 个月后，仍能通过被告搜狗公司所提供的网页快照找到，因此提起侵权诉讼。法院认为，由于网页快照具有非实时更新、仅对文本内容复制、仅对单个网页复制以及图标不显眼等特征，用户通常不会选择这一方式来获取来源网页的内容，用户对于快照的使用主要是为了利用快照所具有的那些来源网页没有的功能。因此，网页快照不会对来源网页构成实质性替代，不会与作品的正常使用方式相冲突。同时，由于快照提供者不具有直接的营利目的且并未收到删除涉案快照的通知，因此也不会不合理地损害原告的利益。再者，法院认为网页快照对于社会公众而言具有不可替代的实质价值，有助于帮助用户实现检索需求，提高用户体验。因

---

① Blake A. Field v. Google, 412 F. Supp. 2d 1106, 1118 – 1119（D. Nev. 2006）.

② 最高人民法院《关于审理侵害信息网络传播权民事纠纷案件适用法律若干问题的规定》第 5 条规定："网络服务提供者以提供网页快照、缩略图等方式实质替代其他网络服务提供者向公众提供相关作品的，人民法院应当认定其构成提供行为。前款规定的提供行为不影响相关作品的正常使用，且未不合理损害权利人对该作品的合法权益，网络服务提供者主张其未侵害信息网络传播权的，人民法院应予支持。"

此，快照的提供行为构成合理使用。① 在三面向版权代理公司对人民搜索公司的一系列快照侵权诉讼中，朝阳区法院认为，网络用户能够在来源网站已经不可访问的情况下通过被告提供的快照来获得涉案作品，因此快照提供行为构成实质性替代。但是，"网页快照具有为社会公众提供服务的功能，尤其在原网页无法正常访问时可以查看网页的内容，给社会公众提供了使用便利"。法院最终结合三步检验法认定快照提供行为构成合理使用。② 尽管我国司法实践中对于"实质性替代"究竟是侵权构成要件还是责任免除要件存在分歧，但这不影响法院最终的结果认定。无论如何，合理使用抗辩的最终目的为维持著作权人与社会公众之间的利益平衡。

　　不同于网页快照对文本内容的复制，缩略图类案件涉及的对象是受著作权法保护的图片。在 Perfect 10 v. Amazon. com 案中，被告谷歌公司为提供图片检索服务，在对第三方网站内容进行索引时，将第三方网站亚马逊的侵权图片也存储到了自己的网站上。法院认为，被告储存的是分辨率极低且按比例缩小的缩略图，此类图片在放大后清晰度会严重受损，网络用户不可能实质地使用缩略图，缩略图也无法替代用户对原图的需求。同时，搜索引擎将图片置于一个完全不同的环境，对缩略图的使用不再是为了娱乐、艺术或表达信息等，而是为了将特定信息源指示给用户，帮助用户快速找到原始图片。因此，被告谷歌公司的网站对缩略图的使用是具有高度转换性的。法院最终结合其他要素，支持了被告的合理使用抗辩。③

　　但这并不代表凡是通过网络提供缩略图的行为都构成合理使用。在北京中搜网络技术股份有限公司与李恒著作权纠纷案中，法院将"缩略图"定义为"网页上或计算机中经过压缩方式处理后的小图"，并据此认为被告中搜公司在网站上的涉案作品虽然是以正常图片的大小呈现，但相较于原始图片而言经过了压缩处理，仍应归入缩略图范畴。根据《规定》，提供缩略图的行为须不影响相关作品的正常使用，且未不合理损害权利人对

---

　　① 北京市第一中级人民法院（2013）一中民终字第 12533 号民事判决书。

　　② 北京市朝阳区人民法院（2015）朝民（知）初字第 46312 号民事判决书，北京市朝阳区人民法院（2015）朝民（知）初字第 46301 号民事判决书，北京市朝阳区人民法院（2015）朝民（知）初字第 46303 号民事判决书等。

　　③ Perfect 10 v. Amazon. com, 508 F. 3d 1146（9th Cir. 2007）.

该作品的合法权益才构成合理使用。由此，法院列举了照片的三种正常使用方式：（1）打印在较大面积的实物载体上；（2）打印在较小面积的实物载体上；（3）在网站中作为配图使用。该案中，法院认为被告的缩略图完全可以满足上述后两种用途的技术需要，构成实质性替代，影响涉案作品的正常使用，进而不合理损害权利人对涉案照片的合法权益。质言之，在法院看来，缩略图仍有大小之分，只有当缩略图小到难以满足前述三种正常使用方式时，才不会对原始图片构成实质性替代。①

综上，网页快照和缩略图能被认定为转换性使用的主要原因在于二者能够方便公众进行信息检索，增进社会福祉。具体而言，前者是为了使网络用户在无法访问原网站时也能了解原网站上的信息，后者则是为了形成信息索引工具以便于将特定信息源指示给用户。但并非在任何情况下，这两种作品使用方式都能实现不同于原作的功能。换言之，转换性使用的认定必须在个案中加以判断。以缩略图为例，被轻微压缩的图片也能被称作缩略图，但用户依然能通过该缩略图实现原图的欣赏、娱乐或传递信息的功能，所以此种情形下，被告的行为不能构成转换性使用。

（三）历史呈现类描述

历史呈现类描述主要发生在两种情形之中。

第一种情形是人物传记或纪录片对重要历史时刻的展示。在 Bill Graham Archives v. Dorling Kindersley, Ltd. 案中，被告于 2003 年与感恩而死乐队共同出版了《感恩而死：图解人生》一书，以时间为脉络讲述感恩而死乐队的发展历史。原告比尔·格雷厄姆档案馆作为感恩而死乐队巡回演唱会海报的版权人，对被告未经许可在书中使用 7 幅版权海报的行为提起诉讼。法院认为，原、被告使用作品的目的明显不同。原告的每幅图片都有实现艺术表达与商业宣传的双重目的，一方面为了激发公众对感恩而死乐队的兴趣，另一方面为了向歌迷传递该乐队即将举办演唱会的信息。而被告在使用涉案海报时缩小了海报的尺寸，使得每幅海报最多仅占所在页面的 1/8，且并未凸显涉案海报，其显然不在于再现海报的视觉艺术效果从而达到商业宣传的目的，而是在于将这些海报作为传记中的历史图片，记录和展

---

① 北京知识产权法院（2017）京 73 民终字第 1216 号民事判决书。

示曾经确实发生过的演唱会，展现乐队丰富的文化历史。因此，法院认定被告的使用具有转换性，并最终结合合理使用四要素判定被告构成合理使用。[①]

　　第二种情形是具有时代特色的作品对公众记忆的唤起。某些经典艺术作品在岁月的长河中留下了鲜明的时代烙印，早已成为公众历史记忆的一部分，后人或在提起这段历史时不自觉地想起这些作品，或在重现这段历史时不可避免地使用这些作品。[②] 在《激情燃烧的岁月》一案中，剧方未经授权在剧集中播放版权歌曲而被诉侵权，由于这五首音乐作品均未被完整使用，故法院认为该案的焦点在于被告使用行为的性质应当如何认定。法院适用"实质性使用"的概念，根据被告所使用音乐作品词曲的完整程度，考察其使用行为是否完整地表现词作者希望通过作品表达的思想内容以及曲作者独特的音乐构思。该剧对《保卫黄河》的使用是将完整的歌词演唱两遍共 56 秒，法院认为，尽管时间较短，但被使用部分在原作中占比较大，构成对原作品的实质性使用；而对另四首音乐作品的使用，仅涉及作品的几个小节，且均未完整地使用整段歌词或乐谱，没有实质性地再现作品的完整表达方式、作者表达出的思想内容及作者在乐曲方面的独特构思，因此不构成实质性使用。[③] 不难发现，"非实质性使用"与"转换性使用"虽然说法不一致，但发挥的价值功能有相似之处。剧方对音乐作品的"非实质性使用"不再是为了展现歌曲本身的艺术价值，而是为了再现历史，唤起人们对那个时代的记忆。不过在当时，法院并未如此论述该行为的转换性，而是采用三步检验法认定该行为构成合理使用。在 10 年后的"黑猫警长"案中，法院才点明此类行为的转换性。法院认为，被告的使用行为并非为了单纯再现"葫芦娃"与"黑猫警长"的艺术美感，而是为了让这两个美术形象与海报中其他代表"80 后"成长记忆的元素一起，共同反映一代人经历的 20 世纪 80 年代的少年儿童期，其原有的艺术价值功能发生了转换。法院最终结合比例原则和市场要素，适用"合理引用"条款认定被告的使用属于合理使用情形。[④]

---

① Bill Graham Archives v. Dorling Kindersley, Ltd., 448 F. 3d 605 (2d Cir. 2006).
② 崔国斌：《著作权法：原理与案例》，北京大学出版社，2014，第 625 页。
③ 北京市高级人民法院（2004）高民终字第 627 号民事判决书。
④ 上海知识产权法院（2015）沪知民终字第 730 号民事判决书。

基于此，在历史呈现类描述的具体个案情形中，可以根据原作在被告作品中的呈现方式，如图片的大小和清晰程度、在被告作品中的位置、图片的数量等因素，以及被告使用原作内容的数量和质量来比对原、被告的使用目的。当被告的使用目的与原作品的最初目的有很大不同时，即使被告没有改变或仅仅是轻微改变原作，法院依然可能认定使用行为因具有转换性而构成合理使用。

四 传播技术融合新业态下的转换性使用新形态纷争

伴随着数字传媒与互联网技术的不断融合发展，版权作品挪用方式呈现大量传播融合新形态，司法实务界和理论界就这些新形态是否适用转换性使用理论亦出现较大争议和分歧，故有待进一步梳理、探讨。

（一）网络游戏直播中的转换性使用纷争

电子游戏技术、互联网和直播技术的不断发展和日益成熟，推动网络游戏直播新业态的迅猛发展，使得游戏主播（玩家）能够完全脱离电子游戏的传统时空限制，向公众呈现电子游戏激烈生动的竞技过程。在"上海耀宇文化传播公司诉广州斗鱼网络科技公司侵害著作权及不正当竞争纠纷"一案中，上海知识产权法院在终审判决中认定被告"斗鱼"网站将正在进行的网络游戏比赛内容通过视频播放器实时播放虽不构成侵害著作权行为，但在未取得任何授权的情况下违反了诚实信用原则和公认的商业道德，故依据《反不正当竞争法》第2条构成不正当竞争行为。[1] 就《反不正当竞争法》第2条作为"一般条款"的适用问题，有学者曾指出市场竞争中的技术和商业模式问题应交由技术和商业模式的发展来解决，应尽量减少《反不正当竞争法》第2条作为一般条款对市场竞争秩序的不必要干预，《反不正当竞争法》应当体现倚重具体事例而非一般条款的基本原则。[2] 针对网络游戏直播著作权侵权纠纷，有学者亦提出应当适用"转换性使用"的合理使用抗辩规则。不同于影视等视听作品，电子游戏并非公众单纯被动欣赏或体验的作品，其高度依赖用户的互动式参与和个性化体

---

[1] 上海知识产权法院（2015）沪知民终字第641号民事判决书。
[2] 李明德：《关于〈反不正当竞争法〉修订的几个问题》，《知识产权》2017年第6期。

验。该观点认为，网络游戏直播具有"转换性使用"的性质，它不是为了单纯再现游戏画面本身的美感或所表达的思想感情，而是展示特定用户操控游戏运行中的技巧和战况。正是这种转换性，决定了它不同于电影直播，原本希望玩游戏的用户并不会因为观看了游戏直播而放弃购买游戏服务，网络游戏直播因难以形成市场替代而对游戏市场的消极影响有限，故从电子竞技产业发展来看，网络游戏直播可以被认定为合理使用。①

在"网易公司诉华多公司侵害著作权及不正当竞争纠纷"② 一案中，终审法院认定原告游戏连续动态画面符合类电作品实质特征，构成著作权法应保护的类电作品范畴；同时，被告 YY、虎牙平台实施的网络游戏直播行为侵害了原告著作权中的"应当由著作权人享有的其他权利"，被诉游戏直播行为依合理使用四要素是基于商业营利目的而使用了涉案游戏的独创性表达，实质上不合理地损害了著作权人的合法权益，故不能被认定为合理使用行为。广东省高院立足于法律条文本身，认为被告的合理使用抗辩缺少法律依据，没有支持网络游戏直播因学理上的转换性使用而构成合理使用抗辩的被告主张。但在侵权损害赔偿数额的确定方面，考虑到游戏直播产业的发展和竞争态势，广东省高院认为：

> 游戏直播市场是游戏市场的衍生领域，游戏本身对于游戏直播来说具有基础性的价值，游戏直播则在此基础上创造出新的价值，游戏直播与游戏本身均无法否认各自对游戏直播产业价值创造的贡献。但是，贡献不能取代许可，对游戏进行直播所产生的经济利益立足于游戏本身且在游戏画面传播过程中产生的利益。本案中没有充分证据证明被诉游戏直播行为带来的社会知识财富价值足以构成对涉案游戏著作权人权利限制的正当合理的理由，以至于游戏著作权人对此应予容忍……同时，虽然本案中不能否定游戏著作权人网易公司在涉案游戏直播市场中主张权利、分配利益的诉求，但考虑到科技、经济、文化发展与立法滞后性之间的矛盾，以及游戏直播平台、游戏主播对于新

---

① 王迁：《电子游戏直播的著作权问题研究》，《电子知识产权》2016 年第 2 期。
② 广东省高级人民法院（2018）粤民终 137 号民事判决书。

兴产业的价值贡献等因素，若将新兴产业的全部市场收益都归于游戏
著作权人独自享有，亦可能导致利益失衡。[①]

由上述裁判说理内容可知，尽管广东省高院在该案中并未支持被告平
台发生的网络游戏直播因符合转换性使用而构成合理使用行为，但在损害
赔偿计算方面已兼顾考量被告行为与著作权一般侵权行为不同，对衍生市
场相关产业利益作出了一定价值贡献，理应参与涉案游戏直播市场收益的
合理配置。

（二） 短视频侵权中的转换性使用纷争

短视频产业的著作权问题主要包括短视频对其他作品著作权的侵权问
题和短视频自身著作权是否受侵害问题。前者涉及短视频制作和传播过程
中是否侵害他人作品的著作权以及是否构成合理使用等问题，后者主要涉
及短视频本身是否构成具有独创性的作品以及如何有效保护等问题，本书
主要探讨前者。

截止到 2020 年 6 月，中国短视频用户规模已达 8.18 亿人，占网民整
体规模的 86%。[②] 伴随着互联网传播技术的迅猛发展和平台经济的不断兴
起，网络传播平台开始介入影视剧创作活动，成为原创文化产品的提供
者。与此同时，随着网络传播技术的更新与发展，网络用户在网络传播平
台上采用短视频、自媒体等方式，利用影视剧资源制作衍生品的方式亦呈
现多元化形态。[③] 短视频、自媒体等现代传播方式顺应了快节奏、精准化
的数字文化消费需求，展现了传媒融合发展下的强大活力。短视频的制作
过程可能涉及对版权作品进行挪用之后的二次创作活动，在传媒融合发展
中的数字新时代和背景下，短视频行业在获益的同时，也迎来著作权侵权
纷争新的挑战。

在"优酷网络技术公司诉深圳蜀黍科技公司侵害作品信息网络传播权
纠纷"一案中，一、二审法院皆认定被告深圳蜀黍科技公司运营的"图解

[①] 广东省高级人民法院（2018）粤民终 137 号民事判决书。
[②] 周书环：《我国短视频著作权纠纷的现状、问题及其完善建议》，《大连理工大学学报》
（社会科学版）2021 年第 4 期。
[③] 陕西省西安市中级人民法院（2021）陕 01 知民初 3078 号民事判决书。

电影"App 为一种在线图文电影解说软件，虽然被诉侵权的静态图集改变了涉案影视作品的表现形式，但并不意味着改变了类电作品的形态就不是使用作品的行为方式，故被告在其网站为用户提供原告享有著作权的影视作品"图解电影"图片集已侵犯原告涉案作品的信息网络传播权。[1] 在法院看来，《著作权法》第 10 条第 12 项规定的"以有线或者无线方式向公众提供作品"的行为，不应狭隘地理解为向公众提供的是完整的作品，因为著作权法保护的是独创性的表达，只要使用了作品具有独创性表达的部分，均在作品信息网络传播权的控制范围。法院认为，涉案图片集分散地从整部作品中采集图片，加之文字解说对动态剧情的描述，能够实质呈现整部剧集的具体表达（包括具体情节、主要画面、主要台词等），公众可通过浏览上述图片集快捷地获悉涉案剧集的关键画面、主要情节，提供图片集的行为对涉案剧集起到了实质性替代作用，影响了原作品的正常使用。[2] 此外，针对被告提出的合理引用抗辩主张，法院认为虽然涉案图片集包括文字创作部分且 300 多张图仅构成播放几秒钟的短视频，但涉案图片集几乎全部为原有剧集的已有表达，其具体表达内容并未发生实质性变化。被告的行为远超出以评论为目的的合理引用必要性的限度，且合理引用的判断标准并非取决于引用比例，而应取决于介绍、评论或说明问题的合理需要，故被告行为不符合合理使用。

在"西安佳韵社股份公司诉上海萧明企业发展公司侵害作品信息网络传播权纠纷"一案中，被告上海萧明公司运营的飞幕 App 软件具有"听音识剧"功能，依用户语音检索指令将原告享有著作权的影视作品切割为 1 分钟的批量短视频片段后重新上传且提供给用户。[3] 二审法院（北京知识产权法院）撤销一审法院判决，认定被告行为属于非实质性利用的片段化

---

① 北京互联网法院（2019）京 0491 民初 663 号、北京知识产权法院（2020）京 73 民终 187 号民事判决书。

② 北京互联网法院（2019）京 0491 民初 663 号民事判决书。

③ 用户使用"听音识剧"功能时，被告上海萧明企业发展公司运营的飞幕 App 使用自身的 AI 音源智能识别系统，识别对应影视片段声音，从存储的地方抓取对应的 1 分钟片段进行播放，并且可以供用户随意剪辑。之后，对于该 1 分钟片段，用户可以在不同栏目中发布，还可在发布笔记中添加"标签"，亦可在观看后选择放弃发布。参见北京知识产权法院（2020）京 73 民终 1775 号民事判决书。

提供方式，故不构成对原告影视作品的著作权侵权行为。在该案中，被告在其运营的 App 中提供"听音识剧"功能，主要包括两部分行为：一是以每分钟为单位对涉案作品进行剪辑，并将剪辑后的片段上传至服务器中，被告通过网络用户播放的声音，利用涉案 App 中的识别技术，从服务器中抓取并播放对应片段；二是就抓取播放的片段，被告向网络用户提供发布于其 App 中不同栏目的功能，供他人浏览。上海知识产权法院认为，"获得作品"一般是指公众至少能够相对完整地获知和感受到作者的思想感情和核心表达，作品在用以表达和展现创作者的思想感情、艺术美感或研究成果时意味着其本身会包含一定长度的信息量，也需要公众通过相对连贯和系统地感知其实质性内容才能实现作品传播的价值和目的。被诉侵权人对涉案作品的使用是较为碎片化的片段性使用，此时并没有将连续的相对完整的涉案影视作品的剧情情节提供给网络用户，也难以让网络用户相对完整地感知作品传递的思想感情和艺术美感，所以涉案 App 的片段化提供行为难以满足网络用户获取作品的基本需求，从而几乎不可能使得作品处于"被获得"的状态和结果，被告实施的上述行为客观上未构成对涉案作品的实质性利用和替代效果，也不会对其市场价值和营销造成实质性的不利影响，没有不合理地损害著作权人的合法利益，故而不能认定侵害了原告作品的信息网络传播权。在北京知识产权法院看来，"无论是判断涉案作品是否处于可获得的结果和状态还是被诉侵权主体使用作品的行为是否属于合理使用情形，并不存在统一的数量或比例标准，始终需要结合个案案情所涉及的具体行为和实际结果来严格认定，通过综合考量涉案作品的属性和实际状态、作品使用行为的性质和目的、被使用部分的数量和质量、使用对作品潜在市场或价值的影响等各项因素，以最终作出符合著作权法法定含义和价值取向的判断"[1]。尽管该案二审判决在再审程序中被北京市高院再度推翻[2]，但北京知识产权法院灵活运用三步检验法之步骤二、三以及合理使用四要素，结合短视频制作和传播行为本身的性质、功能及效果进行综合考察，亦给我们解决短视频侵权纠纷提供了有益参考和启示。

---

① 北京知识产权法院（2020）京 73 民终 1775 号民事判决书。
② 北京市高级人民法院（2022）京民再 62 号民事判决书。

　　针对纷繁复杂且多样化的短视频侵权纷争，有学者认为《著作权法》规定的合理使用法定例外情形无法满足司法实践的需求，应采用抽象的合理使用四要素考察短视频制作和传播行为是否构成合理使用。如果该使用行为既不与作品的正常使用相冲突，也不会不合理地损害作者的正当利益，应当认定为合理使用。① 同时，还有必要侧重从"适当引用"考察短视频制作和传播行为是否构成合理使用，"转换性使用"是重要的衡量标准，而并非仅局限于引用的必要性和使用比例考察。在该观点看来，短视频的制作和传播是传播技术融合发展和商业模式创新的产物。就非原创型短视频而言，无论是切片型短视频还是混剪型短视频，它们在对版权作品进行拼接或混剪式挪用时，都有可能不是为了简单再现版权作品本身的思想或美感，而是体现对作品的"转换性使用"目的或功能，仍有可能构成合理使用行为。②

本章小结

　　著作权法的发展史是传播技术不断发展与进步的演化史。数字技术促进人与人之间的社会交往和联系，进一步促进大众参与作品创作的相关活动，激发人们的创作欲望和创新能力，同时也积极推动人与人之间的社会互动和文化表达自由。这不仅仅深度影响人们获取、表达以及传递信息的文化参与方式与社会生活结构，也极大地促进了全球范围的信息交流以及市民社会的多元化形塑。在新传播技术的推动下，公民能够自觉意识到个体的政治权利和义务，真正成为参与型政治文化和政治活动的主体。在信息时代的数字新环境下，伴随着以数字化、网络化等为代表的传播技术的融合发展和应用，著作权法必须对技术发展和实践需要进行回应，作出必要的变革和调适。然而，我们在理解新传播技术与著作权保护的关系时应避免走入认识上的误区。在确立著作权的保护范围时，必须塑造并维系一种在参与性多元主体之间构建公平、合理分配伦理的利益生态关系。这需

---

① 陈绍玲：《短视频对版权法律制度的挑战及应对》，《中国出版》2019 年第 5 期。
② 陈绍玲：《短视频版权纠纷解决的制度困境及突破》，《知识产权》2021 年第 9 期。

要政策制定者和立法者在对著作权法进行修订和调适时，既考虑对著作权的延伸和扩张是否合理、有无必要，更进一步省思它所引发的利益失衡问题。为了回应数字技术的融合发展以及利益冲突挑战，著作权法对专有权延伸的变革与调适，也同样应适用于著作权的限制与例外制度。因此，著作权合理使用制度需要创设出一种弹性解释的开放性空间，以有效地协调著作权人与传播者、使用者之间的利益平衡关系。而作为平衡著作权人与社会公众之间利益生态关系的定性工具和价值观念，转换性使用的功能性解释得以将著作权人的单一主体模式转变为著作权人、使用者以及社会公众的多元主体模式。此外，"转换性使用"这一概念应当发挥行为事实类型化区分下的价值判断"工具"作用。依兼顾平衡公共利益之不同价值导向，行为事实类型化区分下的转换性使用主要包括：基于表达自由的转换性使用（如戏仿）、基于文化多样性的转换性使用（如同人创作、艺术挪用）、基于信息描述与指示来源的转换性使用（如信息检索数据库、网页快照和缩略图、历史呈现类描述）等三大类。伴随着数字传媒与互联网技术的不断融合发展，版权作品挪用方式呈现网络游戏直播、短视频等传播融合新形态，司法实务界和理论界就这些新形态是否适用转换性使用理论亦出现较大争议和分歧。

第三章　转换性使用的著作权法困境

第一节　作品范畴：复制、演绎与内容性转换

一　内容性转换与作品演绎权的重叠冲突

美国联邦最高法院早期在 Campbell 案中所阐释的"转换性使用"，侧重于强调以再创作过程中改变原作品表达形式和内涵的"内容性转换"不可或缺，作为合理使用要素一分析中的必要条件之一。尽管使用行为的"内容性转换"或"创益性"要素只是合理使用原则中的判断因素之一，但使用行为的"转换性"或"创益性"越高，则合理使用其他要素（如"使用对作品潜在市场或价值的影响"等）的决定性作用就越受影响。从这个意义上来讲，作为"内容性转换"的转换性使用对应并区分于简单复制的消费性使用，其相当于"创益性使用"（productive use），即这种使用行为"增加了新的东西"，在变造作品的同时产生了新的表达或信息。正基于此，可以说作为"内容性转换"的转换性使用与产生新作品的演绎行为之间存在一定的交错重合关系，"内容性转换"和原作品著作权人的演绎权之间形成一定的重叠冲突。

与上述冲突及困扰相印证的事实还体现在各国立法表述上，作品演绎权（包括改编权、翻译权等）所规范的使用行为经常和"transform"、"transformation"（直译为转换或变型）并列在一起表述。如《美国著作权法》第101条对"演绎作品"的定义：

演绎作品是指以一部或多部在先作品为基础并可能对其进行重新

安排（recast）、转换（transformed）或改编（adapted）而成的作品，例如译文、音乐编曲、改编戏剧、改编小说、改编电影剧本、录音作品、艺术复制品、节选本、缩略本或任何其他形式。①

由上述可知，"演绎作品"是通过对在先作品进行"重新安排""转换""改编"而衍生的新作品，"演绎"行为本身就包含对原作品的"转换"。进一步讲，演绎权所规范的"演绎"行为应当涵摄"转换"行为。作为不同的作者权体系国家，意大利和日本也采用了类似表述。如《意大利著作权法》第18条第1款明确规定"翻译专有权涉及对第4条各类作品进行变动、改编和转换的所有形式"②，同样将"transformation"和"modification"、"adaptation"并列表述。《日本著作权法》专门为作者规定了一项"翻译与改编权"（近似于美国的演绎权），更是将"transform"（转换或变型）界定为"adapt"（改编）的一种形式。根据《日本著作权法》第27条规定，"作者应当享有专有权对其作品进行翻译、音乐编曲或转换（变型）或者戏剧改编、电影改编或者其他形式的改编"③。

此外，侧重于关注发展中国家知识产权发展与保护政策的《突尼斯著作权示范法》也有类似表述，进一步印证了演绎权所规范并限制的作品使用行为不仅可以涵摄"转换性使用"，更甚至表明"演绎"行为就是指"转换性使用"本身。在联合国教科文组织（UNESCO）和WIPO的共同牵头下，WIPO于1976年起草了面向广大发展中国家的《突尼斯著作权示范法》。虽然该示范法因未经各成员国集体表决而不具备规范法效力，但它一直发挥着指导发展中国家著作权立法的重要作用。根据该示范法第4条

---

① A "derivative work" is a work based upon one or more preexisting works, such as a translation, musical arrangement, dramatization, fictionalization, motion picture version, sound recording, art reproduction, abridgment, condensation, or any other form in which a work may be recast, transformed, or adapted.

② 《意大利著作权法》（WIPO官方英文版）第18条第1款文本表述为："The exclusive right of translation concerns all forms of modification, adaptation and transformation of a work as referred to in Article 4."

③ 《日本著作权法》（WIPO官方英文版）第27条文本表述为："The author shall have the exclusive rights to translate, arrange musically or transform, or dramatize, cinematize, or otherwise adapt his work."

"经济权利"的规定，作者享有的重要专有权之一就是"对其作品进行翻译（translation）、改编（adaptation）、编排（arrangement）或者其他转换（transformation）"①。可见，《突尼斯著作权示范法》甚至认为"翻译""改编""编排"等演绎行为都属于对作品的不同"转换"方式，故可以说示范法实际上认为"演绎"与"转换"的含义并无二致。上述立法表述将"转换"与改编、翻译等"演绎"行为并列使用，似乎已经认可作为"内容性转换"的转换性使用与改编、翻译等"演绎"行为一样，应受到著作权法的限制与规制。进言之，作为"内容性转换"的转换性使用仍然构成著作权侵权行为。

美国学者艾因霍恩对此发表了不同观点，他依据新作品对原作品市场利益的损害程度，即新作品是否会对原作品的潜在市场或价值造成替代性损害，依作品范畴将"演绎"或"转换"产生的新作品划分为"演绎作品"和"转换（变型）作品"。在该观点看来，演绎作品会影响原作者对可预见性的衍生市场利益进行开发，而转换（变型）作品不会产生此消极影响，因为原作者根本无法预见甚或刻意回避对可转换市场利益的开发。甚至可以说在一定程度上，"转换作品"（如讽刺作品、戏仿作品、批评、评论、书评、改写以及续写等）还将有利于原作品的传播和市场利益开发。②然而，艾因霍恩对"演绎作品"和"转换作品"的区分标准，实际上结合了转换性使用行为的"目的性/功能性转换"要件，同时已经将合理使用要素四"使用对作品潜在市场或价值的影响"放在区分标准中的核心位置。从这个意义上说，艾因霍恩并没有从作品范畴本身提供可行的"演绎"和"转换"区分标准。

针对转换性使用与演绎权（包括改编权、翻译权等）之间的上述重叠冲突问题，美国著名版权学者 Paul Goldstein 教授甚至感叹并警醒道："转

---

① 《突尼斯著作权示范法》（WIPO 官方英文版）第 4 条文本表述为："The author of a protected work has the exclusive to do or authorize the following acts〔in relation to the whole work or a substantial part part thereof〕……（ii）to make a translation, adaptation, arrangement, or other transformation of the work……"

② 〔美〕迈克尔·A. 艾因霍恩：《媒体、技术和版权：经济和法律的融合》，赵启杉译，北京大学出版社，2012 年，第 28～41 页。

换性使用概念的不断扩张及延伸性适用，很可能会严重威胁并抽空著作权人演绎权等专有权属性，将从根本上打破著作权保护与自由借鉴之间的利益平衡关系。"①

二 作品侵权认定相关规则的理论局限性

"接触＋实质性相似"规则是在长期司法实践中总结出来的、用于判断著作权侵权行为是否成立的基本规则，为司法实务界所普遍运用。② 一般认为，我国对前后两部作品的"实质性相似"（substantial similarity）判断方法主要包括"整体观念和感觉"测试法（"普通观察者"检测法或整体比对法）、"解析法"（部分比对法）以及"三步检验法"（"抽象—过滤—比较"方法）等，最早来源于美国司法实践。在 Fiest 一案中，美国联邦最高法院对著作权的侵权认定步骤作出较具影响力的相应表述：首先，存在一件合法有效的版权作品；其次，发生对版权作品原创部分的非法抄袭（copying）行为。尤为重要的是，"并非所有抄袭都会侵害版权……抄袭行为的可诉性强调非法挪用了版权作品的受保护内容"③。著作权侵权判定中的核心问题即证明被告行为对原告版权作品是否构成"不当挪用"（improper appropriation），即需要对原、被告双方两部作品之间是否存在"实质性相似"作出价值判断。

在"实质性相似"的传统判断方法中，"整体观念和感觉"测试法与"解析法"是一对相辅相成、互为印证的判断方法。"整体观念和感觉"测试法侧重由非专家领域的普通观察者来考察原、被告作品之间的"整体相似性而非局部上的细微差异"④，即该方法在判断作品"实质性相似"时更突出对两部作品的整体感观和一般印象，关键看"一名理性的普通观察者是否会认为被告的抄袭行为已构成对原告作品的非法挪用"⑤。而"解析

---

① Paul Goldstein, "Copyright's Commons", *Columbia Journal of Law & Arts* 29（2005）：1.

② 陈锦川：《著作权审判：原理解读与实务指导》，法律出版社，2014，第305～306页。

③ Fiest Publication, Inc. v. Rural Telephone Service Co., Inc., 499 U. S. 340（1991）.

④ Atari, Inc. v. North American Philips Consumer Elecs. Corp., 672 F. 2d 607, 619（7th Cir. 1982）.

⑤ Ideal Toy Corp. v. Fab-Lu Ltd., 360 F. 2d 1021, 1022（2d Cir. 1966）.

法"侧重由专家从专业领域对作品表达部分作拆解分析，以判断作品的不同表达部分是否存在被不当挪用的事实。二者当中，单一的普通观察者"整体观念和感觉"测试法并不适用于判断相对复杂的作品类型。如相对于简单的卡通形象，小说、动画片、戏剧作品等融入了不受保护的多元成分，除普通观察者的整体认知以外，作品拆分后的专家解析对判断是否构成侵权同样非常重要。① 在斯坦福大学 Mark A. Lemley 教授看来，"不借助专家解析，著作权人很难从'普通观察者'视角证成抄袭行为的违法性，也难以预防法官会人为扩大著作权的保护范围"②。此外，学者 Eric Rogers 针对美国各巡回法院的判例进行实证分析后的数据表明：在原、被告作品之间的"实质性相似"认定方面，作品性质和类型上的差异会从整体上影响原告胜诉率的高低，但法院是否适用专家解析和证言，对原告的胜诉率并没有实质影响。③

在 Altai 一案中，针对原、被告计算机程序之间是否构成"实质性相似"，美国联邦第二巡回法院首创了"抽象—过滤—比较"（abstraction – filtration – comparison）三步检验法，随后被推广运用至其他类型作品的侵权认定当中。④ 该检测法分三个步骤：在第一步骤"抽象"中，陪审团或法官应在观念上将作品的思想部分从内容的表达中抽象剥离。在第二步骤"过滤"中，需要进一步过滤掉作品不受保护的惯常表达成分，如"思想和表达的混同"（"表达唯一或有限"）成分和"必要场景"（scenes a faire）等。⑤ 在 Altai 案中，联邦第二巡回法院认为计算机程序不受保护的成分

① Pamela Samuelson, "A Fresh Look at Tests for Nonliteral Copyright Infringement", 107 *Nothwest University Law Review* 107 (2013): 1844.

② Mark A. Lemley, "Our Bizarre System for Proving Copying Infringement", *Copyright Soc'y U. S. A.* 57 (2010): 738 – 39.

③ Eric Rogers, "Substantially Unfair: An Empirical Examination of Copyright Substantial Similarity Analysis among the Federal Circuits", *Mich. St. L. Rev.* 2013 (2013): 931.

④ Computer Associates International Inc. v. Altai Inc. , 982 F. 2d 693 (2d Cir. 1992).

⑤ "思想和表达的混同"或"表达唯一或有限"是指如果一种思想只有唯一或有限的表达形式，就不应该给予保护，这是因为若一种"思想"实际上只有一种或非常有限的几种表达方式，那么这些表达也被视为"思想"。"必要场景"是指在处理某一类戏剧、小说主题时，实际上不可避免而必须采用某些事件、角色、布局、布景。参见陈锦川《著作权审判：原理解读与实务指导》，法律出版社，2014，第12～13页。

"既包括程序中的抽象性内容概要，又包括程序中的通用设计成分、标准化技术以及软硬件等外部因素决定的兼容性程序"①。只有在第一、二步骤的基础上，再运用"整体观念和感觉"测试法与"解析法"对原、被告作品受保护的表达部分进行"比较"，才能最终判断二者之间是否构成"实质性相似"。值得注意的是，"整体观念和感觉"测试法与"解析法"在"比较"中的适用并不是非此即彼的关系，而是依据个案情形厘定方法偏向性与侧重点的协调关系。其中，解析法应依据作品的不同表达要素进行拆解分析，如判断小说、剧本之间侵权是否成立，则主要对故事梗概、具体人物设置与关系、情节发展串联以及人物与情节的交互关系等足够具体的综合性表达要素进行逐一比对，最终对前后作品的相似性程度进行定量考察。"整体观念和感觉"检测法更强调拟设受众在整体印象上对原、被告作品之间的相似性感知与欣赏体验，依作品的原创性程度不同对拟设受众和相似性程度有不同要求。

　　然而，"接触＋实质性相似"基本规则以及"整体观念和感觉"测试法、"解析法"和"三步检验法"（抽象—过滤—比较）等具体方法在司法认定过程中不仅适用于复制侵权，同样也适用于演绎（如改编、翻译等）侵权。换言之，从著作权侵权认定标准来看，无论作品使用行为从行为范畴来看是一种复制、改编抑或翻译，都需要从作品范畴（依"思想/表达"二分法确立的原作品保护边界）判断是否构成对原作品独创性表达"实质性部分"的不当挪用，即都需要运用"接触＋实质性相似"基本规则以及相关的具体判断方法。有观点甚至认为，复制是"再现作品＋产生复制件（有体物）"，并非原样照搬才叫复制，司法实践中有字面侵权和非字面侵权。改编、翻译等演绎侵权行为必然也因复制原作品的独创性表达而产生"复制件"，只不过这种"复制件"是一种非字面挪用效果的"复制件"。依据"思想/表达"二分法，著作权法保护作品的独创性表达而非思想。其中，作品的独创性表达包括"外在表达"和"内在表达"。如果说复制行为原封不动地挪用并再现了原作品的"外在表达"（具体表现形式），那么改编等演绎行为虽然产生了新作品，但仍然构成不当挪用并再现原作品的"内

---

① Computer Associates International Inc. v. Altai Inc. , 982 F. 2d 693, 707 (2d Cir. 1992).

在表达"——体现原作品内在"结构—顺序—组织"的综合性表达成分。"改编会产生新作品，但是在判断是否侵犯改编权的问题上，并不用考虑是否产生了新作品……判断是否复制挪用原作品的独创性表达跟是否产生了新作品无关。"① "不应将复制权与改编权非此即彼地对立起来……就侵权而言，无论是原封不动的抄袭（复制或低级抄袭），还是具有独创性的演绎改编（高级抄袭），都同样构成实质性相似，在侵权判定中其实是一样的法律效果。"② 从这个意义上说，即使能够产生具有独创性的新作品，但改编、翻译等演绎行为实际上与复制行为并无本质区别。

　　基于上述分析可以认为，尽管作为"内容性转换"的转换性使用因为"增加了新的东西，具备更进一步的目的或不同的性质，在变造原作品的同时产生了新的表达、意义或信息"③，但正如上述所言，无论是复制行为还是改编等演绎行为，在著作权侵权认定中都仍然适用相同的"接触＋实质性相似"基本规则以及相关具体方法，故从作品范畴（依"思想/表达"二分法确立的原作品保护边界）分析，判断转换性使用是否构成著作权侵权行为与复制、演绎侵权认定规则并无二致，仍主要依据使用行为是否"复制"（挪用并再现）了原作品的独创性表达进行判断，与使用行为（即使构成转换性使用）是否产生了新作品，甚至"因增加了新的东西而产生了新的表达、意义或信息"没有直接关联性。可见，仅从单一的作品范畴考察，作为"内容性转换"的转换性使用难以同作品侵权认定的传统规则兼容并存，适用上存在难以消解的理论局限性。

第二节　行为范畴：合理使用与目的性/功能性转换

一　实质性相似与合理使用判断规则的法律适用关系分歧

　　如果说"思想/表达"二分法、"接触＋实质性相似"侵权认定基本规

① 熊文聪：《改编权的逻辑与边界》，"北京知识产权法研究会"微信公众号，2018年6月27日，最后访问日期：2023年5月30日。
② 张伟君：《著作权法中复制与抄袭关系之辨析》，"同济知识产权与竞争法中心"微信公众号，2019年12月4日，最后访问日期：2023年5月30日。
③ Campbell v. Acuff-Rose Music, Inc., 510 U.S.569, 579 (1994).

则及方法是依作品范畴界定原作品的著作权保护范围，那么合理使用四要素和三步检验法①则通常被认为是从行为范畴考察作品使用行为是否符合侵权阻却情形。其中，三步检验法甚至被认为构成对著作权限制条款的反限制适用规则。当然也不可否认，在适用合理使用四要素和三步检验法考察作品使用行为是否符合侵权阻却情形时，仍需要结合作品范畴作综合分析。如在三步检验法的适用过程中，裁判者仍可能从作品范畴考察使用行为是否会违背"著作权人的正常利用"，以至于"不合理地损害著作权人的合法权益"。在吴锐诉读秀公司著作权侵权纠纷一案中，北京市一中院除了认为被告在网页上提供原告作品部分内容的目的是向读者介绍作品，便于读者了解作者的表达风格以外，还认定被告提供的片段内容因占原告作品比重较小而不构成"实质性部分"，故"不会与原告的正常利用相冲突"，构成合理使用行为。② 而在美国合理使用四要素中，要素二"版权作品的性质"和要素三"使用部分占被使用版权作品的质与量"亦与作品范畴相关联，甚至要素三和作品范畴适用的侵权认定规则及相关方法重合而相互印证。

从适用性质来看，合理使用四要素和三步检验法作为不同法律体系下的合理使用一般规则，究竟是侵权判断规则还是侵权免责抗辩规则，甚或是赋予使用者的一项"特权"规则，一直存在争议。有观点将合理使用解释成以"使用者权"（users' rights）为权利基础的规则和制度，即"合理使用乃是使用者依法享有利用他人著作权作品的一项权益"③。在 CCH Canadian Ltd. v. Law Society of Upper Canada 一案中，加拿大最高法院也认为合理使用构成使用者的一项"权利"（right）。加拿大最高法院在裁判书中写道：

　　就程序而言，被告需要证明他（她）对作品的使用行为是合理

---

① 此三步检验法并非从作品范畴进行实质性相似判断的具体方法，而是作为著作权限制与例外情形适用的一般条款，即"在特殊情形下，使用行为既不得与作品的正常利用相冲突，又不得不合理地损害著作权人的合法权益"。

② 北京市第一中级人民法院（2008）一中民终字第 6512 号民事判决书。

③ 吴汉东：《著作权合理使用制度研究》，中国政法大学出版社，1996，第 130、139 页。

的；合理使用例外或许更应该被理解成著作权法完整体系的一部分，而不仅仅是一种抗辩。任何落入合理使用抗辩范围的使用行为都不构成侵害著作权的行为。像著作权法的其他例外制度一样，合理使用例外是一项使用者的权利。为了保持著作权与使用者利益的适当平衡，合理使用例外不应作过度严格的解读。正如 Vaver 教授所言，使用者权并不是漏洞，著作权和使用者权都应被解读成合理且平衡的救济法既定利益。[①]

在此观点看来，著作权的本质除创作者享有的"作者权"和投资者享有的"出版权"以外，还包括使用者享有的"使用者权"，它服务于著作权法实现公共利益的社会价值目标。"使用者"除强调个体的消费属性外，还关注个体的创造与文化参与属性。"使用者"与"消费者"在话语的隐喻内涵上存在本质差别："消费者"仅关注大众对文化产品的被动接受和消极作用，而"使用者"则更强调大众在文化互动过程中的积极参与和主导性推动作用。可见，"使用者权"强调包括从消费性使用到创造性使用在内的"使用者本位"（the situated user）价值。[②]

然而，从立法表述层面来看，一些国际公约和两大体系部分国家认为合理使用是对著作权的一种限制或例外。例如，1996 年 WCT 第 10 条的标题就表述为"限制和例外"；2001 年《欧盟信息社会著作权指令》第 2 章的标题是"权利与例外"，其第 5 条标题表述为"例外和限制"；1976 年《美国著作权法》第 107 条的标题是"专有权的限制：合理使用"等。可见，无论是将合理使用四要素和三步检验法视为侵权免责抗辩的一般规则，还是作为侵权阻却事由的一般规则，实际上都认可其权利限制规则属性，是对侵权指控的一种抗辩理由，有别于传统意义上的侵权认定规则。

可以认为，将合理使用四要素和三步检验法作为侵权免责抗辩抑或侵权阻却事由的一般规则，其适用逻辑是在从作品范畴（依"思想/表达"

---

① CCH Canadian Ltd. v. Law Society of Upper Canada, 2004 SCC 13（Can. Sup. Ct.）.
② Julie E. Cohen, "The Place of the User in Copyright Law", *Fordham Law Review* 74（2005）: 348.

二分法确立的原作品保护边界）运用"接触＋实质性相似"基本规则及相关具体方法进行侵权判断且认定侵权成立的基础上，从行为范畴（结合作品范畴）进一步对作品使用行为的合理性和适法性进行综合价值考察。换言之，合理使用四要素和三步检验法是在承认作品使用行为构成侵权行为之基础上进一步适用的侵权豁免规则。如果将三步检验法视为著作权限制或例外的一种反限制规则，这种认知虽然能够自圆其说，但是在司法实践中，法官的普通做法是采用 WTO 专家小组对《美国著作权法》第 110 条争端案的"三步检验法"解释作参考，即仍主要沿用经济分析和规范分析方法来理解这一规则。此外，三步检验法的立法模式采用的是过于抽象模糊的否定式文本表述，其步骤二"不得与作品的正当利用相冲突"和步骤三"不得不合理地损害著作权人的合法权益"的否定表述形式使之只能称为一种"消极要件"规则，其作为适用法层面的抽象模糊性和不可预见性可想而知。

就合理使用四要素而言，它在英美司法实践中逐渐发展而成，最终被《美国著作权法》第 107 条吸收进成文法。诚如本书第一章历史梳理可知，在被吸收进成文法前的很长一段时期内，"合理使用"这一概念在大量案例中都被法官作为不构成侵权的使用行为，而不被视为一种侵权免责抗辩事由。除历史之维的考察以外，合理使用四要素规则与作品侵权认定的实质性相似规则还存在明显的重合之处，二者之间并非"一刀切"式的侵权认定规则和侵权免责抗辩规则，更难言一种非此即彼的、递进式的法律适用关系。甚至可以认为，合理使用四要素规则与实质性相似规则之间实际上构成一种价值融合或规则混同。从"接触＋实质性相似"基本规则来看，传统二步法将之划分为两个步骤，即"接触＋显著性（证据性）相似"考察步骤和"实质性相似"考察步骤。前者是辨明新旧作品之间是否存在抄袭或参照来源关系的事实认定环节，后者是证明新旧作品之间是否构成实质性表达之不法挪用的价值判断环节。在"实质性相似"价值判断过程中，法官需要对原、被告两造作品进行比对，但重在考察被告挪用原作品的独创性表达部分占原作品表达的"质"与"量"的权重。传统规则关于"实质性相似"价值判断的权威观点认为，"剽窃者不能以自己作品中存在多少未剽窃的内容来证明其不承担侵权责任"[1]，实质性相似考察应侧重于将在后作品挪用在先作品的独创性表达部分与在先作品的独创性表达整体作比对，而挪用表达部分"占在后作品表达整体的比重考察并不具有决定性意义"[2]。从这个意义上讲，传统规则关于"实质性相似"价值判断的这一具体适用方法与作为行为范畴考察的合理使用四要素之要素三"使用部分占被使用版权作品的质与量"完全重合。合理使用四要素之要素三考察，实际上就是从作品范畴进行价值判断，进一步确认被告使用行为是否对原作品独创性表达的"实质性部分"构成不法挪用，故通常情况下并不需要将被告作品自有的独创性表达部分作为考察重心。当然，合理使用四要素是一种综合事实认定的法律价值判断，除了要素三（几乎等同于"实质性相似"考察）以外，还需要全面、系统地对被告"使用行为的目的和性质""版权作品的性质""使用对作品潜在市场或价值的影响"等要素进行综合考察。可见，作品侵权认定传统规则及相关方法实际上已被整合并吸纳进合理使用四要素中，如果说"接触＋实质性相似"基本规则仍具有重要意义，可能主要在于辨明原、被告两造作品之间是否存在抄袭或参照来源关系的事实认定环节，而并非在于用以证立不法挪用的"实质性相似"价值判断环节，因为后者实际上已被合理使用四要素规则所吸收。因此，与其说合理使用四要素是一种侵权免责抗辩规则，甚至是著作权例外或限制的反限制规则，毋宁说是一种"融入综合价值判断的侵权认定混同规则"[3]。

二　目的性/功能性转换的过度扩张与规范分析困扰

由于作为"内容性转换"的转换性使用概念与演绎权的保护范围以及从作品范畴（依"思想/表达"二分法确立的原作品保护边界）考察的侵权认定传统规则之间相悖离甚至抵牾，因而从规范分析层面来看，"内容性转换"实际上并无充裕的可适用空间。正基于此，美国司法实践在使用

---

[1]　Sheldon v. Metro-Goldwyn Pictures Corp., 81 F. 2d 49, 56 (2d. Cir. 1936).

[2]　张玲玲、张传磊：《改编权相关问题及其侵权判定方法》，《知识产权》2015 年第 8 期。

[3]　Google LLC v. Oracle America, Inc., 583 U. S. No. 18-956 (2021), pp. 18-21.

行为的"转换性"考量过程中，认为"内容性转换"并不构成转换性使用考察的必要条件，也不支持"内容性转换"更有利于证立使用行为构成合理使用的价值判断结论。在 Perfect 10 v. Amazon. com 等一系列案件的理论解释发展和推动下，美国法院在合理使用司法裁判实践中转而侧重于使用行为的"目的性/功能性转换"考察，逐渐形成"转换性使用"概念由兼顾"内容性转换"和"目的性转换"阐释转型至单向度的"目的性/功能性转换"阐释。就此问题，美国学者 R. Anthony Reese 教授就转换性使用的裁判结论作出系统的实证考察，他依据"内容性转换"（假设为 C）和"目的性转换"（假设为 P）将作品使用行为分为四种类型：同时具备 C 和 P 的使用行为，同时缺乏 C 和 P 的使用行为，仅有 C 而没有 P 的使用行为，仅有 P 而没有 C 的使用行为。司法裁判实证考察后的结论是：相对于另外两类，同时具备 C 和 P 的使用行为与仅有 P 而没有 C 的使用行为作为行为的"转换性"考察更倾向于被认定为构成合理使用。在他看来，"内容性转换"要素可能更有利于认定使用行为具有"转换性"，但单一的"内容性转换"要素对使用行为是否构成合理使用并未产生实质性影响。真正对使用行为是否构成合理使用的裁判结论产生实质性影响的是要素一（使用行为的目的和性质）中作为"目的性转换"的转换性使用，它在合理使用价值判断中发挥着不容忽视的功能分析价值，与作为规范分析工具的其他要素（如合理使用要素三和要素四）遥相呼应，对合理使用认定具有重要的裁判意义。①

　　正因为"内容性转换"依传统规范分析路径难以同从作品范畴（依"思想/表达"二分法确立的原作品保护边界）考察的"接触 + 实质性相似"基本规则及其方法相兼容，司法裁判者和理论界尝试从使用行为的"目的性/功能性转换"构建合理使用要素一"使用行为的目的和性质"的功能分析路径。正如 Kudon 教授所言，使用行为的"目的性/功能性转换"标准实际上为合理使用价值判断形塑并确立了一项"预设决定因素"（pre-sumptively dispositive factor）。通过使用"目的性/功能性转换"这一功能分

---

① R. Anthony Reese，"Transformativeness and the Derivative Work Right"，*Columbia Journal of Law & the Arts* 31（2008）：129.

析工具，即使被诉使用者已挪用原作品独创性表达的实质性部分，依据实质性相似规则和合理使用要素三、要素四等规范分析路径将不利于被诉使用者，只要使用行为或者说新作品呈现与原作品截然不同的目的或功能，即可以触发合理使用抗辩。① 在他看来，从使用行为的"目的性/功能性转换"来区分合理使用与著作权侵权行为，判断的核心要素即使用行为是否具有与版权作品正当利用完全不同的目的或功能。例如就从小说转换成电影的演绎型使用而言，由于原小说和电影作品的使用目的或功能并无不同，可以说都是娱乐消遣，该行为并不具有"目的性/功能性转换"，故对原小说著作权人的演绎权将构成侵害。相反，作为谷歌图书馆计划的片段式扫描取样行为，尽管该单纯复制行为没有任何的"创益性"（productive），但由于该行为与原版权作品旨在出版、发行及其他传播活动的目的或功能完全不同——如通过介绍图书的片段式信息，将有利于读者了解相关信息内容以决定是否购买或借阅该图书，故该行为具有高度的"目的性/功能性转换"，应当被认定为一种合理使用行为。② 依据 Kudon 教授的论证思路，使用行为的"目的性/功能性转换"标准实际上有利于"消解甚至隔断转换性使用与实质性相似、合理使用等规则中规范分析要素之间的紧密关联性"③，使得法官在个案裁判过程中不再受规范分析框架内的传统规则所困。

　　然而，使用行为的"目的性/功能性转换"一方面将转换性使用的概念延伸甚至扩张到仅具有不同于原版权作品的目的或功能而实施的单纯复制行为，却无法解释文学创作中的一些前传、续写作品与原作品的使用目的或功能完全一致，何以依据原作品和前传、续写作品二者的创作风格和故事结构、内容等存在本质差别而仍可能认定这些前传、续写行为构成合理使用。另一方面，使用行为的"目的性/功能性转换"背离了合理使用判断规则基于比例原则的定量分析方法，使得转换性使用的概念完全演化成摒弃并脱离于合理使用规范分析要素、旨在保护社会公共利益的一种功

---

① Jeremy Kudon，"Form Over Function：Expanding the Transformative Use Test for Fair Use"，*B. U. L. Rev.* 80（2000）：583 – 84.

② The Authors Guild，Inc. v. Google Inc. Case 1：05 – cv – 08136 – DC Document 1088.

③ Jeremy Kudon，"Form Over Function：Expanding the Transformative Use Test for Fair Use"，*B. U. L. Rev.* 80（2000）：584.

能定性工具。从刘家瑞教授对美国司法裁判的实证统计分析来看，作为《美国著作权法》第107条关于合理使用要素一中并无明文规定的子因素，转换性使用似乎完全主导了合理使用司法裁判的结果。从1994年Campbell案判决正式使用"转换性使用"概念至2017年，与美国合理使用裁判有关的90%案件尝试沿用该理论。更值得关注的是，在所有支持转换性使用的司法裁判处理中，美国共有94%的案件最终认定构成合理使用。其中，同时具有"目的性/功能性转换"和"内容性转换"的使用行为在所有案件（100%）中都被认定为合理使用；仅具有"目的性/功能性转换"而无"内容性转换"的使用行为在约60.7%的案件中被认定为合理使用；仅具有"内容性转换"而无"目的性/功能性转换"的使用行为在约32.7%的案件中被认定为合理使用。[①] 可见，转换性使用（包括行为的"目的性/功能性转换"和"内容性转换"）已然在美国合理使用判断中成为司法裁判说理的核心概念，占据着绝对的主导地位。

转换性使用概念在美国合理使用裁判说理中的过度扩张引起了理论界的担忧甚至反对。有学者认为，转换性使用的决定性影响掩盖了使用行为关于商业性目的和不诚信的主观恶意考察，忽视了对合理使用要素二中的原作品是否发表、被告作品是否具有创益性的必要考量，将要素三中允许复制的程度扩展至100%的逐字复制，同时还排除了要素四中对原作品基础市场和潜在市场的利益损害考察。更为困扰的是，即使作为"目的性/功能性转换"的转换性使用协调了合理使用制度的修辞方式，但它在司法实践中并没有简化合理使用判断或者提高合理使用判断的确定性和可预测性。在该观点看来，法官可能会将"转换性使用"概念作为掩饰自己直觉判断的一种功能性修辞工具，"转换性使用"甚至会导致随意引用与案件事实并不吻合的先例，进而使法官在处理具体个案时忽视更有指导意义、深层次的政策分析，而这些都可能被使用行为的"目的性/功能性转换"定性考察轻而易举地机械取代。[②] 可见，作为转换性使用的"目的性/功能

---

① Jiarui Liu, "An Empirical Study of Transformative Use in Copyright Law", *Stanford Technology Law Review* 22（2019）：205 – 10.

② Jiarui Liu, "An Empirical Study of Transformative Use in Copyright Law", *Stanford Technoloty Law Review* 22（2019）：163 .

性转换"标准并未给裁判者提供清晰、可预见的规范分析方法，转换性使用概念的过度扩张将加剧合理使用司法裁决过程中的不确定性和无法预测性，有可能成为印证法官预设的价值判断结论的裁判说理的"口袋"修辞工具。

第三节　我国转换性使用理论的法律适用困境

一　规则主义与因素主义模式的制度兼容性问题

"转换性使用"概念滥觞于美国合理使用因素主义模式。作为合理使用四要素规则中的要素一"使用行为的目的和性质"中除"商业性/非商业性"区分以外衍生而成的关键子因素，"转换性使用"这一术语自 1994 年 Campbell 案以后，日益受到美国司法实务界的重视。甚至可以认为，它已成为美国合理使用裁判说理的核心概念，在解释论中占据着不容忽视的重要地位。受美国法律影响，英国、澳大利亚、新加坡甚至我国台湾地区等在自有法律框架内也开始重视相关理论的借鉴和移植，司法实践中对相关规则亦进行不断吸收、融合。不同于版权体系国家或地区"简要示例 + 一般规则（如美国合理使用四要素）"的因素主义模式，作者权体系国家（如德、法、意、日等国）将"合理使用"表述为"著作权的例外与限制"，采用一种全面详细罗列合理使用法定情形的封闭式的规则主义模式。尽管三步检验法在作者权体系国家的合理使用制度当中发挥着重要作用，但在传统观念看来，三步检验法在司法裁判个案中并不像美国合理使用四要素规则那样构成真正意义上开放式的一般适用规则，而是对著作权例外与限制法定情形的反限制规则。甚至一直有观点认为三步检验法最早来源于国际条约，其设置的初衷在于指引各成员国如何对合理使用法定具体情形进行立法设计。正如《欧盟信息社会著作权指令》序言所言，三步检验法本属于指导并督促成员国严格遵守国际公约、履行义务的宣示性条款，不应作为著作权法定豁免情形在私法意义上的限制解释规则。[1] 伴随着数

---

[1]　Silke Von Lewinski, *International Copyright Law and Policy*, Oxford：Oxford University Press, 2008, p. 160.

字技术和社会经济的不断发展，各国因作品利用而引发的新利益冲突日益激化，合理使用"规则主义"立法模式愈发显现其封闭列举式规定的僵化与不足，作者权体系各国司法尤其是理论界开始反思三步检验法不应局限于作为一种限制解释规则，而应当作为"保持作者的权利与广大公众的利益，尤其是在教育、研究和获取信息方面的公共利益之间的平衡"[①] 的一种开放性适用解释工具，这将更有利于协调著作权人与传播者、使用者之间的利益平衡关系。然而，相对于因素主义模式下的美国合理使用四要素规则一直被诟病因缺乏事前的可预见性而具有潜在的不确定因素，三步检验法即使作出开放性适用解释，依然会面临一般规则适用过程中的不确定性障碍。有学者认为，"毫不考虑《著作权法》列举的具体确定情形而使用三步检验法的做法降低了著作权限制制度的法律确定性"，这种适用法律的结果是"与美国式的合理使用相比，很难说更具有确定性"[②]。

就著作权法律制度而言，我国属于传统的作者权体系国家（如将著作权内容区分为人格权和财产权、设置"作者权/邻接权"二元制度结构等等），其著作权合理使用制度同德、法、意、日等作者权体系国家相类似，采用的也是封闭列举式的规则主义立法模式。如我国 2001 年《著作权法》第 22 条将不经著作权人的许可也不向著作权人支付报酬的合理使用行为划分为 12 类法定情形（如个人使用、合理引用、教学使用、免费表演等等），该条文被认为是典型的封闭列举式条款。为了进一步平衡和纾解2001 年《著作权法》第 22 条封闭列举式规定引发的制度僵化问题，2002年《著作权法实施条例》第 21 条将三步检验法的后两个步骤予以吸收、整合。《著作权法实施条例》第 21 条规定："依照著作权法有关规定，使用可以不经著作权人许可的已经发表的作品的，不得影响该作品的正常使用，也不得不合理地损害著作权人的合法利益。"有学者认为该条款实际上已构成合理使用判断必须依据的最终标准，即允许在具体个案当中作为

一种开放性适用条款，适用于 2001 年《著作权法》第 22 条封闭列举情形所无法涵摄的其他特殊情形。① 可见，这种观点认同《著作权法实施条例》第 21 条的功能定位已类似于美国合理使用四要素规则。而有学者认为，《著作权法》第 22 条规定的法定列举类型保护著作权人的可期待利益，《著作权法实施条例》第 21 条实际上设定法院在判定可期待利益合理范围内的自由裁量标准，二者分别对应"三步检验法"中的三个认定要件，即《著作权法》第 22 条对应三步检验法中的步骤一"在特殊情形下"，《著作权法实施条例》第 21 条分别对应步骤二"不得与作品的正常利用相冲突"和步骤三"不得不合理地损害著作权人的合法权益"②。在这一观点看来，《著作权法实施条例》实际上是对《著作权法》第 22 条法定列举情形作出进一步适用限缩的反限制规则，而并非真正意义上的合理使用一般适用规则。就第二种适用理解观点而言，三步检验法实际上在《著作权法》第 22 条法定列举情形以外并没有可适用的开放性空间和余地。

2020 年 11 月 11 日，我国第十三届全国人大常委会第二十三次会议通过了修改《著作权法》的决定，修正案于 2021 年 6 月 1 日正式实施生效。2020 年《著作权法》将 2001 年《著作权法》第 22 条和《著作权法实施条例》第 21 条进行了整合及全面调适，在一定程度上回应了新技术发展对合理使用制度予以弹性适用的时代诉求。2020 年《著作权法》第 24 条将三步检验法的步骤二、步骤三吸纳进第 1 款，规定"在下列情况下使用作品……并且不得影响该作品的正常使用，也不得不合理地损害著作权人的合法权益"；同时，第 24 条还在合理使用原有 12 项法定列举情形之后增加了一项"弹性"规定："法律、行政法规规定的其他情形"。在部分学者看来，2020 年《著作权法》第 24 条实际上并未将合理使用制度设置成真正意义上的开放性适用条款，第 13 项"法律、行政法规规定的其他情形"也不是真正意义上的开放式的兜底项，如果合理使用"其他情形"需要适用于前 12 项以外的其他特殊情形，则仍必须有其他法律、行政法规的明确

① 王迁：《知识产权法教程（第六版）》，中国人民大学出版社，2019，第 210 页；卢海君：《论合理使用制度的立法模式》，《法商研究》2007 年第 3 期。
② 熊琦：《著作权合理使用司法认定标准释疑》，《法学》2018 年第 1 期。

规定才存在适用的余地。因此，"三步检验法的纳入是对法定权利限制的适用进行再限制，并非允许法院自行创设新的权利限制"①，第 24 条对三步检验法的整合吸收以及"法律、行政法规规定的其他情形"的兜底项设置，实际上并没有改变合理使用类型法定主义的封闭立法意旨。

诚如前述，就包括我国在内的作者权体系国家而言，其合理使用（著作权例外与限制）制度因为具体、全面列举的封闭法定类型而呈现法律适用层面的制度僵化与不足，但相对于作为一般适用条款的美国合理使用四要素判断规则，三步检验法即使可以作为开放性解释的一般规则，在适用于封闭法定类型之外的"其他特殊情形"时，也没有表现出更为明显、突出的法律确定性和适用弹性。甚至可以认为，三步检验法作为开放式的一般适用规则，其抽象模糊性和不可预见性更为严重。首先，三步检验法与合理使用四要素判断规则相类似，都是一种多元利益衡量后的价值判断规则。作为开放性解释的一般适用规则，著作权法必须维持作者的权利与广大公众的利益平衡，尤其是在教育、研究和获取信息方面的公共利益之间的平衡，故在运用三步检验法确立合理使用（权利限制与例外）的适用范围时既充分保护著作权人的利益，又适当地尊重、兼顾其他参与性主体（使用者、传播者等）的多元利益价值就显得尤为重要。然而，不同于美国合理使用四要素判断规则可以借助要素一"使用行为的目的和性质"（旨在权衡著作权人以外使用者等公共利益的功能性分析、定性分析要素）、要素四"使用对作品潜在市场或价值的影响"（侧重于考察著作权人利益的规范性分析、定量分析要素）分解和平衡对多元参与性主体（包括著作权人、使用者、传播者等）的利益考察与综合价值判断，三步检验法最核心的步骤二、三在法律适用中都被尝试转化成一种规范性分析和定量分析工具，侧重于考察使用行为对著作权人市场利益的直接或潜在影响。可见，在步骤一"在特殊情形下"表述及法律适用关系极为抽象模糊的前提下，三步检验法已逐渐异化成法律判断过程中过度关注著作权人个体私权的价值偏向趋势，无怪乎一直有观点极力支持三步检验法实际上已经是著作权限制与例外法定情形的一种反限制规则。此外，不同于美国合理使用

① 王迁：《〈著作权法〉修改：关键条款的解读与分析（上）》，《知识产权》2021 年第 1 期。

四要素规则是在司法实践中形塑并不断发展而成的合理使用积极要件，三步检验法最核心的两个步骤——步骤二"不得与作品的正常利用相冲突"、步骤三"不得不合理地损害著作权人的合法权益"都采用否定式的语法表述，这在规范意义上只能构成合理使用判断的消极要件，必须借助并依托于其他积极要件才能在法律适用中有效发挥定分止争的重要作用。

由上可见，合理使用因素主义立法模式和规则主义立法模式在法律适用层面上还存在诸多无法完全消除甚至难以克服的制度兼容性障碍，这也进一步提出质疑：如果对美国转换性使用概念及相关理论进行借鉴和法律移植，那么是否在我国具备本土化良性运转、健康发展的法治环境与现实土壤呢？

二 转换性使用的司法适用分歧与说理局限性

早在 2011 年，最高人民法院即发布《关于充分发挥知识产权审判职能作用推动社会主义文化大发展大繁荣和促进经济自主协调发展若干问题的意见》（法发〔2011〕18 号文件，以下简称最高院《知识产权审判指导意见》）这一司法政策性指导意见。该指导意见第 8 条明确表示："在促进技术创新和商业发展确有必要的特殊情形下，考虑作品使用行为的性质和目的、被使用作品的性质、被使用部分的数量和质量、使用对作品潜在市场或价值的影响等因素，如果该使用行为既不与作品的正常使用相冲突，也不至于不合理地损害作者的正当利益，可以认定为合理使用。"可见，最高人民法院认同"在促进技术创新和商业发展确有必要的特殊情形下"，合理使用判断应吸纳美国合理使用四要素并结合三步检验法来综合考察，通过司法政策的指导性介入来纾解规则主义立法模式的困扰。换言之，只要相关行为通过因素主义分析符合合理使用四要素，则可认定满足三步检验法中的后两步，即"不与作品的正常使用相冲突，也不至于不合理地损害作者的正当利益"，进而构成合理使用。自此，我国法院在一系列案件中陆续突破合理使用条款的封闭性规定，结合合理使用四要素展开三步检验法分析，以最终作出是否构成合理使用的司法认定。

自北京市第一中级人民法院在 2011 年王莘诉北京谷翔信息技术有限公司等侵犯著作权纠纷一案（以下简称为"王莘诉北京谷翔公司"案）初审

判决中借鉴美国转换性使用概念，在裁判文书中作相关理论阐述并支持涉案行为构成合理使用以来，我国司法实务界逐渐形成部分法院采纳并援引美国"转换性使用"概念以及相关规则的发展趋势。在"王莘诉北京谷翔公司"案中，北京市一中院首先依据并适用《著作权法实施条例》第21条规定"三步检验法"的后两个步骤，分析被告的片段式提供行为既较难认定构成对原告作品的实质性利用且不会与原告作品的正常利用相冲突，同时被告这一片段式提供行为不会对原告作品的市场销售起到替代作用，故也不足以对原告作品的市场价值造成实质性影响。正是在运用三步检验法已得出该使用行为符合著作权例外与限制（合理使用）规则之基本结论的基础上，北京市一中院进而对该片段式提供行为是否构成转换性使用进行补充性分析：

> 本案中，由涉案网站所采取的片段式的提供方式可以看出，其对于原告作品的传播行为并非为了单纯地再现原作本身的文学艺术价值或者实现其内在的表意功能，而在于为网络用户提供更多种类、更为全面的图书检索信息，从而在更大范围内满足网络用户对更多图书相关信息的需求……著作权法为著作权人所提供的保护其范围及程度不应影响公众对作品以及作品信息的合理需求，故在涉案片段式使用行为并未实质性地再现原告作品表意功能，且又在较大程度上实现了相应图书信息检索功能的情况下，这一行为已构成对原告作品的转换性使用，不会对原告对其作品的正常使用造成影响，亦不会不合理地损害原告的合法利益。①

诚如前述，两大体系的不同国家在合理使用制度的法律适用层面上存在无法完全消除甚至难以克服的制度兼容性障碍。因此，如果要使转换性使用理论在中国得以正常运用，只有结合中国的本土法治实践，在中国现有制度体系框架内进行相应的改造和调适。在此论述基础之上，有观点认为美国合理使用四要素判断规则在我国司法实践中并无径直适用的立法基

---

① 北京市第一中级人民法院（2011）一中民初字第 1321 号民事判决书。

础，进而主张通过对"合理引用"条款＋三步检验法的变通性适用，以达到美国合理使用四要素判断规则和转换性使用理论的类同法律适用效果。①此观点亦得到部分法院的支持。

截至 2021 年 9 月 18 日，本书以"转换性使用"为关键词，通过检索"中国裁判文书网""北大法宝"等司法文书数据库，除重复性的批量案件以外，经筛选后统计得出自 2011 年以后作出的民事判决、裁定文书样本共20 份，其关于合理使用判断的适用解释规则、转换性使用援引以及合理使用支持情况的具体情况如表 3 - 1 所示。

表 3 - 1　法律文书适用规则具体情况

序号	案号	当事人	被告使用方式	适用解释规则	合理使用支持情况
1	（2011）一中民初字第 1321 号	王莘诉北京谷翔公司	被告对原告文字作品的片段式提供行为	三步检验法、转换性使用	成立
2	（2015）佛中法知民终字第 159 号	优图佳视公司诉佛山市中山医院	被告在网站文章中使用原告图片	合理引用、三步检验法、转换性使用	不成立
3	（2015）沪知民终字第 730 号	上海美影厂诉浙江新影年代公司	被告在宣传海报上使用原告美术作品	合理引用、三步检验法、合理使用四要素、转换性使用	成立
4	（2016）京 0105 民初 50488 号	向佳红诉中国电影股份有限公司	被告在电影中使用原告书法作品	合理引用、三步检验法、转换性使用	不成立
5	（2017）沪 73 民终181 号	马建明诉网易公司	被告网站转载的文章包含原告的摄影作品	新闻报道类使用、转换性使用	不成立
6	（2017）沪 73 民终324 号	上海玄霆公司诉张牧野、天下九九	被告使用原告小说内容作为游戏关卡前的文字	合理引用、转换性使用	不成立
7	（2017）粤 73 民终85 号	李向晖诉广州华多公司	被告利用原告照片介绍游戏背景	合理引用、三步检验法	不成立
8	（2017）粤 0305 民初 18896 号	上海美影厂诉微世界、腾讯公司	被告在微信公众号文章中使用原告美术作品	合理引用、三步检验法、转换性使用	不成立

---

① 熊琦：《著作权转换性使用的本土化释义》，《法学家》2019 年第 2 期。

序号	案号	当事人	被告使用方式	适用解释规则	合理使用支持情况
9	（2018）京 0105 民初 50036 号	上海美影厂诉北京中招环球公司	被告转载文章包含原告美术作品	合理引用、三步检验法	不成立
10	（2018）粤民终 137 号	网易公司诉华多公司	被告游戏主播的网络游戏直播行为	三步检验法、合理使用四要素、转换性使用	不成立
11	（2019）粤 73 民终 6650 号	上海美影厂诉广州读努门公司	被告在微信公众号文章中使用原告美术作品	合理引用、三步检验法、合理使用四要素、转换性使用	成立
12	（2019）京 73 民终 2549 号	北京培生公司诉杭州菲助公司	被告短视频使用原告图书	合理使用四要素、转换性使用	不成立
13	（2019）粤 03 民初 2836 号	腾讯公司诉北京微播视界公司	被告游戏主播的网络游戏直播行为	合理引用、三步检验法	不成立
14	（2019）粤 0192 民初 1756 号	腾讯公司诉运城阳光、字节跳动公司	被告传播的短视频包含原告的网络游戏内容	合理引用、三步检验法	不成立
15	（2019）渝 0192 行保 1 号之二	腾讯公司诉字节跳动公司	被申请人传播的短视频包含申请人的网络游戏内容	转换性使用	不成立
16	（2020）粤 73 民终 574 – 589 号	腾讯公司诉运城阳光、优视网络公司	被告传播的短视频包含原告的网络游戏内容	合理引用、三步检验法	不成立
17	（2020）沪 73 民终 581 号	央视国际诉上海聚力传媒公司	被告录制的赛事节目包括原告赛事直播画面	合理引用、三步检验法、合理使用四要素、转换性使用	不成立
18	（2020）京 73 民终 187 号	优酷公司诉深圳蜀黍科技公司	被告"图解"原告电影并向公众提供	合理引用、三步检验法	不成立
19	（2020）沪 73 民终 30 号	陈红英诉北京奇虎公司	被告提供缩略图检索服务并存在加载广告行为	三步检验法、转换性使用	不成立
20	（2020）沪 73 民终 552 号	陈红英诉虎扑公司、百度网讯公司	被告提供缩略图检索服务	三步检验法、转换性使用	成立

虽然涉案被告在这 20 份民事裁判文书样本中都提出了因转换性使用而构成合理使用的抗辩，但受理法院在适用解释规则、转换性使用理论援引以及合理使用支持情况等方面存在观点上的较大分歧与冲突，主要体现在

以下几点。

第一，部分法院坚守我国作为作者权体系国家的规则主义立场，严格采纳合理使用"封闭列举＋三步检验法"的限定适用解释规则，强调规则法定主义，排斥包括转换性使用理论在内的美国合理使用四要素判断规则。

在这类案件中，法院拒绝援引并适用美国合理使用四要素判断规则，甚至对被告提出的转换性使用抗辩主张未作具体回应。此类案件数量为6件，占20份总样本数量的30%，以深圳市中级人民法院、广州知识产权法院、北京知识产权法院、广州互联网法院以及北京部分（如朝阳区）基层人民法院为主。正如在深圳腾讯计算机公司诉北京微播视界科技公司侵害著作权及不正当竞争纠纷一案中，深圳市中级人民法院在一审判决书中就曾明确表达这一观点："著作权法所确立的合理使用制度，系在法律明文规定的范围对著作权人进行的权利限制，允许公众不经著作权人的许可自由而免费地使用作品。行为人援引合理使用抗辩，必须审查其行为是否在法定范围内，是否影响作品的正常使用，是否不合理地损害了著作权人的合法利益。"① 在此基础之上，深圳市中院依据三步检验法对被告涉案行为是否符合"合理引用"法定合理使用情形进行严格限定解释，最终认定被告使用行为不构成合理使用行为。

第二，在法定情形当中，以"合理引用"作为转换性使用适用依据的比例较高，但部分案件仍对"在特殊情形下"进行开放式的延伸性适用。

在这20份民事裁判文书样本中，以"合理引用"法定情形作为转换性使用适用依据的案件数量为13件，占总样本数的65%。在这13个样本案例中，除三步检验法以外，法院还沿用合理使用四要素判断规则或转换性使用理论对涉案行为是否符合"合理引用"的合理使用法定情形作进一步阐释的有7件，占以"合理引用"作为合理使用适用法依据的案件总量比重约54%，但法院最终认定合理使用成立的只有2件，约占以合理使用四要素判断规则或转换性使用理论对涉案行为是否构成"合理引用"的合理使用案件（7件）的28.6%。与此同时，各法院在解释"合理引用"的

---

① 广东省深圳市中级人民法院（2019）粤03民初2836号民事判决书。

构成要件时存在较大分歧，莫衷一是。例如在引用比重考察时，有的法院侧重于被引用部分占被引用作品整体的比重考察，有的法院侧重于被引用部分占引用作品整体的比重考察。而在另一些案件中，部分法院参考最高院《知识产权审判指导意见》第 8 条的司法政策精神，在合理使用法定情形之外会对三步检验法之步骤一"在特殊情形下"作开放式的延伸性适用，即符合"在促进技术创新和商业发展确有必要的特殊情形下"，再结合三步检验法、合理使用四要素判断规则或转换性使用理论对涉案行为是否构成合理使用作进一步法律判断。此类案件有 6 件，法院最终认定涉案行为构成合理使用的为 2 件，占比为 33.3%。

第三，除三步检验法以外，多数法院仍会结合合理使用四要素判断规则或转换性使用理论对涉案行为是否构成合理使用进行综合判断分析，但在适用规则解释论上存在不少说理缺陷和较大分歧。

实际上，我国司法实践中结合美国合理使用四要素判断涉案行为是否构成合理使用的案件最早可以追溯至 2004 年中国著作权协会诉西安长安影视制作有限责任公司一案。① 另在 2011 年杨洛书诉中国画报出版社一案中，裁判书已经开始借鉴美国合理使用四要素分析被告行为是否符合"转换性使用"，考察被编印年画本身的属性，引用的章节、数量及其与全书的关联性，引用行为是否影响原作品的市场等因素，只不过该裁判最终没有支持合理使用抗辩。② 依据最高院《知识产权审判指导意见》第 8 条的司法政策指导精神，在被告提出转换性使用的合理使用抗辩时，多数法院仍会弹性借鉴并运用合理使用四要素或转换性使用理论进行综合判断。在上述 20 份民事裁判文书样本中，适用合理使用四要素判断规则的案件仅有 5 件，占总样本案件数量的 25%；但运用转换性使用理论（或概念）进行解释分析的案件则多达 14 件，占总样本数量的 70%。此类案件尤以上海市高院、上海知识产权法院为主，也包括广东省高院、北京知识产权法院在内的部分裁判书。

此外，尽管多数裁判书样本认可将转换性使用概念或理论运用于合理

---

① 北京市高级人民法院（2004）高民终字第 627 号民事判决书。
② 山东省高级人民法院（2007）鲁民三终字第 94 号民事判决书。

使用判断当中，但各法院对转换性使用的理解存在较大分歧，莫衷一是。有的裁判书仅将"转换性使用"理解成对应于"复制性使用"且能够产生新作品的"创益性使用"，并未考虑因使用行为的目的或功能发生重大转化而可能构成合理使用。如在马建明诉网易公司一案中，上海知识产权法院认为"网易公司对原告摄影作品的使用行为属于直接的复制性使用，并不构成转换性使用，亦未指明作者姓名"①，故不构成合理使用。又如在腾讯公司诉字节跳动公司一案中，重庆自贸区法院认为"被申请人传播的视频画面相对于申请人的游戏运行画面没有形成新的作品，故不构成转换性使用"②。而有的裁判书除三步检验法以外，主要依据涉案使用行为的不同目的和功能即直接认定构成转换性合理使用。如在陈红英诉虎扑公司、百度网讯公司一案中，上海市高院认为："百度公司提供缩略图的目的并非提供缩略图本身，而在于向用户提供搜索结果……涉案行为旨在更好地服务于搜索引擎功能的发挥，具有转换性使用功能，故不侵害原告作品的信息网络传播权。"③

综上可知，我国在借鉴、援引美国合理使用四要素判断规则以及转换性使用理论（或概念）的司法适用过程中存在较大分歧，司法适用规则的解释理论体系不统一且存在较严重的冲突，需要结合现行法律适用依据作进一步澄清、完善。

本章小结

本章主要从规范分析层面解释转换性使用所存在的著作权法理论困境，同时从我国司法实践中提炼著作权法适用问题。从规范分析层面来看，仅从单一的作品范畴考察，作为"内容性转换"的转换性使用既同版权作品的演绎权存在重叠冲突，又和作品侵权认定的传统规则难以兼容并存（判断转换性使用是否构成著作权侵权行为与复制、演绎侵权认定规则

---

① 上海知识产权法院（2017）沪73民终181号民事判决书。
② 重庆自由贸易试验区法院（2019）渝0192行保1号之二民事裁定书。
③ 上海市高级人民法院（2020）沪73民终552号民事判决书。

并无二致，与使用行为是否产生了新作品，甚至"因增加了新的东西而产生了新的表达、意义或信息"并无直接关联性），故适用上存在难以弥合的理论局限性。从行为范畴考察，实质性相似规则和合理使用判断规则存在法律适用关系分歧，合理使用一般规则（如合理使用四要素或三步检验法）实际上已融入实质性相似规则的价值判断要素，二者之间存在价值导向冲突和重复验证之嫌。此外，使用行为的"目的性/功能性转换"标准既没为裁判者提供清晰、可预见的规范分析方法，同时还在司法实践中呈现被过度扩张解释的趋势，这些都加剧了合理使用司法裁决过程中的不确定性和无法预测性。从我国司法实践来看，由于我国著作权法采用规则主义模式，并未直接吸纳因素主义模式下的合理使用四要素，故转换性使用理论是否适应我国本土化的法治环境与现实土壤仍需要进一步审视。与此同时，转换性使用在我国司法适用解释过程中还存在较大的观点分歧和说理局限性。

第四章　转换性使用的著作权法
解释论建构

第一节　著作权保护范围的权利作用"焦点"结构

"由于历史的机缘，现代西方式法律对因作品而发生的关系的规定大致沿用了有体财产上的物权理论，其隐含的前提是，作品与有体物在本体上都是确定的。"① 正如"盗版"（piracy）一词本意是指"海盗行为"，当被用于指涉未经授权的批量非法复制活动时，这一封闭话语体系早已预设既定的隐喻意义——一种先入为主的"自明性假设"，即"盗版"被隐喻成类似于有体物的财产保护观念，描述的是应像保护土地或其他有体财产利益一样看待著作权。正基于沿用有体物独占论的财产观念与物权逻辑，法律传统规则将作品拟制成一种类似于有体物、可以确立保护边界的财产（如作品的"独创性"、"思想/表达"二分法等判断标准），以弥补作品作为抽象物的内在结构缺陷。然而，作品本身的非物质性特征决定其边界模糊不清，在具体个案情形中仍存在较大的无法预见性和不确定因素。对此，甚至有学者认为：知识财产保护边界的判断标准及相关规则仍过度依赖于人为的主观因素，易于异化成法官为既定的价值判断结论而寻找合理性依据的一种事后描述，是"脆弱的约定俗成判断"②。

例如，"思想/表达"二分法作为著作权法的传统规则之一，既对著作

---

① 李雨峰：《版权法上基本范畴的反思》，《知识产权》2005 年第 1 期。
② 〔澳〕彼得·德霍斯：《知识财产法哲学》，周林译，商务印书馆，2008，第 169～170 页。

权法和专利法的不同对象（"作品"与"发明创造"）在规则形式上作出必要的理论界分，又对"作品"的边界范畴进行规范性解构，尝试确立作品的保护边界。依据"思想/表达"二分法的规范解释，作品的思想部分不受著作权法保护，著作权法仅保护作品的表达。然而在作品表达当中，由于存在"必要场景""表达唯一或有限（混同）"等情形，作品表达从观念上可划分为公有领域表达和受著作权法保护的独创性表达。甚至在受著作权法保护的独创性表达当中，依据德国学者 Jozef Kohler 从学理上的划分，也可以将作品的独创性表达区分为"外在的表现形式"和"内在的表现形式"。其中，"外在的表现形式"是按不同作品表现手法采取的具体表现形式，如文字作品中字、词、句的串联表达，音乐作品的音符顺序与音符联结表达等；"内在的表现形式"指涉作品的"综合性成分"（general composition），存在于构思、论证及描述中的连续性和发展过程等作品内在结构当中，如小说中的具体情节、主要人物关系及设置，音乐作品的主旋律和节奏，美术作品中由线条、色彩、人物等组合而成的构图框架等。①必须承认的是，作品依"思想/表达"二分法所作出的上述不同层次内容的理论划分，很难通过传统意义上平面分层结构的金字塔构造图示清晰呈现。作品从思想到表达，从公有领域表达到独创性表达，从独创性表达中的内在表达再到外在表现形式，绝非假定的金字塔构造图示以视觉直观显现的那样层层清晰明确且易于划分，甚至可以认为作品内在结构当中的"综合性成分"——"内在的表现形式"只有交织且融入外在表现形式中才能得以呈现，二者只能从观念层面上进行有限的必要区分。如由事实材料组合而成的汇编作品，其独创性体现在汇编者对诸多事实材料的选择、判断或编排方式上，然而汇编作品的独创性表达是否应顺理成章地延伸至被汇编者选择、判断或编排后的事实材料本身呢？如是理解的话，是否会进一步造成著作权对公共领域的不当侵蚀？又或许这时候，将汇编作品的独创性表达理解成事实材料经筛选后在"组织—顺序—结构"层面的综合呈现形式是否更加合理？可见，虽然"思想/表达"二分法借助平面分层

---

① Daniel Gervais, "The Derivative Right, or Why Copyright Law Protects Foxes Better than Hedgehogs", *Vanderbilt J. of Ent. & Tech. Law* 15（2013）：825.

结构的金字塔构造图示更易于让人理解，但过于理想化，并不能将此规则所面临的一系列复杂问题较清晰、完整地呈现给公众（如"思想/表达"二分法的金字塔平面图示根本无法客观呈现独创性表达和公共有领域表达、内在的表现形式和外在的表现形式之间的关系），更难以进一步解释清楚作品究竟保护什么——作品受著作权法保护的独创性表达问题。另值得关注的是，"思想/表达"二分法主要站在以作者为中心的基点来考察可为著作权人独占的财产部分——作品及其独创性表达，过度关注著作权人与作品之间的"人—物"独占对应关系，而忽视了这样一个基本事实——著作权强调人与人之间的"主体间性"，反映的绝非单纯的作者与作品关系，而是关涉作者与使用者之间、作者与后续作者之间、作者与公众之间针对作品使用所呈现的复杂法律关系。"思想/表达"二分法本身并没有回答他人未经授权对版权作品的使用方式及法律效果问题，讨论著作权保护什么内容以及保护到什么程度，实际上仅确立著作权人可以自行或控制他人对作品及其独创性表达部分实施的某些使用行为而已。

与此同时，著作权侵权认定传统规则亦显现出作品独占论这一财产拟物化观念所引致的理论局限性。首先，作为著作权侵权认定的传统基本规则，"接触+实质性相似"规则侧重于从作品范畴（如作品的"独创性"、"思想/表达"二分法等）来界定并判断他人使用行为是否构成对版权作品的不当挪用。按照这一论证思路，作品使用行为的不法性或可责性要件（"使用行为是否构成不当挪用"）被人为分割成两个步骤，即通过作品范畴的表达相似性程度来推定证立原、被告作品之间是否存在违法的抄袭行为，以及从侵权行为被类型化后的行为范畴来界定作品使用行为侵害何种著作权内容。依据实质性相似规则的"抽象—过滤—比较"三步检验法，其步骤一、二实际上从观念层面上将作品的思想部分由内容的表达中抽象剥离出来，再进一步过滤、剔除作品不受保护的惯常表达成分，如"思想和表达的混同"（"表达唯一或有限"）成分和"必要场景"等。在完成步骤一、二的基础上，步骤三"比较"在一定意义上才真正构成实质性相似判断的核心环节。法官需要对原、被告作品受保护的表达部分进行整体比较，才能最终判断二者之间是否因"实质性相似"而得以推定被告构成不当挪用。由于受作品独占论这一财产拟物化观念的主导和影响，较具影响力的一种主流观点认为"实质性相似"判断应更侧重于将在后作品挪用在先作品的独创性表达部分与在先作品的表达整体作比对，而挪用表达部分占在后作品表达整体的比重考察并不具有决定性意义。① 受作品独占论这一财产拟物化观念的影响，这一观点认为"剽窃者不能以自己作品中存在多少未剽窃的内容来证明其不承担侵权责任"②，更侧重于考察被告是否挪用了原告作品的独创性表达，挪用了多少以及挪用到什么程度（相对于原告作品的独创性表达整体而言）。至于被告作品是否存在自主创作的独创性表达以及是否远超过被告挪用原告作品的独创性表达部分，在比对中可以忽略或认为关注的意义有限。

然而，上述这一主流观点是建立在对原、被告作品进行直观且过于理想化的表达挪用比对基础上所作出的非精准论断，其核心问题在于过度简化作品使用问题及其单向类推适用拟物化的财产独占观念的论证逻辑与认知共识，故存在从作品范畴判断著作权侵权成立与否的较大证立缺陷与理论局限性。就原、被告作品之间是否存在"实质性相似"的比对分析而言，为了便于公众理解和认知，研究者多采用二维平面图示来说明相关问题（见图 4 -1）。

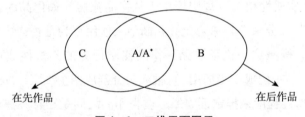

图 4 -1　二维平面图示

结合图 4 -1 分析，该观点主张"实质性相似"判断应该将在先作品中独创性表达的整体与在后作品的相应部分作比对。如果在先作品被挪用的独创性表达部分为 A，那么在后作品应该用"A（A*）＋B"来表示，其中 A* 涉及对在先作品独创性表达的演绎型利用（如改编）。在该观点看来，在实质性相似比对中，A 部分在在先作品（即"A＋C"）中的比重具

---

① 张玲玲、张传磊：《改编权相关问题及其侵权判定方法》，《知识产权》2015 年第 8 期。

② Sheldon v. Metro-Goldwyn Pictures Corp. , 81 F. 2d 49, 56 (2d. Cir. 1936).

有决定性意义，它必须是在先作品的核心部分或基本内容；至于 B 部分的独创性高低，以及 A、B 各部分在在后作品中的比重考察并不具有决定性意义。[①]

　　然而，作品使用关系绝非像有体财产那样依据直觉经验就可以直观地判断出侵占了什么以及侵占到什么程度。这是因为作为抽象物的信息具有非物质性，在根本属性上不同于作为传统财产的有体物。就有体物而言，比如在考虑所有权时，由于有体物本身即具有物理边界和物质特征，我们在侵权认定中考察对它实施物理性接触的利用方式是否构成不法侵占时，都是以这个物理性存在的有体物作为中心来理解的，有体物本身就构成所有权的保护边界，有学者将这称为构成权利作用的"焦点"（focal point）。对于有体财产而言，"所有权虽然从外表形式来看是指向有体物的权利，但实际上仍然是对于人们利用行为的权利"[②]。不同于有体财产，作品作为抽象物的一种信息，由于不具备物质属性而不会发生物理性损耗，实际上并无直观明确的财产边界。作为抽象物的信息（包括作品）正是经法律支配才得以发展成另一个抽象概念——知识产权（包括著作权），二者共同构成二位一体（如"作品—著作权"）的抽象概念体系。基于此，学术界一直以来就存在作为抽象物的信息（包括作品）是否真实存在的理论分歧。[③] 尽管唯实论者坚持抽象物的客观存在，然而作为抽象物的作品看不见、摸不着，不占据一定的物理空间——即使确实存在，也只能认为是抽象的。作品的非物质性特征表明，其作为一项财产的界限并不明确、直观，前述研究成果类推适用拟物化的有体财产独占规则并借用二维平面图示分析先后两造作品之间的挪用侵占关系，并不能客观呈现作品使用过程中的复杂形态及关系。进言之，现实中的作品使用（尤其是从对在先作品的演绎型使用不断渐进转变为自由借鉴或使用）关系远非上述直观且理想

[①]　张玲玲、张传磊：《改编权相关问题及其侵权判定方法》，《知识产权》2015 年第 8 期。

[②]　〔日〕田村善之：《"知识创作物未保护领域"之思维模式的陷阱》，李扬、许清译，《法学家》2010 年第 4 期。

[③]　如德霍斯先生认为，抽象物是一种历史描述，其目的就是要对知识财产构建合理性阐释平台，通过假定抽象物是固有的独立存在物，法律即可简单地利用这样一种法律上的虚构，而这一法律虚构是许多真实权力得以存在的基础和依据。参见〔澳〕彼得·德霍斯《知识财产法哲学》，周林译，商务印书馆，2008，第 163 页。

化的二维平面图示所投射出来的"客观"映像，事实情况要复杂得多。

在著作权侵权纠纷案件中，德国司法实践在总结从作品范畴考察的"实质性利用"传统侵权认定规则的同时，还依据涉案行为对作品的利用方式及法律效果进行侵权综合判断，并创设了"自由使用"（freie Benutzung）例外规则确立著作权的保护范围。《德国著作权法》第23条明确作品有形利用权包括"演绎与改动"专有权利，第24条对该权利设置了"自由使用"例外条款。依据第24条规定，《德国著作权法》允许以自由使用他人作品的方式所创作的独立作品在不经被使用作品的作者同意的情况下就可以发表并加以利用，同时第24条第2款还对"音乐旋律"设置了专门的"自由使用"反限制排除条款。德国法"自由使用"规定的特殊性在于，它仅作为"演绎与改动"专有权的特殊规则被设置在利用权列举规定当中，并没有被纳入《德国著作权法》第六章"著作权的限制"部分。可以认为，为了避免阻碍技术和文化上的进步，法律必须允许借助作品（即站在"巨人的肩膀上"）而推动转化，进而促进一部全新作品的诞生。作为新创作的"自由使用"必须超越《德国著作权法》第16条意义上的单纯"复制"以及《德国著作权法》第23条意义上的"改编或改造"①。概言之，"自由使用"是《德国基本法》中公民艺术创作自由在普通法中的具体表现，其立法条款既是立法者在《德国著作权法》设置的对"演绎与改动"专有权进行限制的例外规则，同时也是保障《德国基本法》关于艺术创作自由的公民基本权利的重要制度设计。②

就著作权侵权认定而言，德国自由使用规则摒弃单维度的财产独占论观念，从被使用作品的挪用部分与新作品的独创性特征之间的法律关系及效果入手考察作品使用行为的侵权定性问题。在司法实践中，德国法院并不要求自由使用所挪用的原作品部分必须是不受著作权法保护的作品片段。换言之，自由使用规则仅构成著作权侵权认定的一种例外补充规则，其裁判思路、方法及逻辑与支持财产独占论的"实质性相似"以及"思

---

① 〔德〕图比亚斯·莱特：《德国著作权法（第二版）》，张怀岭、吴逸越译，中国人民大学出版社，2019，第81页。
② 易磊：《〈德国著作权法〉自由使用制度研究》，《苏州大学学报》（法学版）2019年第3期。

想/表达"二分法等传统规则并不相同，需要进一步综合考量著作权人与使用者、后续创作者以及社会公众之间的利益平衡关系。在著作权侵权认定过程中，德国法院在司法实践中认同挪用的原作品部分是否受到著作权法的保护——是否构成作品的独创性表达，并不是适用"自由使用"规则时应考量的必要条件，法院关注的重心在于考察被挪用的原作品部分在独立创作的新作品中能否被清晰地予以识别，主要依据"距离（覆盖）"规则确立原作品部分（即使构成一种独创性表达）在新作品中的"褪色"（verblassen，也有学者译为"淡化"）稀释程度，进而得出作品使用行为是否构成不同于演绎改动之自由使用的判断结论。这里的"褪色"即强调新作品的独创性特征是否足以稀释被挪用作品片段的独创性特征。如在"迪士尼戏仿案"中，德国联邦法院认为被使用片段即使是受著作权法保护的作品内容（作品的独创性表达），当原作中被挪用的"独创性成分"基于戏仿而被新作品褪色、稀释至足够程度时，作品使用行为仍可能构成自由使用。① 在"《哈利·波特》挪用案"中，德国法院认为著作权侵权认定中的"自由使用"判断无法完全回避从文学和艺术层面进行评估，主张被告挪用《哈利·波特》中的片段应遵从以下思路进行裁判：当被告仅以碎片化的方式挪用《哈利·波特》中的片段，就如同授课教学中使用讲义卡片一样时，应判定为自由使用；反之，当被告的挪用如同将《哈利·波特》的故事情节以摘要或简化的方式完整重述时，应判定构成侵权。② 在法院看来，认定被告的挪用行为是否构成侵权应重点考察公众在被告作品以外是否还需要进一步阅读原作品的内容。如果需要则不侵权，反之则构成侵权。

诚如雷炳德教授所言，"当被使用作品的独创性特征隐含在新作品当中，且原作与新作品的独创性特征相比已经黯然失色时"③，这一行为就不是演绎行为，而构成一种自由使用。自由使用的认定标准体现在新作品在文化层面的进步意义上，对原作品使用部分的数量多少在适用"自由使

---

① BGH, GRUR 1971, 588., 转引自易磊《〈德国著作权法〉自由使用制度研究》，《苏州大学学报》（法学版）2019 年第 3 期。

② LG Hamburg, Dec. 12, 2003, 2004 GRUR-RR 65.

③ 〔德〕M. 雷炳德：《著作权法》，张恩民译，法律出版社，2005，第 258 ~ 259 页。

用"规则时并不具有决定性意义，更多取决于原、被告两造作品在整体印象方面的独创性比较。一般而言，"被使用作品之特点的个性程度越高，则其个性特征在新作品中褪色越少。反之，如果新作品的特点对于被使用作品来说极其显著、突出，且被使用作品的发展空间越小，则越容易被认定为自由使用"①。可见，德国司法实践在著作权侵权认定过程中适用"自由使用"规则［如"距离（覆盖）""褪色"等标准］时，侧重于考察新作品的独创性特征及成分对原作品被挪用部分的实质影响。传统的二维平面图示并不能客观呈现上述作品使用行为所投射的真实"映像"。

正如国内实务专家所言："如果已有作品的表达并不构成新作品的基础，没有成为新作品的重要内容、情节和结构，新作品只是将其作为素材来使用，而非以其作为派生、衍生之基础的，不应认为新作品是演绎作品。"② 该观点可谓直击要点，即著作权侵权认定不应仅侧重于考察使用者挪用了原作品什么内容以及其在原作品当中是否重要，还应当关注作品使用行为是以何种方式挪用，以及在新作品当中呈现何种法律效果。因此，"思想/表达"二分法与传统侵权认定中的实质性相似规则因过度关注"人—物"之间的财产独占对应关系而忽视了对作品使用行为本身及效果的定性判断。

正基于沿用有体物独占论的财产观念与物权逻辑，"思想/表达"二分法与传统侵权认定中的实质性相似规则都更加关注考察作品使用行为本身是否挪用了著作权人在先作品中的独创性表达或实质性部分，而未重视对作品使用行为的性质及功能不同的实质效果考察。实际上，著作权的保护范围与著作权对象的保护范围并非同一含义，讨论著作权保护什么样的内容、保护到什么程度，主要是确立著作权人可以自行利用作品或控制他人对作品保护范畴的某种利用方式——使用行为。正因为有对作品所为的能产生特定利益关系的具体行为（如复制、发行、改编、翻译、展览、表演、广播、信息网络传播等），才会产生与上述行为相匹配的利益关系，

---

① BGH, GRUR 1982, 37, 39 - WK-Dokumentation, 转引自〔德〕图比亚斯·莱特《德国著作权法（第二版）》，张怀岭、吴逸越译，中国人民大学出版社，2019，第82页。
② 陈锦川：《著作权审判：原理解读与实务指导》，法律出版社，2014，第60页。

形成著作权的各项权能。基于此，人们尝试通过把握对作品的不同利用方式——类型化的行为来理解著作权的保护范围，甚至有学者认为"最有意义和价值的是对'对象'（作品）所能施加的各种行为，它才是法学研究、法律设计和社会实施以及司法活动的主要对象"①。正如已故台湾学者曾世雄先生所言，为了预防规范事后的法律纠纷，主要有两种规范解决方法：一种方法着眼于人类社会生活中的"行为"，规范其社会生活资源获取的途径和方式；另一种则着眼于社会生活"资源"，以资源的合理分配为手段。着眼于人类社会生活之行为，即行为本位；着眼于人类社会生活之资源，即为资源本位。在该学者看来，在处理社会生活资源的社会关系中，行为本位与资源本位是一种相辅相成的关系，"资源之分配，常有人类行为之介入……即使单从人类社会生活之资源观察，依旧不能脱离人类之行为因素"②。进言之，知识产权虽主要表现为对他人使用抽象物的行为规制，但在界定其保护范围时，"无体物或知识创作物与行为二者之间是难以严格区分的"③。进言之，著作权的保护范围脱离不了对行为范畴和作品范畴的双重考察，其权利作用"焦点"（理解著作权保护什么以及保护到什么程度的联结点）实为一种双重结构，包括行为范畴和作品范畴。行为范畴和作品范畴之间相互关联、彼此印证：究竟什么被视为抽象物——作品，其实是由"利用行为"的抽象化程度所决定的；即使从类型化的行为范畴来判断著作权侵权问题，仍需要借助作品范畴来界定行为的性质。可见，在理解和界定著作权的保护范围时，应采用"行为—作品"的二元解释方法，两者共同构成著作权保护范围的双重认知体系，同时也是侵权认定中彼此关联的重要因素。

就法律关系而言，我们应摒弃根植于"人—物"对应关系的财产独占观念，回归至作者与使用者之间、作者与后续作者之间、作者与公众之间的利益平衡关系，进而确立从"作者"中心转向"作者/使用者"平衡生态的著作权法解释论体系，同时也为纾解转换性使用的著作权法困境提供

---

① 刘春田主编《知识产权法（第五版）》，高等教育出版社，2015，第10页。
② 曾世雄：《民法总则之现在与未来（第二版）》，元照出版有限公司，2005，第10页。
③ 〔日〕田村善之：《"知识创作物未保护领域"之思维模式的陷阱》，李扬、许清译，《法学家》2010年第4期。

系统有效的解释空间。

第二节　从"作者"中心到"作者/使用者"
平衡生态的解释论转型

一　著作权法的立法目的与制度功能

习近平总书记指出"创新是引领发展的第一动力"①，保护知识产权就是保护创新。著作权法虽然以保护作者权利为逻辑起点和主线，但著作权法又涉及复杂的利益配置问题，需对多元参与性主体之间的利益关系作出合理的平衡。从作品的创作、传播和使用过程来看，著作权制度涉及作品的创作者、传播者、使用者等不同主体的利益，故应对权利界限作出合理的划分，充分保护各类主体利益。从作品的创作过程和产业化应用来看，著作权制度还涉及创作者和推动作品商业利用的产业之间的利益配置和划分，故应作出合理的利益分配，使创新和产业发展相互促进及发展。从著作权人和一般社会公众来看，著作权既涉及著作权人的私权保护，又关涉一般社会公众的信息获取、社会参与等公民基本权利，又承载推动文化和科学事业发展繁荣的重任，故应作出公正合理的利益平衡，以促进作品的利用和传播，兼顾发挥好著作权制度应有的激励创新和维护社会公共利益等作用。② 正如 WCT 序言明确强调的："承认有必要按《伯尔尼公约》所反映的保持作者的权利与广大公众的利益，尤其是教育、研究和获得信息的利益之间的平衡。"③ 因此，利益平衡原则构成著作权法以及著作权限制制度的重要立法目的和制度功能之一。

各国著作权法第 1 条皆为该法关于立法目的和制度功能的重要宣示性条款，大多数国家在该条中都会强调著作权法一方面旨在有效保护著作权及相关权益，而另一方面仍需要兼顾维护社会公共利益的这一利益平衡原

---

① 《习近平关于科技创新论述摘编》，中央文献出版社，2016，第 7 页。
② 黄薇、王雷鸣主编《〈中华人民共和国著作权法〉导读与释义》，中国民主法制出版社，2021，第 24 ~ 25 页。
③ WCT 序言第 5 段内容。

则。著作权法正是为了积极鼓励作品创作和促进社会文化繁荣，才创设出"著作权"这一工具式的法定权利。著作权的设置并非赋予权利人以绝对的独占性支配权（所有权），相反，仅仅是给予创作者创作付出之经济回报的有限"寻租"机会。著作权的本质在于，它不仅仅是为了建立针对著作权及著作邻接权的保护机制，还要考虑作品使用者和社会公众自由获取知识、信息的需要。从效用主义来看，著作权制度表明其通过为作品的生产提供经济激励，而隐含于其背后的立法目的在于将尽可能多的新作品最终带入公共领域以维护公共利益的需求。类似观点在多国立法例及区域性条约当中都有体现。如《美国联邦宪法》第 1 条第 8 款"版权及专利保护"条款规定："为了（for）促进科学和实用技艺的发展，国会有权……通过（by）保障作者和发明者对他们各自的作品、发现在有限期间内享有专利权利。"① 又如《日本著作权法》第 1 条"立法目的"规定："通过（by）规定与作品相关的作者权及与著作权相关的著作邻接权，本法的目的在于保障对作者权等保护及对这些作品的公正、合理利用，以（for）促进文化发展。"② 再如《欧盟信息社会著作权指令》序言的相关表述，旨在明确该指令的立法目的在于"实现网络自由、知识财产法的基本原则、表达自由及公共利益之间的平衡"以及"通过（by）提供知识财产的高水平保护，能够有利于培育创新力和革新的大量投入，包括引领欧洲产业竞争力的持续增长……这将捍卫就业并将鼓励创造新的就业机会"③。可见，从公共价值取向来看，保护著作权及著作邻接权只是实现著作权法根本目标的次要目的抑或手段（方式），而非实现目标的最终结果。诚如我国《著作权法》第 1 条规定所述，著作权法的根本目的仍在于维系作者、传播者及使用者之间的利益平衡关系，旨在"鼓励有益于社会主义精神文明、物质文明建设的作品的创作和传播，促进社会主义文化事业的发展与繁荣"。

著作权法的"著作权/权利限制（合理使用）"二元设计，本质上是著作权人与其他参与性主体（传播者、使用者等）之间的利益平衡结果，旨

---

① United States Constitution, Article 1, §8 (8).

② 《日本著作权法》，李扬译，知识产权出版社，2011，第 1 页。

③ Directive 2001/29/EC, Preface (3), (4).

在维持著作权与公众实现教育、研究以及获取信息自由等公共利益之间的平衡。可以认为，利益平衡原则构成著作权法及其权利限制（合理使用）制度的一项重要的价值指引原则。著作权限制（包括合理使用）制度的立法精神及意蕴同《著作权法》第 1 条关于立法目的和制度功能的规定保持一致。在促进技术创新和商业发展确有必要的特殊情形下，正是出于维持著作权人与使用者、传播者等公众之间在公共教育、文化参与以及获取信息自由等基本价值层面的这种利益平衡关系，实现著作权与其他权益（包括社会公共利益）的公平、合理配置，法律才对著作权进行一定限度的必要限制。故在科技飞速发展的数字新环境下，著作权法应保障专有权和合理使用制度都能得到必要的延伸与拓展，尽量避免任何一方利益受到过度的限缩性影响。著作权法应当为合理使用判断过程运用合目的性的功能分析引入必要的法律依据，司法机关才能够在秉持合理使用开放性适用的基础上，进一步明确合理使用判断之外部引证的功能性目标与价值指向。故笔者认为，著作权法的立法目的和制度功能（大多数国家著作权法第 1 条规定）可以成为司法政策价值权衡的开放型定性工具之一，在具体个案中作为合理使用判断乃至确立著作权保护边界的适用法依据。

在合理使用因素主义模式下，美国司法实践已针对《美国著作权法》第 107 条一般条款规定的合理使用要素—"使用行为的目的和性质"作出较有弹性的适用解释，通过考察作品使用行为的"转换性"要素确立其是否符合著作权法的立法目的和制度功能，"转换性使用"成为司法政策价值权衡的重要定性工具和开放式"阀门"。除法定的合理使用四要素之外，司法实践中亦认同法院可将"被告是否具有主观恶意""与行业相关的习惯""被告行为是否会促进公共福祉"等其他因素纳入判断分析。[①] 这进一步为将著作权法的立法目的和制度功能纳入具体个案中作为价值判断的重要参考因素提供了坚实的法律适用基础。合理使用因素主义模式可以结合著作权法的立法目的和制度功能对作品使用行为作出较有弹性的适用解释，但作者权体系国家则分歧较大。在三步检验法作为一般规则且详细列举合理使用法定情形的法律框架下，尽管其在合理使用判断中起到重要的

---

① William F. Patry, *Patry on Fair Use*, London: Thomson Reuters & Westlaw, 2013, p. 525.

指引作用，但该检验法更多发挥限定解释功能，并非真正意义上的开放式"阀门"。这在一定程度上提高了著作权法的安定性，但同时也限缩了司法解释权的自由裁量空间。正基于此，欧洲法院及知识产权学者一再强调各国法院有必要依据比例原则，对著作权的限制与例外制度（也包括三步检验法）进行合目的之弹性解释而非严格的限制性解释，以确保著作权与其他基本权利之间达成合理的平衡。① 那么，作者权体系国家在合理使用判断分析时是否有著作权法第 1 条"立法目的与制度功能"的适用余地？

我国台湾地区虽为大陆法系地区，一方面继承了作者权体系关于"著作人格权/财产权""著作权/著作邻接权"等二分法传统，但在著作权限制（合理使用）制度方面既采用较详细的例示列举规定，又吸纳了美国合理使用四要素作为一般规则。概言之，我国台湾地区当属于规则主义模式与因素主义模式之外的第三种折中模式。在台湾地区司法实践中，"著作权法"第 1 条"立法目的和制度功能"在个案合理使用判断中发挥着不容忽视的重要作用。如台湾地区"最高法院"在 2005 年度台上字第 7217 号刑事判决中认为：

> "著作权法"第 65 条第 2 项（合理使用四要素一般规则——笔者注）第 1 款所谓"利用之目的及性质"，应以著作权法第 1 条所规定的立法精神解析其使用目的，而非单纯二分为商业及非营利（或教育目的）。申言之，如果使用者之使用目的及性质系有助于调和社会公共利益或国家文化发展，则即使其使用目的非属于教育目的，亦应予以正面之评价；反之，若其使用目的及性质，对于社会公益或国家文化发展毫无助益，即使使用者并未以之作为营利之手段，亦因该重制行为并未有利于其他更重要之利益，以至于必须牺牲著作财产权人之利益去容许该重制行为，而应给予负面之评价……伊将《新世纪英汉辞典》等工具辞典中极小部分字义，添加到具前瞻性之资讯产品中，

---

① Christophe Geiger etc., "Limitations and Exceptions as Key Elements of the Legal Framework for Copyright in the European Union-Opinion of the European Copyright Society on the Judgment of the CJEU in Case C-201/13 Deckmyn", *International Review of Intellectual Property and Competition Law* 46 (2015): 93.

此项利用，已使原本存在于书面的字义发挥更为便利及人性化之利用，已就原著作形髓加以改造，赋予原著作新的价值，并有益于社会公共利益或国家文化之发展。

可见，台湾地区法院在司法实践中承认"著作权法"第 1 条作为合理使用判断分析中的价值衡量依据，可以用来解释合理使用一般规则，甚至作为合理使用要素一"使用行为的目的和性质"的一种开放式"阀门"和定性解释工具。在合理使用判断过程中，应以人类智识文化资产之公共利益为核心，以利用著作之类型为判断目标，综合判断著作利用之型态与内容。换言之，"应将所有著作利用之相关情状整体纳入考虑，且应对'著作权法'第 65 条第 2 项所定之四项基准逐一审查"①。"所有著作利用之相关情状"不应局限于该一般条款所列举之四项基准，例示之外的其他因素也应被纳入考虑。智慧财产法院曾对第 65 条第 2 项中的"一切情状"作了解释："'一切情状'是指除例示之四项判断基准以外之事实，包括：(1) 利用人是否为恶意或善意；(2) 行为妥当性；(3) 利用著作之人企图借用其本身著作与被利用著作之强力关联而销售其著作，而非其本身著作所具有之想象力与原创性为重点；(4) 社会公共利益；(5) 社会福利、公共领域、著作权之本质目的等。"② 可以认为，著作权合理使用制度同著作权法的立法目的和制度功能保持一致，"其立法目的在于当维护某种利用行为可带来之公共利益更甚于权利人著作财产权之保护时，有必要令著作财产权适度退让，以平衡著作财产权人之权利与公共利益之需求"③。

德国法"自由使用"规则一方面发挥"实质性相似"以及"思想/表达"二分法等传统规则确立著作权保护范围的补充调适作用；另一方面充当开放性呼吸空间，可以将宪法中公民基本权利以及著作权法的立法目的及制度功能等宏观导向型价值引入著作权侵权认定的价值判断中。早在

---

① 台湾地区智慧财产法院（2008）民专上字第 20 号民事判决书、（2009）民著诉字第 2 号民事判决书、（2014）刑智上易字第 9 号刑事判决书、（2015）刑智上诉字第 47 号刑事判决书等。
② 台湾地区智慧财产法院（2014）刑智上易字第 9 号刑事判决书。
③ 台湾地区智慧财产法院（2014）刑智上易字第 33 号刑事判决书。

1993 年 Alcolix 戏仿案中，被告将法国凯尔特部落英雄 Alcolix 戏仿并挪用成现代背景下的德国卡通人物造型 Asterix。在该案中，德国联邦法院（Federal Court of Justice）结合《德国基本法》第 5 条关于保护公民表达自由（尤其是艺术自由）的相关规定，将"自由使用"适用规则［包括"距离（覆盖）""褪色"标准等］作进一步的扩大性解释，使之延伸至宪法关于艺术表达自由的公民基本权利等综合价值判断中。① 在 Gies-Adler 案中，被告挪用了某艺术家关于德国国徽中的联邦鹰图案，德国联邦法院认为《德国著作权法》等制定法的立法目的及精神必须与《德国基本法》保持一致，应当尊重宪法对公民言论表达自由的保护规定。在此基础之上，法院认为被告在作品讽刺中对艺术家的联邦鹰图案的变动性挪用未侵害艺术家作品的著作权，构成一种自由使用行为。② 可见，"自由使用"规则在德国司法实践中充当对接著作权法的立法目的、制度功能以及兼顾宪法基本原则、保障公民基本权利的关键"平衡器"，为法官在著作权法传统规则体系以外引入利益平衡原则所指向的价值定性依据发挥了不容忽视的重要作用。

从我国司法实践来看，著作权法的立法目的和制度功能在确立著作权的保护边界和合理使用分析等裁判说理部分也发挥着补强解释的重要作用。如在华严文化艺术有限公司诉上海沪剧院等改编侵权纠纷案中，被告戏剧《胭脂盒》对原告享有著作权的作品《胭脂扣》涉嫌构成改编侵权。上海市一中院从角色性格、人物关系、总体和具体情节设计等层面对原、被告作品进行比对后，认为被告作品对原告作品进行了"脱胎换骨的改造"，同时运用利益平衡原则从著作权法的立法目的和制度功能进行补强解释：

> 如果一部作品基于重新创作可脱离原作品而独立存在，法律就没有必要再赋予在先作品著作权人排除他人使用新作品的权利了。这种解释可以获得《著作权法》立法目的的印证，该法第一条规定……显

---

① BGH, March 11, 1993, 1994 GRUR 206, 1993 ZUM 534.
② BGH, March 20, 2003, 2003 GRUR 956.

然，著作权法既保护著作权人及邻接权人的排他性权利，又保护社会公众在文化进步方面的利益，它之所以鼓励创作就是为了达到这样一种利益平衡。①

类似的引入补强解释方式在合理使用分析裁判说理中亦有体现。如在王莘诉北京谷翔信息技术有限公司一案中，北京市一中院在考察被告行为是否构成合理使用时，认为"著作权在一定程度上对权利人个体利益的保护应最终服务于更高的社会公共利益"，"著作权法规定专有权的目的并不是使创作者对作品的传播和使用进行绝对垄断，也不是单纯地为了对创作者加以鼓励，而是通过赋予创作者有限的垄断权保障其从作品中获得合理的经济收入，从而一方面鼓励和刺激更多的人投入于原创性劳动中，另一方面促使更多高质量的作品得以产生和传播"②。也正是考虑这一因素，北京市一中院认为在特定情况下，如果他人未经著作权人许可而实施的著作权所控制的行为并未与作品的正常利用相冲突，也没有不合理地损害著作权人的合法利益，则通常可以认定此种行为构成对著作权的合理使用，不属于侵犯著作权的行为。在上海美术电影制片厂诉广州读努门教育科技有限公司一案中，被告在微信公众号文章《为什么葫芦娃是个云南人?》挪用原告的"葫芦娃"形象的图片，广州互联网法院在对涉案行为作适当引用分析的基础上，认定该行为构成合理使用。同时，法院同样从著作权法的立法目的和制度功能层面对合理使用行为作进一步补强解释："作品的价值在于传播，通过合理使用这一对著作权的限制方式，可以有效平衡公共利益和创作者个人利益，促进人类思想、艺术的发展和文化的繁荣。"③

综上所述，著作权法的立法目的和制度功能旨在通过保护著作权以实现最大多数人的最大幸福，进而有效维持创作者个体私权与社会公共利益之间的生态平衡关系。著作权法应摒弃根植于"人—物"对应关系且单向度的财产独占观念，回归从"作者"中心转向"作者/使用者"共存的多

---

① 上海市第一中级人民法院（2012）沪一中民五（知）终字第 112 号民事判决书。
② 北京市第一中级人民法院（2011）京一中民初字第 1321 号民事判决书。
③ 广州互联网法院（2019）粤 0192 民初 745 号民事判决书。

元利益平衡生态。在司法实践中，法官也有必要进一步发挥并补强著作权法的立法目的、制度功能以及宪法基本原则等宏观价值工具在裁判说理中的定性解释作用。

二　合理使用一般规则在著作权侵权认定中的定位

诚如第三章所述，将合理使用四要素和三步检验法预设为侵权免责抗辩抑或侵权阻却事由的一般规则，其适用逻辑是在作品范畴（依"思想/表达"二分法确立的原作品保护边界）运用"接触＋实质性相似"规则及相关方法进行侵权判断且认定侵权成立的基础上，从行为范畴（结合作品范畴）进一步对作品使用行为的合理性和适法性进行综合价值考察。换言之，合理使用四要素和三步检验法是在承认作品使用行为构成侵权行为之基础上而进一步适用的侵权豁免规则。然而，合理使用一般规则与作品侵权认定的实质性相似规则存在明显的重合之处，二者之间既非"一刀切"式的侵权认定规则和侵权免责抗辩规则，更难言一种非此即彼的、递进式的法律适用关系。比如从"接触＋实质性相似"规则来看，传统二步法将之划分为两个步骤，即"接触＋显著性相似"（证据性相似——笔者注）考察步骤和"实质性相似"考察步骤。前者是辨明新旧作品之间是否存在抄袭或参照来源关系的事实认定环节，后者则是证明新旧作品之间是否构成实质性表达之不法挪用的重要价值判断环节。然而，"实质性相似"考察究竟需要融入"质""量"以外的哪些综合价值因素，我们仍不得而知。如果说"接触＋实质性相似"规则最终要回归至作为综合价值判断的法律审查当中，那也仅仅是从作品范畴展开的法律价值判断。法官作出理性的著作权侵权认定结论，依然需要回归从行为范畴对作品使用行为的不法性与否（如运用合理使用一般规则）进行综合价值判断。换言之，我们很难说出合理使用一般规则（针对使用行为的定性）与实质性相似规则（针对作品保护边界的确立）所适用的价值取向和价值参考因素究竟有何不同。此外，三步检验法的步骤二"不得与作品的正常利用相冲突"和步骤三"不得不合理地损害著作权人的合法权益"，合理使用四要素的要素二"版权作品的性质"、要素三"使用部分占被使用版权作品的质与量"及要素四"使用对作品潜在市场或价值的影响"，实际上已经融合并吸收了实质性相似规则的综合价值判断要素（包括作品的"质"和"量"等）。因此，合理使用一般规则与实质性相似规则之间已构成本质上的价值融合或规则混同。

对此问题，美国联邦最高法院于2021年4月在甲骨文公司诉谷歌公司安卓系统 Java SE API 代码侵权纠纷案（Google LLC v. Oracle America, Inc.）裁判中的著作权侵权认定思路或许能给我们带来一些启示。在该案中，甲骨文公司在收购太阳微系统公司时获得了该公司的 Sun Java 技术。随后，甲骨文公司指控谷歌公司在开发安卓系统的过程中，未经许可复制了 11500 行 Java SE API 代码，侵犯其 Sun Java 版权，并向谷歌公司追索90亿美元的赔偿。谷歌拒绝支付该笔赔偿金，认为 Java SE API 代码属于一种声明代码而非执行代码，该使用亦属于合理使用范畴，不构成版权侵权行为。美国联邦最高法院最终于2021年4月5日作出判定谷歌未侵权的裁决结果，认定谷歌公司对 Java SE API 代码的复制主要是为程序员在具备转换性的新计算机程序环境中运用，属于对案涉程序相关声明代码的合理使用行为。[①]

在 Google LLC v. Oracle America, Inc. 一案中，美国联邦最高法院先从《美国联邦宪法》第 1 条第 8 款 "版权及专利保护" 条款的立法目的与制度功能出发，认为国会及各级法院应对著作专有权的保护范围予以限制，以确保这一垄断权利不会对社会公共利益构成实质性损害。在此基础之上，法院认为本案应考察现行法对著作权的两点限制。首先从作品范畴来看，著作权的保护范围不能延伸至任何观念、工序、流程、系统、操作方法、概念、原则或发现等思想层面的东西。其次，法律设置 "合理使用" 对著作专有权进行限制，以实现著作权与社会公共利益之间的利益平衡。联邦最高法院认为，谷歌公司复制甲骨文公司 Sun Java 程序中的 Java SE API 代码，如果仅从作品范畴界定其究竟属于思想还是表达以及是否构成独创性表达等都是难以企及的重任，故应从行为范畴结合案涉具体使用行为以判断是否构成 "合理使用" 抑或著作权侵权行为。正基于此，联邦最高法院摒弃从作品范畴运用 "思想/表达" 二分法、实质性相似规则等传

---

① Google LLC v. Oracle America, Inc., 583 U. S. No. 18-956 (2021).

统侵权认定思路，预先假设谷歌公司复制的 Java SE API 代码构成甲骨文公司 Sun Java 程序中受著作权法保护的表达成分，而将价值判断的重心放在该复制行为属于侵权行为还是合理使用的法律定性层面。① 因此，法院关于本案的核心说理部分集中于运用合理使用一般规则（合理使用四要素）对案涉复制行为进行论证分析。

在该案进行合理使用四要素分析之前，美国联邦最高法院首先明确表示"合理使用"判断问题是一个法律和事实的混合问题，在尊重陪审团对案涉基本事实所作出的调查结论的同时，本案的法律问题最终应由法官进行综合价值判断。同时，合理使用四要素具有灵活性且应当考量技术的发展变化，由于案涉对象计算机程序具有功能性而在一定程度上不同于其他版权作品，故法院认为合理使用四要素之要素二"版权作品的性质"是合理使用判断分析中首要考量的因素。在合理使用要素二"版权作品的性质"分析中，联邦最高法院认为 Java SE API 是一种声明代码，既给特定任务贴定标签，又将这些任务或"方法"组织成"包"和"类"，这种代码形成的组织方式类似于文件柜、抽屉和文件之间的关系。法院认为声明代码和其他计算机程序一样具有功能性，但不同的是，声明代码的价值在于它鼓励程序员学习和使用该系统，进而使他们持续使用谷歌未复制的但又与 Java SE API 相关的其他程序。此外，联邦最高法院认为不同类型的作品和著作权保护中心的距离不同，假设声明代码受著作权法保护，那么它比大多数计算机程序离著作权保护的中心要远，故"版权作品的性质"分析倾向于将案涉使用行为认定为合理使用。② 在合理使用要素一"使用行为的目的和性质"分析中，联邦最高法院认为谷歌对声明代码的复制性使用旨在创造新的产品，扩大了基于安卓系统的智能手机使用和实用性，同时为程序员提供一个在智能手机环境下极具创新性的工具。这种使用与《美国联邦宪法》设置"版权及专利保护"条款旨在追求技术创新与进步的目标一致，故案涉使用行为构成极具变革意义的转换性使用。除此之外，法院还考察了行为的商业性和"善意"。谷歌公司虽然挪用了一些 Java SE

---

① Google LLC v. Oracle America, Inc. , 583 U. S. No. 18 – 956 (2021), pp. 11 – 15.
② Google LLC v. Oracle America, Inc. , 583 U. S. No. 18 – 956 (2021), pp. 21 – 24.

API 代码，但仅仅是在所需范围内允许程序员调用这些任务，从而使程序员不需要放弃一部分熟悉的编程语言去学习新的语言，故该使用仅受限于同安卓系统相关的任务和特定编程运行的需求上，谷歌公司通过安卓系统提供的是一个在不同计算机环境中运行的新任务集合。因此，"使用行为的目的和性质"分析也倾向于将案涉使用行为认定为合理使用。① 在合理使用要素三"使用部分占被使用版权作品的质与量"分析中，联邦最高法院认为对谷歌公司挪用数量的最好评价方法是考察谷歌没有抄袭的那几百万行代码，因为 Java SE API 与这些代码任务的实现密不可分，目的就是调用它们。谷歌公司复制的 37 个声明代码包（共计约 11500 行代码）虽然从定量分析来看数量很大，但如果放在整套集合程序代码中则仅仅占0.4%。谷歌公司的根本目的是为不同的计算环境创造一个不同的任务关联系统，并通过创建完善安卓平台实现这一目标。"实质性"因素一般会在合理使用的评价范围之内，复制的数量与一个有效的、变革性的目的相关联，故允许复制的范围应依据使用行为的目的和性质而不同。② 因此，"使用部分占被使用版权作品的质与量"分析同样倾向于将案涉使用行为认定为合理使用。③ 在合理使用要素四"使用对作品潜在市场或价值的影响"分析中，尽管联邦最高法院认为"市场效应"因素将决定要素四分析并不利于合理使用认定，但也强调应同时兼顾该使用行为对社会公共利益的影响。考虑到程序员学习 Sun Java API 的投入，如果允许强制执行版权，将可能对公共利益造成损害，使这些声明代码成为限制计算机程序未来创新的一把枷锁，可能会干扰甚至阻碍版权法的激励创新目标。④ 基于上述分析，美国联邦最高法院最终认定谷歌公司的案涉使用行为仅取其所需且重设了新的用户界面，同时可以使用户将其积累的才能投入变革性的新程序当中，其对甲骨文公司 Java SE API 的复制挪用行为构成法律上的合理使用。

---

① Google LLC v. Oracle America, Inc., 583 U. S. No. 18 – 956 (2021), pp. 24 – 28.

② 在笔者看来，这同从作品范畴运用"接触 + 实质性相似"基本规则所作的"实质性相似"价值判断并无本质区别。

③ Google LLC v. Oracle America, Inc., 583 U. S. No. 18 – 956 (2021), pp. 28 – 30.

④ Google LLC v. Oracle America, Inc., 583 U. S. No. 18 – 956 (2021), pp. 30 – 35.

从 Google LLC v. Oracle America，Inc. 一案可知，裁判者从作品范畴尝试区分思想/表达、公有领域表达/独创性表达等，进而运用实质性相似规则作侵权成立与否的综合价值判断，在很多情况下实为难以企及的重任。而著作权侵权认定规则旨在确立侵权构成中"行为的不法性"，最终需要从作品范畴回归至行为范畴定性的价值判断当中。著作权侵权判定属于事实和法律之间相互融合和彼此印证的分析过程，确立著作权的保护范围有必要兼顾从"作品范畴—行为范畴"二元权利作用"焦点"进行综合价值判断。实际上，作品侵权认定传统规则及相关方法已被整合并吸纳进合理使用四要素中。例如，合理使用四要素之要素三"使用部分占被使用版权作品的质与量"分析，实际上就是在考察被告究竟挪用了多少版权作品的内容以及是否包括构成实质性独创性表达，而这恰恰是实质性相似等传统侵权认定规则所要审查的核心内容；要素四"使用对作品潜在市场或价值的影响"分析，就是在考察作品使用行为对著作权人作品的市场影响，而这同样也是著作权侵权认定当中必须关注的焦点；要素一"使用行为的目的和性质"分析，实际上就是在考察基于利益平衡原则引入的合目的性价值，为侵权认定经综合价值判断后的最终结论提供利益权衡依据；要素二"版权作品的性质"分析，就是在为侵权认定确立作品的保护边界，即著作权法保护或不保护的对象是什么。如果要说合理使用一般规则（如合理使用四要素）和实质性相似等传统侵权认定规则之间一定存在差异的话，则二者的区别主要体现在"程度而非类型"（a matter of degree and not kind）考察上。① 进言之，如果说"接触＋实质性相似"规则具有重要意义，或许主要在于第一步骤——辨明原、被告两造作品之间是否存在抄袭或参照来源关系的事实认定环节，而并非在于用以证立第二步骤——不法挪用的"实质性相似"价值判断环节，因为后者诚如前述，已被合理使用一般规则整合、吸收。因此，与其说合理使用一般规则（如合理使用四要素）是一种侵权免责抗辩规则，甚至著作权例外或限制的反限制规则，毋宁说是一种"融入综合价值判断的侵权认定混同规则"②。

---

① William F. Patry, *Patry on Fair Use*, London：Thomson Reuters & Westlaw, 2013, p.585.
② Google LLC v. Oracle America, Inc., 583 U. S. No. 18‑956 (2021), pp.18‑21.

三 合理使用一般规则和法定类型的解释论重塑

制定著作权法的目的不仅是保护作者的权利，鼓励其创作作品，同时还在于促进作品的传播使用，丰富人们的精神文化生活，提高人们的科学文化素质，推动经济发展和社会进步。[①] 在规则主义模式下，三步检验法［"在特殊情形下（步骤一），使用行为既不得与作品的正常利用相冲突（步骤二），也不得不合理地损害著作权人的合法权益（步骤三）"这一合理使用判断的一般规则——笔者注］被公认为是著作权法合理使用制度的重要一般规则，在指引立法对合理使用法定类型的具体列举设置以及纾解合理使用法定类型封闭模式所催生的僵化滞后等问题都发挥了关键作用。作为一种开放性适用解释的一般规则，著作权法旨在保持作者的权利与广大公众的利益，尤其是在教育、研究和获取信息方面的公共利益之间的平衡关系，故在运用三步检验法确立合理使用（权利限制与例外）的适用范围时既充分保护著作权人的利益，又适当地尊重、兼顾其他参与性主体（使用者、传播者等）的多元利益价值就显得尤为重要。然而，不同于美国合理使用四要素判断规则可以借助要素一"使用行为的目的和性质"（旨在权衡著作权人以外使用者等公共利益的功能性分析、定性分析要素）和要素四"使用对作品潜在市场或价值的影响"（侧重于考察著作权人利益的规范性分析、定量分析要素）分解和平衡对多元参与性主体（包括著作权人、使用者、传播者等）的利益考察与综合价值判断，三步检验法最核心的步骤二、三在法律适用中都被尝试转化成一种规范性分析和定量分析工具，侧重于考察使用行为对著作权人市场利益的直接或潜在影响。正基于此，在步骤一"特殊情形下"表述及法律适用关系极为抽象模糊的前提下，三步检验法被逐渐异化成法律判断过程中过度关注著作权人个体私权的价值偏向趋势，无怪乎一直有观点极力支持三步检验法实际上构成著作权例外或限制法定情形的一种反限制规则。此外，不同于美国合理使用四要素规则是在司法实践中形塑并不断发展而成的合理使用积极要件，三

[①] 黄薇、王雷鸣主编《〈中华人民共和国著作权法〉导读与释义》，中国民主法制出版社，2021，第143页。

步检验法最核心的两个步骤——步骤二"不得与作品的正常利用相冲突"、步骤三"不得不合理地损害著作权人的合法权益"都采用否定式的语法表述，这在规范意义上只能构成合理使用判断的消极要件，必须借助并依托于其他积极要件（如合理使用四要素）才能在法律适用中有效发挥定分止争的重要作用。

我国现行 2020 年《著作权法》第 24 条对原《著作权法》第 22 条（合理使用法定类型）和《著作权法实施条例》第 21 条（三步检验法）的相关内容进行整合，将三步检验法吸纳进合理使用条款。2020 年《著作权法》第 24 条将三步检验法的步骤二、步骤三吸纳进第 1 款，规定"在下列情况下使用作品……并且不得影响该作品的正常利用，也不得不合理地损害著作权人的合法权益"；同时，第 24 条还在合理使用原有 12 项法定列举情形之后增加了一项"弹性"规定——"法律、行政法规规定的其他情形"。目前，我国部分学者对该条关于三步检验法的吸收和设置安排更倾向于理解为"对法定权利限制的适用进行再限制，并非允许法院自行创设新的权利限制"①，主张"法律、行政法规规定的其他情形"的兜底项只有在法律和行政法规有明确规定的情况下才能适用。该条设计模式实际上并没有改变合理使用类型法定主义的封闭立法意旨。本书认为"三步检验法"配合"法律、行政法规规定的其他情形"的弹性表述，在现行《著作权法》第 24 条中可以且有必要充当一般适用规则（条款），发挥重要的开放性解释功能和弹性作用，主要理由如下。

首先，从 2020 年《著作权法》第 24 条修订调整的立法背景和目的来看，本次修订工作的重大立法背景之一即"随着以网络化、数字化等为代表的新技术的高速发展和应用，一些现有规定已无法适应实践发展需要"，其修法的重要目的和主要思路之一就包括在强化保护著作权的同时，要求"合理平衡各方利益，激发社会的创新动能"②。可见，关于合理使用"三步检验法"以及各种具体情形下合理使用作品规定的内容整合和吸纳，是

---

① 王迁：《〈著作权法〉修改：关键条款的解读与分析（上）》，《知识产权》2021 年第 1 期；熊琦：《著作权合理使用司法认定标准释疑》，《法学》2018 年第 1 期。

② 黄薇、王雷鸣主编《〈中华人民共和国著作权法〉导读与释义》，中国民主法制出版社，2021，第 21~24 页。

为了在强化著作权保护的同时，更好地兼顾其他参与性主体的多元利益诉求，以合理配置和平衡各方利益（包括社会公共利益），促进创新和文化科学事业的繁荣发展。因此，2020 年《著作权法》第 24 条的"合理使用"条款亟须设置成具有一定灵活性的弹性适用条款，相对于原《著作权法》第 22 条和《著作权法实施条例》第 21 条而言，也必然更需要具有法律适用解释层面的包容性和开放性。在原《著作权法》第 22 条关于合理使用法定情形的封闭列举式表述以及《著作权法实施条例》第 21 条补充解释的基础上，最高人民法院《关于充分发挥知识产权审判职能作用推动社会主义文化大发展大繁荣和促进经济自主协调发展若干问题的意见》作出了开放性适用解释的司法政策指导意见，明确表示"在促进技术创新和商业发展确有必要的特殊情形下……如果该使用行为既不与作品的正常使用相冲突，也不至于不合理地损害作者的正当利益，可以认定为合理使用"，即允许在原《著作权法》第 22 条"合理使用"法定情形以外，将三步检验法作为合理使用一般适用规则，对三步检验法之步骤一"在特殊情形下"进行开放式适用的合目的性解释——"促进技术创新和商业发展确有必要"的文义扩张解释。以此逻辑推知，2020 年《著作权法》第 24 条中的三步检验法表述以及"法律、行政法规规定的其他情形"设置理应发挥不低于依原《著作权法》第 22 条和《著作权法实施条例》第 21 条可以作出相应司法政策指导调整的柔性适用解释功能。

其次，我国著作权法缺失有效发挥合理使用一般规则之开放性适用解释功能的相关制度。正如前述，合理使用判断问题实际上是法律和事实认定的混同问题，作品侵权认定传统规则及相关方法已被整合并吸纳进美国合理使用四要素规则当中。合理使用四要素规则作为一般适用规则，本身即融入综合价值判断的一种侵权认定混同规则，同时还发挥了兼顾社会公共利益等多元综合价值考量的开放式"阀门"功能。我国著作权合理使用制度属于作者权体系之规则主义模式，在立法上并未正式确立合理使用四要素作为合理使用一般规则的适用解释地位和作用。即使是作者权体系典型代表国家（如德国）亦通过相应制度设计以补充或替代发挥合理使用一般规则作为维护利益平衡原则的重要功能。如前述《德国著作权法》第 24 条规定的"自由使用"规则，超越从作品范畴所适用的"思想/表达"二分法和实质性相似等传统规则，司法实践中亦不否认自由使用的原作品部分可以涵摄受著作权法保护的独创性表达。可见，"自由使用"判断更侧重从新作品对原作品之独创性特征是否实现"褪色"的使用行为效果作出综合价值判断，而这恰恰与合理使用四要素规则需要从"使用行为的目的和性质""版权作品的性质""使用部分占被使用版权作品的质与量""使用对作品潜在市场或价值的影响""是否会影响社会公共利益"等因素进行综合价值判断几无实质差异。因此，在我国并未确立有效发挥合理使用一般规则之开放性适用解释功能的相关制度的立法大背景下，现行《著作权法》第 24 条三步检验法以及"法律、行政法规规定的其他情形"规定，有必要在立法层面上发挥兼顾社会公共利益等多元综合价值考量的开放式"阀门"功能。

最后，应参考并借鉴其他一般规则（条款）对封闭类型化规定之补充解释功能的柔性司法经验。从立法层面来看，一般适用规则和类型并用是立法的常用手段，反映一种概括加列举模式。类型化的首要功能是例示指引，即"类型比一般规则或概念更具体，可以提供找法的便利，减轻解释的负担"①。当制定法的封闭类型化设计不足以实现找法的便利以及减轻法律解释的负担时，一般规则（条款）就有必要发挥在立法指引层面的弹性解释作用。正基于此，司法实践为了顺应技术和社会经济发展的利益诉求，以符合制定法的立法目的和政策导向，也不得不在适用封闭类型化规定的同时，充分考量一般规则（条款）的补充解释功能。例如我国《著作权法》在 2020 年修订调整以前，体育赛事（或网络游戏）直播画面从规范解释层面很难界定为《著作权法实施条例》第 4 条关于作品类型化规定的"影视作品"②（电影作品和以类似摄制电影的方法创作的作品），但为了回应数字传媒不断融合发展下充分保护视听传播利益的司法救济诉求，部分法院转而以《著作权法实施条例》第 2 条关于作品的

---

① 李琛：《论作品类型化的法律意义》，《知识产权》2018 年第 8 期。
② 《著作权法实施条例》第 4 条第 11 项规定："电影作品和以类似摄制电影的方法创作的作品，是指摄制在一定介质上，由一系列有伴音或者无伴音的画面组成，并且借助适当装置放映或者以其他方式传播的作品。"

一般定义条款①作为切入点，进而认定体育赛事（或网络游戏）直播画面符合一般作品的构成要件，应当受著作权法的保护。② 此外，我国《反不正当竞争法》第二章"不正当竞争行为"第6～12条虽然采封闭列举式规定，但丝毫不妨碍裁判者在司法实践中为了顺应社会经济发展需要，于第二章列举的具体不正当竞争行为之外，将第2条第1、2款解释成不正当竞争个案认定中的准一般适用条款。在2009年"海带配额案"再审裁定中，最高人民法院在《反不正当竞争法》第二章关于具体不正当竞争行为的封闭列举规定以外，创设了第2条可以作为不正当竞争认定之准一般适用条款的司法裁判规则——当同时具备以下三个构成要件时，可以将反不正当竞争法第2条第1款和第2款作为认定构成不正当竞争的一般适用规则（条款）：一是法律对案涉竞争行为未作出特别规定；二是其他经营者的合法权益确因该竞争行为受到实际损害；三是案涉竞争行为因确属违反诚实信用原则和公认的商业道德而具有不正当性或者说可责性。③ 因此，《著作权法》第24条修订调整后的三步检验法以及"法律、行政法规规定的其他情形"规定，完全可以参考并借鉴其他一般规则（条款）的柔性司法经验，充当合理使用之一般适用规则，发挥必要的开放性解释功能和弹性作用。

综上可知，《著作权法》第24条的"法律、行政法规规定的其他情形"有必要解释成能够发挥开放性解释功能和弹性作用的一般条款，三步检验法亦应当成为指引合理使用弹性解释的一般适用规则。然而，正如有学者虽然支持在合理使用判断时应当赋予法官更大的自由裁量权，使其在必要时根据各种相关因素认定某种作品使用行为不构成侵权，但认为"法律、行政法规规定的其他情形"的兜底项设置仍只是在法律和行政法规有明确规定的情况下才能适用，该条设计模式实际上并没有改变合理使用类型法定主义的封闭立法意旨。④ 那么，《著作权法》第24条修订调整后将

---

① 《著作权法实施条例》第2条规定："著作权法所称作品，是指文学、艺术和科学领域内具有独创性并能以某种有形形式复制的智力成果。"
② 北京市高级人民法院（2020）京民再128号民事判决书。
③ 最高人民法院（2009）民申字第1065号民事裁定书。
④ 王迁：《〈著作权法〉修改：关键条款的解读与分析（上）》，《知识产权》2021年第1期。

三步检验法步骤二、三吸纳入第 1 款以及新增设的"法律、行政法规规定的其他情形"表述又如何解释成司法适用层面上的一般适用规则（条款）呢？

笔者认为，即使将《著作权法》第 24 条第 1 款关于三步检验法后两个步骤解释成一般适用规则，将第 13 项"法律、行政法规规定的其他情形"规定解释成一般条款，也仅是在限定特殊情形下发挥其在柔性司法适用中的补充解释功能，为合理使用判断过程运用合目的性的功能分析引入必要的法律依据，以最大限度地维持"作者/使用者"平衡生态的解释论体系。这里的法律适用逻辑可以借鉴并参考以《反不正当竞争法》第 2 条第 2 款"不正当竞争行为"定义条款作为类型化规定以外的不正当竞争认定之准一般条款，同时在第 2 条第 1 款基本原则（包括公平、诚信以及遵守法律和商业道德等原则）的指引基础上构建不正当竞争认定三要件的一般适用规则。① 依据《反不正当竞争法》第 2 条第 2 款的规定，不正当竞争行为是指"经营者在生产经营活动中，违反本法规定，扰乱市场竞争秩序，损害其他经营者或者消费者的合法权益的行为"。最高人民法院在"海带配额案"中确立第 2 条作为准一般适用规则（条款）的不正当竞争认定三要件说，即承认第 2 款"不正当竞争"定义表述中的"违反本法规定"并非仅限于《反不正当竞争法》第二章（第 6～12 条）类型化封闭列举的具体不正当竞争行为，还包括违反第 2 条第 1 款基本原则、符合第 2 款一般定义之"不正当竞争行为"本身。换言之，司法实践中已认可本应作为宣示性条文的《反不正当竞争法》第 2 条作为个案中认定不正当竞争行为的准一般条款，并创设三要件说的一般适用规则。如是对"违反本法规定"的弹性扩大解释实际上已构成法律文本的一种"回致"适用。借鉴并参考这一法律适用逻辑，《著作权法》第 24 条新增设之"法律、行政法规规定的其他情形"表述中的"法律、行政法规规定"除包括其他法律、行政法规（如《著作权法实施条例》）明确规定以外，还得以解释成符合《著作权法》第 24 条第 1 款吸纳的三步检验法步骤二、三要件的"其他情形"。依此适用逻辑和思路，"法律、行政法规规定的其他情形"可以被解

---

① 最高人民法院（2009）民申字第 1065 号民事裁定书。

释成合理使用一般条款，三步检验法亦成为合理使用判断分析中发挥补充解释功能的一般适用规则。换言之，在著作权侵权认定中，当法官对作品使用是否构成合理使用进行判断分析时，如果《著作权法》第 24 条列举的 12 项法定具体类型无法适用，则应考虑结合第 24 条第 1 款吸收之三步检验法步骤二、三的相关表述（作为一般适用规则）补充解释作为一般条款的"其他情形"，将原本呈封闭列举式的合理使用规定作出必要的开放性适用解释，使《著作权法》第 24 条列举的 12 项法定具体类型成为示例而非封闭列举规定，同时将第 13 项"其他情形"适度解读为填补前 12 项示例欠缺的一般适用条款。

在遵循上述法律适用逻辑的解释论基础上，就有必要进一步回答合理使用法定类型与一般规则（条款）之间的法律适用关系。由于《著作权法》第 24 条所规定的合理使用类型化表述中已包含"法律、法规规定的其他情形"（可以作为一般适用条款发挥必要的补充解释功能），故可以推定前 12 项具体情形并非完全封闭式的列举设置，而应被理解为示例型的法定类型。第 24 条应被解释并划分为合理使用具体条款和一般条款，这具有重要的法律意义。合理使用具体条款，即著作权法设置的合理使用类型化之法定具体情形，是立法机关确立的著作权法定豁免规定，本质上属于立法权范畴；而一般条款则是为了顺应技术迅猛发展的数字新环境，赋予司法机关结合运用一般适用规则（如三步检验法）进行补充解释，其目的是将合理使用"其他情形"判断分析的具体任务由立法界定转移至司法认定。基于此，合理使用类型化之法定具体情形，应视同本身即已符合立法者对三步检验法价值定位的审查要求。合理使用一般条款则主要适用于法定类型以外、符合合理使用设置目的和价值指引的特殊"其他情形"。在该特殊"其他情形"下，法官需要将外部证立的功能性目的引入，使用行为是否构成合理使用需要运用一般适用规则展开个案综合考察。而使用行为一旦符合类型化的具体条款规定的适用条件，即因落入法定豁免的例外规定而构成合理使用，则不应再适用一般适用规则展开验证分析，否则会导致合理使用的法定豁免范围进一步限缩。换言之，三步检验法不应被解释成合理使用法定豁免范围内的附加限制规则。唯有在具体条款（如"合理引用"条款①等）中包含"适当""必要""合理范围""合理限度"等抽象概括表述的情况下，法官才应当在合理使用判断中行使自由裁量权，运用一般规则以发挥必要的补充解释适用功能。

第三节 二元权利作用"焦点"下的
转换性使用理论建构

一 我国司法实践引入合理使用四要素的必要性和现实意义

从立法层面来看，我国《著作权法》仍只确立三步检验法作为合理使用一般适用规则，并未在制定法层面明确承认合理使用四要素规则的制度解释作用。然而，作为合理使用一般规则之一，三步检验法在司法适用解释当中仍存在以下缺陷。

首先，三步检验法是国际立法妥协而非司法经验的产物。三步检验法最早于斯德哥尔摩修订会议之后规定在《伯尔尼公约》第 9 条第 2 款中，后为 TRIPS 协议第 13 条和 WCT 第 10 条所承继吸收。在《伯尔尼公约》斯德哥尔摩修订会议筹备期间，研究小组起初打算对权利限制与例外规定采用一种穷尽列举方案，后由于成员国之间无法达成一致意见才不得不放弃。② 三步检验法的设置目的在于纾解各成员国于著作权限制与例外类型化之法定豁免规定的谈判过程中产生的分歧。之后研究小组不得不吸纳英国代表团的起草文本建议，采用各国代表博弈妥协后的一种抽象模糊表述方案。进言之，三步检验法本属于指导并督促成员国严格遵守国际公约、履行义务的宣示性条款，其立法初衷是在国际著作权法律框架内指引各国立法者对著作权限制与例外类型化的法定豁免规定提供公平且合理的制度

---

① 如根据我国《著作权法》第 24 条第 2 项规定，"合理引用"是指"为介绍、评论某一作品或说明某一问题，在作品中适当引用他人已经发表的作品"。这里的"适当"需要以挪用程度作为著作权侵权认定标准和依据，结合合理使用一般规则（如三步检验法的步骤二、三以及合理使用四要素）进行综合价值判断。

② 大多数成员国只规定了权利限制与例外中的某些类型。在与会国看来，一旦在公约中作出穷尽列举，可能会鼓励各国采用所准许的全部例外并取消作者的获得报酬权。而且列出的清单无论多长也未必完整，因为很难将各成员国法律规定的所有特殊情形全部涵盖进来。See Document DA/22/2，p. 49.

安排，并没有为司法适用提供并确立一个清晰完整的规范解释论体系。尽管各缔约国在对著作权规定限制或例外的类型时享有较大的自由，但这些限制或例外仍必须遵守三步检验法的要求。而权利的限制或例外是否满足三步检验法的要求，仍必须根据具体个案来综合判断。① 正基于此，司法实践中对三步检验法的适用解释模糊且混乱，三步检验法各步骤的内涵彼此交错重叠（如步骤二和步骤三的内涵就具有趋同性），我国不少法院实际上正是在著作权侵权认定具体分析的基础上，才对是否符合三步检验法（尤其是步骤二、三）乃至是否构成侵权作出最终的结论性裁判意见。

其次，三步检验法深受单向市场分析的解释论限制，其规范解释体系具有较大的局限性。早在《伯尔尼公约》斯德哥尔摩修订会议筹备工作期间，研究小组就曾对著作权（复制权）设置权利限制与例外条款确立了"排除经济竞争"的但书条款，即"为特定的目的对该权利的承认和行使施加限制，只要这些目的不与这些作品产生经济竞争"②。在标杆型案例——"欧盟诉《美国著作权法》第110（5）条案"中，WTO专家组于2000年首次对三步检验法进行规范解释分析。在该案中，WTO专家组认为：步骤一"在特殊情形下"中的"特殊情形"并没有必要明确例外可能适用的每一种情形，但应在足够的程度上保证法律的确定性。虽然专家组承认"特殊"因"存在某一明确的公共政策理由（如公共教育、学术研究、个人发展、言论表达自由以及残疾人的需求等）或某一其他例外情况而具有正当性"，但它在范围上"必须是狭窄且有限制的"③。就步骤二"不得与作品的正常利用相冲突"而言，其"正常利用"应被解释为包括"除了当前已经产生重要性或切实收入的利用方式之外，还包括在可能性和可行性上达到了某种程度，能够获得相应的经济或实际价值的利用方式"④。"利用"这一术语暗含对利用有关权利的"相关市场"评估。对此，专家组进一步指出：

---

① 〔德〕约格·莱因伯特、〔德〕西尔克·冯·莱温斯基：《WIPO因特网条约评注》，万勇、相靖译，中国人民大学出版社，2008，第171页。
② 《伯尔尼公约》1967年外交会议记录，第1卷，第112页。
③ WTO Report, Document WT/DS/160/R., para. 6. 112.
④ WTO Report, Document WT/DS/160/R., para. 6. 180.

如果原则上应当被专有权所涵盖的使用方式被例外或限制所豁免，而且与权利人通常从适用于作品的权利中获取经济利益的方式形成经济竞争，因而剥夺了权利人重要或切实的商业利益，则国内法规定的对专有权的例外或限制就达到了与作品的正常利用（著作权或依据著作权所授予的一系列专有权）相冲突的程度。[①]

由此可知，专家组对步骤二之"正常利用"并未指明哪些非经济考量因素与之相关，也没有说明在何种程度上这些因素可以限制属于著作权人利用范围的使用行为，但认可作者通常只会在确信其享有法定权利的市场内利用其作品。过度扩大豁免就会缩小"正常市场"的范围，故所有会或可能会获得大量经济或实际价值的作品使用方式都必须保留给作者。就步骤三"不得不合理地损害著作权人的合法权益"而言，WTO 专家组采用"法律规范"（legal-normative）分析法，认为该表述中的"合法权益"从本质上说主要是指权利人"通过专有权可以获得并受法律保护的经济回报"，"损害"则包括相关使用行为对权利人所造成的"现实或潜在的损害"，而"不得不合理"是指"合比例"或"在合理范围内不过分地"或"公平或相当的数量或大小"。相关行为是否超越了权利人可以合理容忍的限度，需要评估现实或潜在损害的数量（quantity）和质量（quanlity）。[②]如果例外或限制造成或有潜在可能造成著作权人权益的不合理丧失，那么这种"损害"就应当被认为达到一个不合理的程度。在多数情况下，复制作品的部分内容可能比复制整个作品对权利人的损害要小一些或小得多。例如，为了私人使用的目的，允许制作少量的复印件可能会通过三步检验法的测试，但如果允许将整个受保护的作品放置在网络上供公众自由传播，就会在相当程度上不合理地损害著作权人的利益。[③] 正如德国著作权法学者乌尔默教授在 WIPO 指南意见中曾指出："严格意义上讲，所有的复

①　WTO Report, Document WT/DS/160/R. , para. 6. 183.

②　WTO Report, Document WT/DS/160/R. , para. 6. 229.

③　〔德〕约格·莱因伯特、〔德〕西尔克·冯·莱温斯基：《WIPO 因特网条约评注》，万勇、相靖译，中国人民大学出版社，2008，第 168 页。

制都具有一定程度的损害：讲授者为了支持他讲授的主题，从专业期刊复印一篇短文读给他的听众。但这一损害过分吗？显然绝不过分，这一做法几乎不妨碍该期刊的发行。但如果他印出大量复制品并散发出去，就另当别论了。"① 由上述"欧盟诉《美国著作权法》第 110（5）条案"WTO 专家组的解释分析思路可见，三步检验法深受经济分析方法的解释论限制，三个步骤侧重于考察使用行为对权利人利益造成的相关市场损害评估。虽然 WTO 专家组也承认应兼顾基于公共政策目标之社会公共利益的公平考察，但其解释分析进路仍偏向以作者为中心、单向度的市场价值考量，严重背离了作为一般适用规则的多元价值解释诉求，故在司法实践中，对三步检验法的法律适用解释在规范解释论体系上仍存在较明显的局限性。

最后，三步检验法各步骤的内涵之间彼此交错重叠，在司法适用之规范解释体系上较模糊、混乱。从步骤一来看，三步检验法要求保证法律的确定性和可预见性，在司法适中被严格限定在"狭窄且有限"的范围。正因为缺乏有效的明确指引，欧洲学界才积极主张在运用三步检验法来确定著作权的限制和例外范围时，"必须保持著作权人与广大公众的利益，尤其是在教育、研究和获取信息方面的利益之间的平衡"，不应仅考虑权利持有者的利益，使用者及社会公共利益也有必要受到同等的考量。② 从步骤二和步骤三来看，二者之间的内涵具有高度的趋同性。甚至可以认为，步骤三"不得不合理地损害著作权人的合法权益"是步骤二"不得与作品的正常利用相冲突"审查的一种规范逻辑延伸，两个步骤都需要综合考察使用行为对著作权人在先作品的"销售损害（prejudice the sale）、利润减损（diminish the profits）或产品替代（supersede the objects）"③。步骤二强调的是例外所指向的行为是否会影响权利人对相关市场利益的合理期待，

① 《〈保护文学和艺术作品伯尔尼公约（1971 年巴黎文本）〉指南》，刘波林译，中国人民大学出版社，2002，第 45～46 页。

② Declaration：A Balanced Interpretation of the "Three-Step Test" in Copyright Law，§ 3，A-TRIP Conference，Munich September 2008，available at：http：//www. ip. mpg. de/fileadmin/ipmpg/content/forschung_aktuell/01_balanced/declaration_three_step_test_final_english1. pdf，最后访问日期：2023 年 5 月 30 日。

③ Daniel J. Gervais，"Making Copyright Whole：A Principled Approach to Copyright Exceptions and Limitations"，*U. Ottawa L. &Tech. J.* 5（2008）：38 .

而步骤三强调的是例外的后果是否会造成权利人市场收益的不合理损害。由于权利人对相关市场利益的合理期待实际上主要就是权利人对作品行使专有权所获得的市场收益，故步骤二和步骤三之间在内涵上存在交错重复和一致性。① 作为指引合理使用判断的一般规则，三步检验法的立法表述实际上并未确立清晰完整的"积极要件"，而仅借助抽象模糊的否定式表述得以形成所谓"消极要件"的几个步骤，本身就难以在司法实践中发挥一般适用规则的规范解释论体系功能。

正基于三步检验法（主要是步骤二、三）作为合理使用一般规则在司法适用解释层面存在以上缺陷，最高人民法院在 2011 年《关于充分发挥知识产权职能作用推动社会主义文化大发展大繁荣和促进经济自主协调发展若干问题的意见》第 8 条明确表示"在促进技术创新和商业发展确有必要的特殊情形下"，对三步检验法步骤二和步骤三的考察可以借鉴美国合理使用四要素，对作品使用行为是否构成合理使用进行综合认定。如在司法实践中，三步检验法的步骤二即需要从"使用行为的性质和目的""版权作品的性质""使用部分占被使用版权作品的质与量"等进行综合考量，以确认使用行为是否构成"与作品的正常利用相冲突"；而步骤三亦需要结合"使用行为的性质和目的""使用部分占被使用版权作品的质与量""使用对作品潜在市场或价值的影响"等参考因素，运用比例原则进行综合价值判断，以确认使用行为是否"不合理地损害"著作权人的合法权益。因此，合理使用四要素和三步检验法两者之间的内在逻辑和分析方法具有一致性。可以认为，最高院已承认合理使用四要素对三步检验法步骤二、三考察在规范解释论体系中的积极作用。侵权认定中的综合价值判断问题主要解决程度而非类型化规范问题。诚如前述，作为一般适用规则，合理使用四要素实际上属于"融入综合价值判断的侵权认定混同规则"②，通过长期司法实践已凝练出侵权认定综合价值判断中的四项积极要件。而这四项积极要件，既提供了兼顾社会公共利益等多元综合价值考量的弹性

---

① 林楠：《三步检验法的司法适用新思路——经济分析主导下合理使用的引入》，《西南政法大学学报》2016 年第 6 期。

② Google LLC v. Oracle America, Inc., 583 U. S. No. 18-956（2021），pp. 18-21.

解释"接入口"，又突破了仅从作品范畴考察的"思想/表达"二分法、"实质性相似"等传统侵权认定规则所存在的理论局限性，分别从作品范畴（如合理使用要素二、三）和行为范畴（如合理使用要素一、四）划定著作权的保护边界，为著作权侵权认定中的综合价值判断提供了较全面、系统的参考依据。因此，我国引入并运用合理使用四要素作为辅助三步检验法分析的一般适用规则，具有必要性、合理性和可行性。

二　内容性转换：作为补充确立作品保护边界的转换性使用概念

诚如前文所述，从作品范畴（作品保护边界）确立著作权保护范围的相关传统规则存在明显的理论局限性，应构建从"作者"中心转向"作者/使用者"平衡生态的著作权法解释论体系。著作权的保护范围无法脱离对作品范畴和行为范畴的双重考察，其权利作用"焦点"包括行为范畴和作品范畴，二者之间相互关联、彼此印证。在理解和界定著作权的保护范围时，应采用"行为—作品"的二元解释方法，两者共同构成著作权保护范围的双重认知体系，同时也是侵权认定中彼此关联的重要因素。因此，当从作品范畴确立著作权的保护范围乃至侵权认定时，仍需结合使用行为的性质、功能及效果予以综合考察。实际上，任何新的创作都是"站在巨人的肩膀上"，以前人已有成果为创作基础完成。而在这一过程中，对于协调前后创作者之间的利益冲突、确立彼此之间的权利边界而言，"转换性使用"概念能够有效填充"思想/表达"二分法"实质性相似"等传统规则从作品范畴进行单向分析考察的理论缺陷，发挥必要的补强解释功能。

从本章第一节论述可知，"思想/表达"二分法"实质性相似"等传统规则在被运用于确立著作权的保护范围中，往往以独占论为切入点，更侧重于从受保护的作品范畴考察使用行为是否挪用了该作品的独创性表达以及被挪用部分是否构成该作品的实质性部分。正因为转换性使用所产生之新作品的独创性特征可能会稀释甚至覆盖原作品被挪用部分的独创性特征，故可以认为，上述传统规则既缺乏对新作品之独创性表达的必要考察及足够重视，亦忽视了使用行为的性质、功能及对挪用效果可能产生的影响。在圈定在先作品的保护边界时，应兼顾从作品范畴考察新作品的独创性特征及表达，从行为范畴分析挪用行为衍生的"内容性转换"，进一步综合考察使用行为的性质、功能及其对挪用效果可能产生的影响。具体而言，作品的独创性表达包括独创性的"具体表现形式"和独创性的"内在综合性表达"。前者是外在、具体的作品形式，后者则是内在、相对抽象的作品内容，主要体现在作品的内在"结构—组织—顺序"当中。无论是"具体表现形式"还是"内在综合性表达"，要构成作品的独创性表达，必须体现创作者的个性特征。然而，当受保护的在先作品能够体现原作者个性特征的独创性表达被挪用至新作品当中，原作者的个性特征仍有可能会被新作品作者的个性特征所稀释甚至完全覆盖，以致在先作品被挪用部分的独创性表达在新作品中褪色至难以或无法呈现原作者个性特征的程度的时候，我们很难将该使用行为界定为不当挪用或侵权行为。这时候，尽管被挪用部分在受保护的在先作品中能够体现原作者的个性特征且构成在先作品的独创性表达，但经过转换性使用的洗礼，它在新作品当中因被稀释甚至完全覆盖而可能成为新作品的部分创作素材。为了便于理解，我们将苹果（基于视觉、味觉和嗅觉确立的独立特性）比作受保护的在先作品为例：如果未经任何改动，从苹果到苹果进行完整再现，则可以认为这属于对在先作品无论是"具体表现形式"还是"内在综合性表达"的简单重复再现，构成一种复制行为；而经过加工处理的苹果切片、苹果汁甚或苹果拼盘，我们依然能通过视觉、味觉或嗅觉认知苹果的独立特性，则可以认为这属于对在先作品"内在综合性表达"的重复再现，构成一种演绎（改编、翻译等）行为；但经过使用行为的"内容性转换"，如苹果经榨汁以后已经成为和梨、橙等混合的果汁的一部分，恐怕我们无论从视觉、味觉还是嗅觉上都难以认知苹果的独立特性，这时候可以认为在先作品（苹果）被挪用部分的独创性特征实际上已经被新作品（混合果汁）的独创性特征逐渐稀释甚至完全覆盖，则该使用行为被认定成自由使用更为适宜。但不可否认的是，苹果仍在混合果汁当中，只不过已变成混合果汁中的一种素材成分而已。可见，转换性使用虽然也可能挪用在先作品中的独创性表达部分，但仅作为新作品的一种单纯素材成分，更注重转换以后的行为效果，强调因新作品的独创性表达在两造作品之间所形成的实质性差异可以抵消彼此之间的相似性。

在确立作品保护边界时，既应当考察被挪用部分在受保护的在先作品中是否构成独创性表达以及是否构成该作品的实质性部分，同时还应当兼顾考察挪用本身因使用行为的"转换性"程度所添加或创造内容的新信息、新意义和新价值，以及新作品的独创性表达。如果在先作品被挪用部分的独创性特征隐含在新作品当中且与新作品的独创性特征相比已黯然失色，则可以认为在先作品被挪用部分的独创性特征因被新作品的独创性特征所稀释甚至完全覆盖而从新作品当中"隐退"，致使在先作品被挪用部分的独创性表达逐渐成为新作品的一种素材成分或灵感来源。① 在运用从作品范畴圈定作品保护边界的传统规则时，应确立使用行为的稀释理论而非固守作品范畴的表达独占论，承认前后作品之间因使用行为的稀释作用而产生的实质性差异可以抵消彼此之间的相似性。如在我国华严文化公司诉上海沪剧院等改编侵权纠纷一案中，上海市一中院虽承认被告沪剧《胭脂盒》与原告小说《胭脂扣》在故事主线、部分情节以及角色姓名和关系等方面具有相似性，但主张两部作品在角色性格、创作风格以及总体和具体情节设计等表达上都存在本质不同。在上海市一中院看来，"更重要的是，两部作品在整体印象上所表现出来的独创性出现了重大的差异……尽管从《胭脂盒》中隐约可以看到《胭脂扣》的影子，但这种印象更多体现为借鉴而非演绎，被告作品对小说进行了脱胎换骨的改造和再创作"②。当使用行为的"内容性转换"达到足够程度时，受保护作品被挪用部分的独创性表达即可能成为新作品的素材成分或灵感来源，则该使用行为属于自由使用行为；而当使用行为的"转换性"不够充分时，受保护作品被挪用部分的独创性特征在新作品中并未被完全稀释而"隐退"，致使在先作品的"内在综合性表达"仍有可能呈现在新作品当中，则该使用行为可能构成改编等演绎侵权行为。

此外，作品类型不同，作品独创性的表达方式有可能不同，故不同类型作品之间发生的使用行为亦可能因符合"转换性"充分程度而构成自由使用。在将受保护在先作品转化成另一类型作品的过程中，如果基于作品

---

① 〔德〕M. 雷炳德：《著作权法》，张恩民译，法律出版社，2005，第258～259页。
② 上海市第一中级人民法院（2012）沪一中民五（知）终字第112号民事判决书。

类型的跨越性差别程度而使前后作品在内在结构受保护的"综合性成分"上呈现完整的实质性差别，则这种转换性使用更倾向于认定为将在先作品作为素材成分或灵感来源的合理借鉴。如将视听作品某一特定情景转化成独立的音乐或美术作品，由于前后作品的独创性表达方式不同，彼此之间难以提炼出受保护的类同表达成分，通常不会被认为构成演绎侵权行为。[①]通常情况下，当人们把文学作品、美术作品和音乐作品转化成该三种类型中另一种类型时，由于这些作品类型之间表达方式的差别过大——如文学作品通过主要人物关系、设置以及具体情节安排等反映某种抽象的思想或情感，美术作品的精神内涵属于对构图框架的某种视觉体验，而音乐作品的精神内涵只有借助主旋律和节奏等听觉感受才能体会——原作品的独创性表达在新作品中难以呈现，故只能作为新作品的创作灵感或素材来源。例如，有人根据一幅美术作品《晨曦》的视觉体验和艺术感受，创作出音乐作品《晨曦》，它以生动活泼的主旋律和节奏来描述早晨愉悦欢快的听觉感受，这种转换性使用行为更符合自由使用，不构成挪用原作品内在综合性表达的改编侵权行为。

基于上述分析，转换性使用概念对于从作品范畴（作品保护边界）确立著作权的保护范围具有重要意义，有益于弥补"思想/表达"二分法、"实质性相似"等传统规则的理论局限性，发挥着不容忽视的补强解释功能。

三　目的性/功能性转换：作为补强侵权认定规则的转换性使用理论

有观点认为，转换性使用理论在我国制定法背景下并无径直适用的本土化解释空间，基于我国合理使用的现有立法构造，应将"转换性使用"纳入我国著作权法"评论或说明问题"的"合理引用"条款中作本土化解释。[②]本书认为该观点存在以下缺陷和不足之处。首先，"合理引用"仅限于"介绍、评论某一作品或说明某一问题"的必要目的，不足以涵盖转换

---

① John Cady，"Copyrighting Computer Programs：Distinguishing Expression from Ideas"，*Temp. Envtl. L. & Tech. J.* 22（2003）：19．

② 熊琦：《著作权转换性使用的本土法释义》，《法学家》2019年第2期。

性使用在合理使用判断过程中考量"使用行为的目的和性质"所需要引入的合目的性多元价值。从规范释义来看，我国"合理引用"的目的旨在强调引用他人作品对新作品的创作来说是不可或缺的，"如果不引用，新作品中的某些问题或观点就难以说清，甚至新作品就难以产生"①。例如，为了对他人著作进行书评而摘引一段原书的文字，或为介绍某人的书法、绘画而在电视片中播放他人的几幅书法、绘画作品。可见，为了能够在新作品中说明某一问题或表达相关观点，引用者必须"不可避免"地引用他人作品。"合理引用"的规范释义已严格限定"使用行为的目的"，而使用行为的"转换性目的"除了包括"介绍、评论某一作品或说明某一问题"以外，还涵盖表达自由等基本人权以及教育、学术研究和公众获得信息等保障公共利益的合目的性社会价值，同时不以挪用内容的必要性作为合理使用判断的因果关系要件（如戏仿）。其次，我国《著作权法》规定的"合理引用"不同于《伯尔尼公约》《欧盟信息社会著作权指令》关于"合理引用"的相关表述，使用者只能在创作新作品的基础上引用作品，"内容性转换"构成"合理引用"成立的必要条件。而转换性使用理论不以作品范畴的"内容性转换"作为侵权判断分析的必要条件，尽管使用行为从作品范畴来看并没有产生新的作品，但依据行为的"目的性/功能性转换"要素，裁判者仍有必要通过"转换性使用"引入符合公共政策目标的多元合目的性价值，以对使用行为进行必要的利益衡量和最终的法律价值判断。最后，"合理引用"不应超过"适当"的必要限度，而这需要从被引用作品内容部分的"质"和"量"进行综合考量，同运用实质性相似规则和合理使用一般规则进行侵权价值判断并无本质差别。换言之，即使适用"合理引用"条款解释使用行为的转换性问题，仍需要循环迂回至合理使用一般规则（如合理使用四要素、三步检验法等），结合"转换性使用"要素进行综合利益衡量和法律价值判断。基于上述分析，使用者即使未创作出新的作品，也不以"介绍、评论某一作品或说明某一问题"为使用目的，在"不得不合理地损害著作权人的合法权益"的前提下，仍有可能依

① 黄薇、王雷鸣主编《〈中华人民共和国著作权法〉导读与释义》，中国民主法制出版社，2021，第145页。

使用行为的"目的性/功能性转换性"标准而构成合理使用。

　　在笔者看来，"转换性使用"除了在从对象范畴确立作品保护边界的过程中对"思想/表达"二分法、"实质性相似"等传统规则发挥着不容忽视的补强解释功能，进而依据作品挪用"内容性转换"的不同稀释程度得以将使用行为划分为复制、演绎以及自由使用外，它还能够作为行为事实类型化区分下的一种价值判断"工具"，在"作品范畴—行为范畴"二元权利作用"焦点"下的著作权侵权认定规则（包括合理使用判断一般规则）内充当将符合公共政策追求的合目的性价值（如公共教育、学术研究、个人发展以及言论表达自由等）从著作权规范体系之外引入传统规则体系以内，成为著作权侵权认定中进行价值综合衡量、发挥开放式解释功能的有效"接入口"之一。

　　诚如前述，实质性相似等侵权认定规则与合理使用一般规则之间具有较明显的重合之处，二者之间并非"一刀切"式的侵权认定规则和侵权免责抗辩规则，更难言是一种非此即彼的、递进式的法律适用关系。甚至可以认为，实质性相似规则和合理使用一般规则之间实际上构成一种价值融合或规则混同。合理使用判断一般规则（无论是合理使用四要素抑或是三步检验法的核心步骤二、步骤三等）并非所谓的侵权免责抗辩规则甚或著作权例外或限制的反限制规则，而是以"作品范畴—行为范畴"二元权利作用"焦点"作为切入点展开考量且已经融入综合价值判断的一种侵权认定混同规则。其中，相对于三步检验法，合理使用四要素兼顾"作品范畴—行为范畴"二元权利作用"焦点"考察，且最终回归至以"行为的不法性"作为综合价值判断的"基点"，是在长期实践中总结并提炼而成的司法经验产物。尽管二者都存在表述上的抽象概括性以及指引司法裁判结论的不确定性，但相对于三步检验法之否定式的抽象模糊表述，合理使用四要素确立了得以进一步细化判断的四项"中间层"参考要素[①]，它们彼此之间形塑合理使用判断乃至区分侵权/非侵权行为的积极构成要件，相

---

① 在美国司法实践中，这四项分析要素也绝非穷尽式规定，仅为合理使用分析最关键的几个考量因素。此外，当法院认为"被告是否具有主观恶意""与行业相关的习惯""被告行为是否会促进公共福祉"等其他因素应予考量时，亦应纳入判断分析。William F. Patry, *Patry on Fair Use*, London: Thomson Reuters & Westlaw, 2013, p. 525.

较三步检验法较模糊的"不得与作品的正常利用相冲突""不得不合理地损害著作权人的合法权益"等表述（实际上，三步检验法的"核心"步骤二、步骤三至多只能作为合理使用判断乃至著作权侵权认定中的消极构成要件）更具有细化层次分析的可操作性，在发挥著作权侵权认定中综合价值衡量标准的指引作用时更具有比较优势。正基于此，无论是我国最高人民法院的司法政策指导意见还是修订调整后的《著作权法》第24条，实际上认同合理使用四要素作为辅助解释合理使用一般条款（运用三步检验法之步骤二、三分析是否符合"法律、行政法规规定的其他情形"）的补强适用规则，能够发挥不可或缺的重要作用。在此适用逻辑下，美国合理使用四要素可以为我国《著作权法》所吸收、整合，作为一项重要的补强适用规则有机融入我国司法实践中。

在合理使用四要素中，"转换性使用"是从要素一"使用行为的性质和目的"中衍生发展而成的核心子要素，构成该要素属种关系之下位概念。除了充当从作品范畴确立在先作品被挪用部分是否因"内容性转换"而使其独创性表达稀释为新作品之创作素材成分的分析工具以外，"转换性使用"在著作权侵权认定规则当中还担负着导入符合公共政策追求的合目的性价值、发挥兼顾社会公共利益的价值衡量功能。进言之，通过对要素一"使用行为的性质和目的"作出必要的弹性延伸解释，司法裁判者得以在使用行为不具备以"内容性转换"作为必要条件的同时，进一步考察分析使用行为是否符合"目的性/功能性转换"标准，进而结合其他要素（如要素四"使用对作品潜在市场或价值的影响"等）并合理运用比例原则，最终对作品使用行为作出较全面、系统的综合价值判断。"转换性使用"理论在著作权侵权认定规则中的适用逻辑并不完全等同于作为补充确立作品保护边界的转换性使用概念。转换性使用概念侧重从作品范畴考察使用行为的"内容性转换"，关注因使用行为对原作品被挪用部分之独创性特征的不同稀释（覆盖）程度是否可能导致其独创性表达"褪色"成为新作品独创性表达的素材成分。依使用行为的"内容性转换"的不同程度，转换性使用概念涵括从演绎行为到重新创作中的自由借鉴，即使用行为的"内容性转换"越强，则从作品范畴越倾向于构成自由使用。而在著作权侵权认定规则（包括合理使用四要素等一般规则）中，即使使用行为因不具备"内容性转换"而未产生新的作品，仍有必要从"作品范畴—行为范畴"二元权利作用"焦点"综合判断侵权构成中的"行为的不法性"要件，使用行为依然有可能构成合理使用。在这一过程中，转换性使用理论（即使用行为的"目的性/功能性转换"标准）为裁判者最终作出全面、系统的综合价值判断有效提供了引入合目的性价值、进行利益衡量的法律解释"阀门"。

例如，针对因搜索引擎服务而提供的网页快照、缩略图等行为，如仅从作品范畴运用实质性相似规则予以认定，则该类作品使用行为构成复制和信息网络传播行为，但当结合合理使用四要素或三步检验法考量"行为的不法性"时，作为"使用行为的性质和目的"要素的核心子因素之一，使用行为的"目的性/功能性转换"标准则构成兼顾社会公共利益之价值衡量的重要"接入口"。在 Perfect 10 v. Google 一案中，美国联邦第九巡回法院认定缩略图与原图相比是一种尺寸较小、分辨率极低的图片，谷歌引擎所提供的缩略图服务并非简单再现原图的艺术表达，而是方便用户快速获取信息的指引工具。在法院看来，谷歌引擎提供的缩略图服务并未对原告作品构成实质性替代的不当挪用，而是具有服务于公共利益的正当目的和功能，由于该行为具有较高程度的"目的性/功能性转换"，故构成一种合理使用。[1] 我国司法实践中也有大量类似解释。如在三面向版权代理公司诉人民搜索公司侵害著作权系列纠纷案中，北京市朝阳区法院认为"网页快照具有为社会公众提供服务的功能，尤其在原网页无法正常访问时可以查看网页的内容，给社会公众提供了使用便利"[2]，最终结合三步检验法亦认定被告对网页快照的提供行为未构成侵权。又如，戏仿挪用通常对在先作品的独创性表达仅实施了简易的截取或拼接，虽然也可能产生新作品，但从作品范畴依使用行为的"内容性转换"考察，戏仿挪用因通常无法在新作品当中完全稀释（覆盖）版权作品的独创性特征而使被挪用部分的独创性表达难以"褪色"至新作品的单纯素材成分，故戏仿挪用不属于

---

[1]　Perfect 10 v. Google, 508 F. 3d 1146, 1168 (9th Cir. 2007).

[2]　北京市朝阳区人民法院（2015）朝民（知）初字第 46312 号民事判决书，北京市朝阳区人民法院（2015）朝民（知）初字第 46301 号民事判决书，北京市朝阳区人民法院（2015）朝民（知）初字第 46303 号民事判决书等。

自由使用，仍构成对原作品独创性表达的复制或演绎行为。然而，在运用著作权侵权认定规则分析戏仿挪用"行为的不法性"时，仍需要以"作品范畴—行为范畴"二元权利作用"焦点"为切入点，结合"使用行为的性质和目的""使用对作品潜在市场或价值的影响"等要素进行综合价值判断。在这一认定过程中，作为"使用行为的性质和目的"要素衍生发展而成的核心子因素之一，转换性使用理论不再局限于对戏仿挪用行为的商业属性和营利目的进行规范分析，转而依使用行为的"目的性/功能性转换"标准引入表达自由（如对社会问题的批评、讽刺、评论等）的合目的性价值，再结合"使用对作品潜在市场或价值的影响"等要素进行综合价值衡量。戏仿是一种通过对原作品进行夸张和扭曲而实现有限的批评形式，正如欧盟法院在 Deckmyn 案的裁决性解释中所言："戏仿（讽刺）无论是以在先作品为批评对象还是借助在先作品对其他社会问题进行评论，都体现了使用者的言论表达自由……这需要裁判者在充分尊重著作权人利益的同时，合理运用比例原则对各种价值进行综合衡量。"[①] 可见，作为著作权侵权认定规则的转换性使用理论，最重要的功能莫过于将合目的性价值的外部证立因素适度引入规则体系内进行价值衡量分析，进而有效实现著作权人、使用者以及社会公众之间的利益平衡关系。

可以认为，在著作权侵权认定规则（包括合理使用判断一般规则）当中，与其将"转换性使用"这一概念作为规范分析中的适用"规则"，毋宁将之视为功能性术语甚或一种价值观念，即行为事实类型化区分下的价值判断"工具"。"转换性使用"在著作权侵权认定中可以引入符合公共政策目标且必要的合目的性价值，结合司法实践大致可以提炼为基于表达自由的转换性使用、基于文化多样性的转换性使用、基于信息描述与指示来源的转换性使用三大类。如戏仿、讽刺等基于表达自由的转换性使用形态，该类使用行为在侵权认定过程中引入合目的性价值主要表现为对社会问题进行批评、讽刺、评论等言论（信息）表达自由。粉丝同人创作、用户生成内容以及艺术挪用等基于文化多样化的转换性使用形态，该类使用行为在侵权认定过程中引入合目的性价值除了文学艺术表达自由以外，更

---

① Case C－201/13, Johan Deckmyn etc. v. Helena Vandersteen etc., ECLI：EU：C：2014：2132.

侧重于推动公共文化繁荣和文化多样性的发展。而像信息检索数据库、搜索引擎服务所提供的网页快照和缩略图、历史呈现类描述等基于信息描述与指示来源的转换性使用形态，其使用目的主要是传递不同于原作品表达功能的第二含义（second-order）信息，该类使用行为在侵权认定过程中引入合目的性价值主要表现为公众知情权和接触信息自由。在适用合理使用一般规则在内的侵权认定规则时，依据使用行为的"目的性/功能性转换"考察，裁判者可以将上述符合公共政策目标的合目的性价值引入规则体系，更有必要做到既充分重视著作权人的相关市场利益，又兼顾"公民基本自由以及科学进步和文化、社会或经济发展等方面的其他公共利益"①。当然，这并不意味着上述三大类转换性使用形态就必然构成合理使用，但"使用行为的转换性程度越高，则合理使用认定的可能性越高"，裁判者仍需要运用比例原则，结合"使用对作品潜在市场或价值的影响""使用部分占被使用版权作品的质与量""使用者是否具有主观恶意""使用行为是否符合社会实践和行业习惯"等其他因素进行综合价值判断。

四　转换性使用与"合理容忍的利益减损"考量

著作权制度设计的法理基础旨在通过对著作权这一私权进行充分保护，以促进技术创新、经济发展和文化繁荣。因此，应对著作权人这一专有权利作出适度的必要限制。"著作权人应容忍合理使用行为对其作品传播利益的必要限制及由此带来市场利益的有限损害，以实现对社会公共利益的责任及担当。"② 但是，某一使用行为构成合理使用并不意味着著作权人就丧失了对作品的相应专有权利。为了避免对著作权人造成明显超过必要限度的实质性损害，该使用行为应实现三步检验法所要求的"既不与作品的正常利用相冲突，也不得不合理地损害权利人的合法权益"，即符合"合理容忍的利益减损"。换言之，如非确有"必要"，通常不应认定某一

---

① Declaration：A Balanced Interpretation of the "Three-Step Test" in Copyright Law，§ 3，A-TRIP Conference，Munich September 2008，available at：http://www. ip. mpg. de/fileadmin/ipmpg/content/forschung_ aktuell/01_ balanced/declaration_ three_ step_ test_ final_ english1. pdf，最后访问日期：2023 年 5 月 30 日。

② 广东省高级人民法院（2018）粤民终第 137 号民事判决书。

对权利人利益有实质性损害或潜在影响的作品使用行为构成合理使用。在具体案件中要充分考虑被诉时的技术创新背景和社会发展水平，兼顾著作权人、使用者以及社会公共利益，综合权衡各判断因素进行具体分析。著作权法的立法目标绝非兼顾多元合目的性价值抽空著作权作为私权的专有权属性，而是在对著作权人进行充分保护的同时，通过有效维系著作权人与使用者、社会公众之间的利益平衡关系，进一步推动技术创新、经济发展和文化繁荣，以最终实现最大多数人的最大幸福。因此，在著作权侵权认定（包括合理使用判断分析）过程中，尽管转换性使用理论为引入符合公共政策目标的合目的性价值、为包括著作权在内的多元利益衡量提供了重要的弹性解释"阀门"，但切忌本末倒置，裁判者在充分考察"使用行为的性质和目的"要素的同时，仍需要结合"使用对作品潜在市场或价值的影响""使用部分占被使用版权作品的质与量"等要素，合理运用比例原则，以对使用行为是否符合"合理容忍的利益减损"要件进行综合判断。

故可以认为，在包括合理使用判断在内的著作权侵权认定过程中，裁判者除了通过使用行为的"转换性"考察引入符合公共政策目标的多元社会价值且作出补强法律定性的功能性分析以外，仍有必要回归至侧重于市场价值之定量分析的规范解释路径，故在借助转换性使用理论进行合目的性解释层面的定性分析的同时，还需要对"合理容忍的利益减损"程度进行规范解释层面的定量分析。具体而言，著作权侵权认定规则中的"合理容忍的利益减损"判断主要包括两部分：①界定版权作品的可预期市场利益；②运用比例原则进行多元利益衡量。

（一）版权作品的可预期市场利益界定

在界定版权作品的可预期市场利益时，除考察使用行为是否落入著作权人依法对作品可以授权许可的主要利用方式（如复制、发行、表演、放映、广播、信息网络传播等）以外，还应重点关注从作品范畴确立版权作品可预期的市场替代范围。尽管改编等演绎行为也具有一定"内容转换性"，但原作品著作权人基于演绎权（如改编权、翻译权等）仍可以控制对作品实质性表达之派生市场所享有的可预期利益。无论演绎行为是否改变了作品类型或体裁，当挪用了原作品的实质性表达（内在结构中的基本表达）时，即有可能侵害到原作品著作权人可预期的衍生市场利益。以改编为例，无论是将小说改编成影视作品，还是从科学专著改编至科普读物，如果该演绎行为挪用了原作品独创性表达的实质性部分，使之在改编作品中仍呈现原创作者的个性特征，即可能侵害著作权人授权许可他人改编创作的衍生市场利益，构成对版权作品派生创作之改编作品在可预期利益范围内的市场替代行为。

首先，在对原、被告作品进行实质性相似比对时，应考察演绎行为因改变原作品的体裁或类型而有必要排除与两造作品可归同性表达无关联的表达元素。例如，在对彩雕艺术作品和黑白摄影作品进行可归同性表达元素考察时，应当首先筛滤掉两部作品彼此无关联的"材质、色彩、光线、尺寸、平面或三维属性等所决定的表达部分"，再分析是否可以提炼出可归同的综合性表达成分。[1] 其次，应将原告版权作品类型或体裁下的独创性表达元素尝试转化成被告作品类型或体裁下的独创性表达元素，再提炼出原、被告两造作品在被告作品类型或体裁下的可归同性表达元素，对其进行包括"质"和"量"在内的实质性相似分析，以判断被告作品是否最终会替代原作品经演绎创作后可期待的衍生市场利益。由于这时需要界定的是原作品经演绎创作后可期待的衍生市场利益，故应当在排除与原、被告两造作品可归同性表达无关联的表达元素的基础上，进一步将原作品的独创性表达元素转化成被告作品类型或体裁下的独创性表达元素，而不应当反过来将被告作品的独创性表达元素转化成原作品类型或体裁下的表达元素，再与原作品的独创性表达元素进行实质性相似判断。[2]

为便于解释，我们还是以前述苹果（基于视觉、味觉和嗅觉确立的独立特性）比作受保护的版权作品为例：如果我们质疑某鲜榨果汁是不是苹果汁，应当先将苹果榨成苹果汁，然后看苹果汁和这种鲜榨果汁是否在视觉、味觉和嗅觉上能够提炼出苹果可归同的独立特性。如果这种鲜榨果汁

---

[1] Douglas Campbell Rennie, "This Book is a Movie: The "Faithful Adaptation as a Benchmark for Analyzing the Substantial Similarity of Works in Different Media", *Oregon Law Review* 93 (2014): 81.

[2] Douglas Campbell Rennie, "This Book is a Movie: The "Faithful Adaptation as a Benchmark for Analyzing the Substantial Similarity of Works in Different Media", *Oregon Law Review* 93 (2014): 50.

与苹果汁在颜色、味道上都相同或近似，就能大致判断出该鲜榨果汁就是苹果汁或包括苹果。但如果这种鲜榨果汁和苹果汁无论从视觉、味觉还是嗅觉上都无法提炼出苹果可归同的独立特性时，我们可以说这种果汁既不是苹果汁，也不应当被视为苹果的衍生品。当然，这种果汁有可能是一种鲜榨梨汁或者橙汁，也可能是由梨、橙、苹果等组成的混合果汁。从这层意义上讲，参照音乐作品的意境而创作一幅美术作品，就如同从鲜榨苹果汁到鲜榨梨汁，基于两造作品之间的独创性表述方式存在本质差别而难以提炼出彼此可归同的表达元素，故音乐作品经派生创作后能够合理期待的市场利益范围亦无法延伸至美术作品当中，该转换性使用构成一种自由使用，很难被认定为改编等演绎侵权行为。就后者而言，尽管苹果经榨汁后已经成为与梨、橙等混合的果汁的一部分，但如果从视觉、味觉还是嗅觉上都难以体验认知苹果的独立特性——该转化行为已达到较高程度的"内容性转换"，则可以认为苹果（版权作品）被挪用部分的独创性特征实际上已经被混合果汁（新作品）的独创性特征所稀释甚至完全覆盖。虽然苹果汁的成分仍在混合果汁当中，但已变成混合果汁中的一种单纯素材，那么该使用行为被认定成自由使用可能更为适宜。可见，我们先将苹果榨成苹果汁，是为了将版权作品的独创性特征及表达投射至可预期的派生创作市场，旨在界定版权作品经派生创作后能够合理期待的市场利益范围。只有将原作品的独创性表达元素转化成且能够转化为被告作品类型或体裁下的独创性表达元素时，才能进一步考察使用行为是否已延及并侵占该合理期待的衍生利益，是否构成对版权作品派生创作之演绎作品在可预期利益范围内的市场替代行为。

（二）运用比例原则进行多元利益衡量

在著作权侵权认定过程中，即使使用行为有可能造成著作权人对版权作品可预期市场利益的减损，裁判者仍还需要有效运用比例原则对著作权和公共利益进行多元价值衡量，以考察使用行为是否符合"合理容忍的利益减损"要件。比例原则最早作为公法上的一项法律原则被广泛运用于行政法领域。通过"手段"和"目的"的关联性考察，比例原则为民法学界所承认、借鉴，已被广泛运用于包括知识产权在内的民事侵权认定规则当中，具有重大的理论和实践指导价值。比例原则的基本理念是，只有符合以下情况，才能对私权或个人自由进行必要干预，即这种干预从一项更高的利益（如符合公共政策目标的社会公共利益）来看是必要的、有益于达成法律合理设定的目的，同时应当采用最缓和的手段来实现该目的。[①] 具体来说，比例原则主要包括对相适性原则、必要性原则以及均衡原则的系统认识和准确把握。

首先应考察使用行为是否符合相适性原则。相适性原则，又称为妥当性原则，是指某一行为能够实现或有助于实现符合公共政策导向的价值目标，以目的正当作为考量的前提基础。在著作权侵权认定过程中，应先通过对"使用行为的性质和目的"中的"转换性使用"解释，将符合公共政策目标的合目的性价值引入著作权法传统规则体系以内，再进一步对使用行为是否能够实现某些特定的公共政策目标以及在多大程度上实现目标进行功能性（定性）分析。此类符合公共政策导向的社会价值目标主要包括言论表达自由、信息接触自由、个人学习和发展、公共教育和科学研究、艺术文化的多样性发展等方面，体现了推动技术创新、经济发展和文化繁荣的重要立法宗旨和公共政策目标。

其次是必要性原则，又称最小损害原则，即考察行为是否符合合理预见且可承受的损害程度，以及作为选择手段之一是不是实现目标不可或缺的选择。该原则是从"法律后果"来规范旨在实现的合目的性价值与其实施的行为方式、手段之间的比例关系，即为了实现这一价值目标而实施的行为方式、手段是不可避免或必要的，如果该行为对其他利益主体造成损害或不利影响，则应将该损害或不利影响限定在尽可能小的限度和范围。如在陈红英诉虎扑文化传播公司、百度网讯科技公司等侵害著作权纠纷案中，上海市高院认为缩略图系指向原图的链接，"被告百度公司已将搜索到的图片进行一定比例的缩小，其提供缩略图的目的仅向用户提供搜索结果和原图来源，旨在更好地服务于搜索引擎功能的发挥……该行为具有转换性使用的功能，并不影响涉案作品的正常使用，且未不合理地损害权利人对涉案作品的合法权益"[②]，故不构成侵害信息网络传播权。

---

① 郑晓剑：《比例原则在民法上的适用及展开》，《中国法学》2016 年第 2 期。
② 上海市高级人民法院（2021）沪民申 805 号民事裁定书。

最后是均衡原则，又称狭义比例或相当性原则，即考察行为所造成的损害与社会公共利益之间是否均衡，权利人所受到的利益损害不得超过合理容忍限度，不应过分高于兼顾社会公共利益所产生的合目的性价值。在央视国际网络公司诉上海聚力传媒公司著作权侵权及不正当竞争纠纷一案中，上海知识产权法院认为判断使用行为对原作品正常使用或市场销售的影响，主要考察"新作品是否以合理使用的名义取代原作品，或与原作品在市场上的正常使用发生冲突，是否不合理地损害了原作品著作权人的合法利益"。法院进一步认定"被告在被诉侵权节目中对涉案赛事的使用行为实质性替代了权利人向相关公众提供涉案赛事，被告制作相关节目的行为与权利人产生竞争，其在网站页面上的相关文字表述、标签设置等可能对相关公众产生引导观看的效果，进而可能取代涉案赛事或与涉案赛事在市场上的正常使用发生冲突，不合理地损害被上诉人对涉案赛事的合法利益"，故不属于合理使用。[①] 而在上海美术电影制片厂诉广州读努门教育科技公司一案中，广州知识产权法院认为被告读努门公司在文章中使用涉案图片是"为了说明葫芦娃的成长、葫芦娃的修炼及葫芦娃的籍贯等问题，介绍葫芦科植物的植物学、地理学以及少数民族服饰等知识，相应配图使得涉案文章兼具趣味性与知识性"[②]，属于"介绍、评论某一观点或说明某一问题"的合理使用目的。同时，法院认为"被告在文章中使用了6张涉案图片，从文章整体内容来看，上述6张图片仅起到辅助作用，从图片数量来看，上述6张图片占比也较小，属于适当引用作品"[③]，故被告行为未侵害原告涉案美术作品的著作权，构成合理使用行为。在该案中，广州知识产权法院综合运用狭义比例原则（相当性原则），认定被告行为既有利于实现符合公共政策目标的合目的性社会价值，同时也符合"合理容忍的利益减损"要件，并未对著作权人的可预期市场利益构成超越容忍限度的实质性损害。

可见，比例原则是一个并无实质内容的判断标准或价值工具。尽管也

---

① 上海知识产权法院（2020）沪73民终581号民事判决书。
② 广州知识产权法院（2019）粤73民终6650号民事判决书。
③ 广州知识产权法院（2019）粤73民终6650号民事判决书。

有观点批评比例原则构成一般性的衡平法，"为不受控制也无法控制的正义感打开了方便之门"①，但同时我们也应当承认：比例原则"体现的是一种适度、均衡的理念和思想"，它以"目的—手段"的关联性作为分析框架，"着眼于实现相关主体之间的利益均衡，以维护法律的实质正义"②。综上所述，在著作权侵权认定过程中，除应重视使用行为的"内容性转换"和"目的性/功能性转换"所发挥的重要解释功能以外，仍有必要在界定版权作品可预期市场利益范围的基础上，进一步合理运用比例原则对著作权人和使用者、社会公众之间的多元利益进行综合价值衡量。包括合理使用判断在内的著作权侵权认定问题是一个全面系统的综合评估过程。无论是国际公约认同的三步检验法，还是因素主义模式下的合理使用四要素标准，都需要在逐一对各要素或步骤进行规范（定量）分析的同时，重视从公共政策层面展开必要的功能性（定性）考察。由此可见，以市场利益考察为中心的规则（定量）分析固然很重要，但侧重协调公共政策或衡量其他社会价值的功能性（定性）分析同样是不可或缺的重要考察路径。将合目的性的外部证立因素有效引入体系规则内并作出全面系统的整体价值评估，才能有效维持著作权人和其他参与性主体之间的利益平衡关系。

本章小结

本章为解释转换性使用核心问题的主要分析部分。本章认为，从版权作品的对象范畴确立的"思想/表达"二分法以及著作权侵权认定传统规则（如"接触＋实质性相似"基本规则）存在作品独占论这一财产拟物化观念所引致的较突出的理论局限性。在理解和界定著作权的保护范围时，应采用"行为—作品"的二元解释方法，两者共同构成著作权保护范围的双重认知体系，同时也是侵权认定中彼此关联的重要因素。应摒弃根植于"人—物"对应关系的财产独占观念，回归至作者与使用者之间、作者与

---

① Vgl. Veit Thomas, a. a. O.（Fn. 13），S. 336 f.，转引自郑晓剑《比例原则在民法上的适用及展开》，《中国法学》2016 年第 2 期。
② 王利明：《民法上的利益位阶及其考量》，《法学家》2014 年第 1 期。

后续作者之间、作者与公众之间的利益平衡关系，进而确立从"作者"中心转向"作者/使用者"平衡生态的著作权法解释论体系，同时也为纾解转换性使用的著作权法困境提供系统有效的解释空间。在构建从"作者"中心转型至"作者/使用者"平衡生态的解释论体系时，著作权法的立法目的和制度功能（多为各国立法第 1 条的宣示性内容）通过保护著作权旨在实现最大多数人的最大幸福，可以有效实现维持创作者个体私权与社会公共利益之间生态平衡关系的公共政策目标。故在司法实践中，法官有必要进一步发挥并补强著作权法的立法目的、制度功能以及宪法基本原则等宏观价值工具在裁判说理中的定性解释作用。此外，有必要进一步澄清合理使用一般规则在著作权侵权认定中的定位。著作权侵权判定属于事实和法律之间相互融合和彼此印证的分析过程，确立著作权的保护范围有必要兼顾从作品范畴—行为范畴二元权利作用"焦点"进行综合价值判断。著作权侵权认定规则旨在确立侵权构成中"行为的不法性"，最终需要从作品范畴回归至行为范畴定性的价值判断当中。侵权认定传统规则中的"实质性相似"价值判断环节实际上已被合理使用一般规则整合、吸收，故合理使用一般规则与其说是一种侵权免责抗辩规则，毋宁说是一种已经融入综合价值判断的侵权认定混同规则。就我国合理使用一般规则和法定类型的适用关系而言，应重视以一般规则（如三步检验法、合理使用四要素等）作为指引适用合理使用一般条款"符合法律、行政法规规定的其他情形"，以发挥对法定豁免类型的补充解释功能。在建构转换性使用理论体系时，我国司法实践中有必要引入并运用合理使用四要素作为辅助三步检验法分析的一般适用规则，将使用行为的"内容性转换"作为补充确立作品保护边界的规范解释概念，将"目的性/功能性转换"作为著作权侵权认定的价值指引和定性工具，同时注重有效运用比例原则，对使用行为的"合理容忍的利益减损"要件进行充分考量。

第五章　转换性使用的著作权法未来

第一节　转换性使用之"道"：观念重塑和理论审视

一　著作权法应摒弃根植于"人—物"支配关系且单向度的财产独占观念，回归至"作者/使用者"共存法律关系的多元利益平衡生态

由于沿用有体物独占论的财产观念与物权逻辑，著作权法传统规则将著作权对象——作品拟制成一种类似于有体物、可以确立保护边界的财产，同时设定作品的"独创性""思想/表达"二分法等判断标准，以弥补作品作为抽象物的内在结构缺陷。然而，无论是"独创性"标准还是"思想/表达"二分法，都是构建在源于"作者—作品"创作事实的"人—物"支配关系①，作品被拟制为作者基于创作事实得以支配和占有的财产。此类判断标准及方法虽然在解释著作权保护的正当性以及确立权利边界时发挥了不可否认的重要作用，但由于过度依赖于"人—物"支配关系且受限于作品独占论的单向认知观念，故将著作权的保护范围完全等同于从对象范畴确立的作品独占边界。可是，著作权这一概念绝非反映单一的"人—物"支配关系，而是调整创作者与使用者、后续创作者以及社会公众之间利益均衡的"人—人"法律关系。著作权制度的本质并不是人与作

---

① 基于此，"作者—作品"关系被公认是一种父子关系，如署名权（表明作者身份的权利）英文用"right of authorship"，传统上更表述为"right of paternity"，其中的"paternity"即指父亲身份、父系来源。

品的关系，而是人与人之间的社会关系。"人与作品的关系仅是一种表象，在它的背后存在创作者与使用者之间的社会关系。"① 即使就有体财产而言，"所有权从外表形式来看是指向有体物的权利，但实际上仍然是对于他人利用行为的权利"②。就著作权法而言，与其说是保护作品，毋宁说保护著作权人基于作品特定利用方式而产生的利益，著作权人依法仅能禁止或约束他人对作品的某些使用行为。

因此，著作权侵权认定过程除需要界分作为对象范畴的作品边界以外，更应侧重于考察使用行为的定性问题，综合考量行为对著作权和社会公共利益所产生的影响。正因为"著作权"这一概念构建的是创作者与使用者、后续创作者以及社会公众之间的利益协调配置关系，著作权法在充分保护私权的同时，不得不兼顾保护基本人权、促进科学文化繁荣和发展等符合公共政策的社会价值目标。著作权法应摒弃根植于"人—物"支配关系且单向度的财产独占观念，修正以作品独占论为理论基础、单向度从作品范畴确立的传统侵权认定规则，回归于"作者/使用者"共存法律关系的多元利益平衡生态。

二 著作权法理论体系有必要重塑著作权保护范围的权利作用"焦点"结构

在侵权认定过程中，著作权的保护范围既有别于从对象范畴确立的作品保护范围，也不完全等同于依据法定类型化之权利内容径直确立可以控制的作品利用方式，而需要结合具体个案中使用行为的性质和目的、使用行为对作品的利用方式及法律效果等进行事实认定和法律判断。在界定著作权的保护范围时，"无体物或知识创作物与行为二者之间是难以严格区分的"③，著作权保护范围的权利作用"焦点"（理解著作权保护什么以及保护到什么程度的联结点）实为一种双重结构，包括行为范畴和作品范

---

① 吴汉东：《著作权合理使用制度研究（修订版）》，中国政法大学出版社，2005，第113页。
② 〔日〕田村善之：《"知识创作物未保护领域"之思维模式的陷阱》，李扬、许清译，《法学家》2010年第4期。
③ 〔日〕田村善之：《"知识创作物未保护领域"之思维模式的陷阱》，李扬、许清译，《法学家》2010年第4期。

畴。二者之间相互关联、彼此印证：究竟怎样的东西被视为抽象物——作品，其实是由"利用行为"的抽象化程度所决定的；即使从行为范畴（如依据法定类型化之权利内容径直确认的行为范畴）来判断著作权侵权问题，仍需要借助作品范畴来界定行为的性质。例如，就改编权的保护范围而言，如从行为范畴考察，改编行为绝非原封不动地简单"复制"，而是融入一定创造性劳动的作品改动；而从作品范畴考察，改编行为又是受制于原作品基本内容的有限度创作，改编作品无法脱离于原作品的基本表达。又如判断搜索引擎服务提供网页快照、缩略图的行为是否构成对原美术作品信息网络传播权的侵权行为，既有必要考察依法定类型化之权利内容径直确认的行为范畴（信息网络传播行为的法律性质确认），又需要从作品范畴考察提供行为对美术作品的利用方式、性质及法律效果。正基于网页快照、缩略图"已将搜索到的图片进行一定比例的缩小……与原图相比仅是一种尺寸较小、分辨率较低的图片"[1]，同时该提供行为又起到了将特定信息源指示给用户的"转换性"功能，故通常不会对原美术作品构成"实质性替代"[2]，既不与著作权人的正常利用相冲突，也不会不合理地损害其合法权益。可见，著作权的保护范围绝非对象范畴的作品保护范围，也不仅仅指涉法定类型化之权利内容所径直确认的行为范畴。在理解和确立著作权的保护范围时，应综合运用"作品范畴—行为范畴"的二元解释方法，两者共同构成著作权保护范围的权利作用"焦点"和双重认知体系，同时也是侵权认定中相互关联、彼此印证的重要因素。

三　"转换性使用"并非规范（定量）分析概念或规则，主要是担负合目的性解释功能的一种定性工具和价值指引观念。

在著作权侵权认定规则中，"转换性使用"并非可以定量分析的规范解释方法或规则，而是作为定性解释工具之一，主要是一种担负合目的性解释功能的价值指引观念。转换性使用理论本身并没有提供可操作的、具

---

① Perfect 10 v. Google, 508 F. 3d 1146, 1168（9th Cir. 2007）.
② 北京市朝阳区人民法院（2015）朝民（知）初字第 46312 号民事判决书，北京市朝阳区人民法院（2015）朝民（知）初字第 46301 号民事判决书，北京市朝阳区人民法院（2015）朝民（知）初字第 46303 号民事判决书等。

体定量分析的规范解释路径，其"内容性转换"（如是否产生新的表达、含义或信息）和"目的性/功能性转换"（如出于和原作品表达截然不同的使用目的或功能）的含义抽象模糊，同时使用行为需要达致何种程度才不构成侵权行为，仍需要借助三步检验法或"使用部分占被使用版权作品的质与量""使用对作品潜在市场或价值的影响"等要素进行综合判断。尽管如此，转换性使用概念绝非"裁判结果合理化的空洞说理帽子"，其作为一种定性解释工具和价值指引观念至少能够发挥以下两点重要作用：首先，从作品范畴展开的"内容性转换"分析来看，它主张在"作者—作品"传统支配关系下的表达独占论观念以外，侧重于关注使用行为在新作品中"产生新的表达、含义或信息"、新作品自身的独创性特征依使用行为"内容性转换"之不同强弱程度会逐渐稀释乃至全面覆盖原作品被挪用部分的独创性特征。这有助于填补"思想/表达"二分法、实质性相似规则等传统分析方法的表达独占论解释缺陷，裁判者正是通过"内容性转换"这一概念及不同强弱程度对使用行为的性质、方式及法律效果作出更全面、客观的判断，进而将作品挪用行为划分为复制行为、演绎行为和自由使用三种形态。其次，从行为范畴展开的"目的性/功能性转换"判断来看，尽管使用行为从作品范畴考察可能已构成对原作品独创性表达的"实质性部分"挪用，但基于使用行为的目的和功能相对于原作品已发生重大转换，裁判者依使用行为的"目的性/功能性转换"有必要且得以将符合公共政策目标的合目的性社会价值引入著作权侵权认定规范解释体系，通过合理运用比例原则对著作权和相关公共利益进行综合利益衡量。在著作权侵权认定中，使用行为的"转换性程度越高，合理使用判断中其他要素的考量权重就越低，则该使用行为越倾向于被认定构成合理使用"[①]。"转换性使用"并不完全等同于"合理使用"概念，判断侵权与否仍需要结合合理使用一般规则中的其他要素以及"合理容忍的利益减损"要件，兼顾考量"市场价值/社会价值"、综合运用"规范（定量）分析/功能（定性）分析"方法进行多元利益衡量，以得出公平合理的法律价值判断结论。

---

① Campbell v. Acuff-Rose Music, Inc., 510 U. S. 569, 578 –79（1994）.

第二节 转换性使用之"治"：合理使用
制度的立法优化

为了顺应科技迅猛发展的数字新环境，有效纾解转换性使用著作权困境和难题，有必要从立法层面对我国法律构造体系进行以下几点优化调适。

一 确立利益平衡原则作为著作权法立法宗旨和合理使用制度的价值指引依据

著作权法的"著作权/权利限制（合理使用）"二元设计，本质上是著作权人与其他参与性主体（传播者、使用者等）之间利益平衡的结果，旨在维持著作权与公众实现教育、研究以及获取信息自由等公共利益之间的平衡。利益平衡原则不仅仅贯穿于著作权法旨在推动作品的创作和传播、促进文化和科学事业的发展与繁荣的立法宗旨当中，同时也是著作权限制（合理使用）制度的核心设置目标和价值指引依据。合理使用绝非著作权机制的一种人为偏离，作为一种"理性的衡平法则"（equitable rule of reason），它不应被看作从现有财产制度中挤出来的公共利益"恩泽"，而是整个著作权制度内在体系的重要组成部分。可以认为，合理使用制度的设置正是为了维持著作权人与使用者、传播者等社会公众之间的这种利益平衡关系，故利益平衡原则既构成著作权法也构成合理使用制度的重要价值指引原则。在科技飞速发展的数字新环境下，著作权法应保障专有权和合理使用制度都能得到必要的拓展和延伸，尽量避免任何一方利益受到过度的限缩影响。尽管知识产权理论界一直承认利益平衡原则构成著作权法应遵循的基本原则，但我国《著作权法》即对该原则并没有明确规定，故有必要将利益平衡原则吸纳进第 1 条"立法宗旨"和著作权限制（合理使用）制度当中。基于此，我国《著作权法》可以考虑以下两种修正调适方案：其一，在《著作权法》第 1 条"立法目标"表述中吸纳著作权法应遵循的利益平衡原则，为著作权侵权认定（包括合理使用判断）引入必要的合目的性解释提供重要的价值指引依据；其二，在《著作权法》"权利的限制"章节的起始部分增加一条关于合理使用设置目的和价值导向的总括性宣示条款，可以作如下表述规定："为了维护著作权人与公共教育、文化参与以及获取信息自由等公共利益之间的平衡，实现著作权与其他权益的公平、合理配置，在推动技术创新和信息传播、促进文化和科学事业的发展与繁荣等方面确有必要的特殊情形下，本法对著作权进行必要的限制。"

二　结合三步检验法相关表述，有效吸纳"因素主义"积极要件，调适规范意义上的合理使用一般条款

规范意义上的合理使用一般条款，其功能在于"有助于将著作权限制情形的具体化任务从立法转移到司法"①。可以认为，三步检验法的步骤一"某些特殊情形"为合理使用判断提供了外部证立的"接入口"，而步骤二、三旨在从消极层面考察使用行为是否与作品的正常使用相冲突、是否会不合理地损害著作权人的合法权益，故构成合理使用判断的消极要件。然而，司法实践中仅以消极要件判断合理使用的成立与否是空泛且不充分的，仍需要借助合理使用四要素进行综合考察。因此，建议我国《著作权法》第 24 条作以下修正调适。首先，在保留合理使用类型化规定的基础上，将第 1 款规定的三步检验法（核心步骤二"不得与作品的正常利用相冲突"和步骤三"不得不合理地损害著作权人的合法权益"）表述删除并整合吸纳进第 1 款第 13 项，使之真正成为规范意义上的合理使用一般条款，有效发挥对合理使用具体条款的补充适用解释功能。其次，吸收三步检验法（核心步骤二和步骤三）的相关表述，将第 1 款第 13 项"符合法律、行政法规规定的其他情形"的表述修正为"符合本法规定（主要是指著作权法第 1 条'立法目标'和著作权限制的总括性宣示条款——笔者注）。这样既不与作品的正常利用相冲突，又不会不合理地损害著作权人合法权益的其他情形"，使之既与著作权法的立法宗旨以及合理使用制度的设置目的及价值导向相衔接，又与国际条约的三步检验法表述相一致。最后，考虑到三步检验法（主要指涉核心步骤二和步骤三）因抽象模糊的

① 李琛：《论我国著作权法修订中"合理使用"的立法技术》，《知识产权》2013 年第 1 期。

否定式表述而仅构成合理使用一般规则的消极要件，有必要结合合理使用四要素进行综合考察，故可以考虑在《著作权法》第 24 条再增加一款，明确可以将合理使用四要素作为积极要件，结合判断使用行为"是否与作品的正常利用相冲突""是否会不合理地损害著作权人的合法利益"，进一步细化解释合理使用一般条款。

三　理顺并明确合理使用具体条款和一般条款之间的法律适用关系，进一步完善合理使用相关具体条款及类型化设计

我国《著作权法》第 24 条将合理使用规定划分为具体条款和一般条款，具有重要的法律意义。合理使用的具体条款，即著作权法列举的合理使用类型化之具体情形，是立法机关确立的著作权法定豁免规定，本质上属于立法权范畴；而一般条款则是为了顺应技术迅猛发展的数字新环境，赋予司法机关关于合理使用判断的指引规则（如三步检验法和"因素主义"要件），是为了将合理使用判断的具体任务由立法界定转移至司法认定，有效发挥对 12 项合理使用具体条款的补充适用解释功能。基于此，合理使用类型化之法定具体情形，应视同本身即已符合三步检验法的审查要求。合理使用一般条款则主要适用于法定类型以外、符合合理使用设置目的和价值指引的其他特定情形。在此类特定情形下，法官需要将外部证立的功能性目的引入，运用三步检验法或"因素主义"要件展开个案综合考察使用行为是否构成合理使用。而使用行为一旦符合类型化的具体条款规定的适用条件，即因落入法定豁免的例外规定而构成合理使用，则不应再适用合理使用一般规则（如作为消极要件的三步检验法核心步骤二、步骤三，作为积极要件的合理使用四要素等）展开验证分析，否则会导致合理使用的法定豁免范围受到进一步限缩。换言之，三步检验法不应成为合理使用法定豁免范围内的附加限制规则。唯有在具体条款（如"合理引用"条款等）中包含"适当""必要""合理范围""合理限度"等抽象用语的情况下，法官才有必要在个案中行使自由裁量权，运用合理使用一般规则进行填补式的合理使用判断。因此，我国《著作权法》有必要在第 24 条补充增加一款，明确合理使用具体条款和一般条款（第 1 款第 13 项）之间的法律适用关系，即在个案具体适用中应首先适用合理使用具体条款作

解释分析，唯有涉案使用行为无法适用具体条款且符合社会实践达成的司法共识时，才考虑运用一般规则，沿用合理使用一般条款作有限的合目的性解释，以预防合理使用一般条款沦落为鼓励"司法逃逸"的"口袋"条款。

四 有必要进一步完善《著作权法》第 24 条的合理使用具体条款及类型化设计

首先，"合理（适当）引用"条款（第 24 条第 1 款第 2 项）被我国学界和司法实践公认是最能对转换性使用行为作出本土化解释的重要具体条款，然而正如第四章所述，该具体条款所设置的限定构成要件〔如合理（适当）引用的目的仅限于"介绍、评论某一作品或说明某一问题"，仅适用于创作新作品的"内容性转换"中引用等〕极大地限缩了该具体条款的可适用范围，有必要作进一步修正、调适。笔者认为，应参照国际公约及其他区域性立法的相关表述合理设置"合理（适当）引用"条款，可以考虑将其表述为"为了介绍、评论观点或说明问题等目的，他人可以在符合公平惯例且不超过该目的的合理限度内对已发表作品进行引用"①。"合理（适当）引用"条款作如是调整，既对其引用目的作出必要的扩充性解释，又合理消除其仅适用于创作新作品之"内容性转换"中引用这一限制性的构成要件。其次，从立法层面来看，合理使用类型化的首要功能是例示指引，即"类型比一般规则或概念更具体，可以提供找法的便利，减轻解释的负担"②。基于此，除修正调适后的"合理（适当）引用"条款以外，著作权法还可以考虑将已在社会实践中达致符合公平惯例之司法共识的几类转换性使用形态（如批评、讽刺及戏仿，搜索引擎服务的网页快照、缩略图提供行为等）进行类型化，使之成为合理使用类型化下同法定豁免情形相衔接的"中间层"，再结合合理使用一般规则作价值综合判断，以有效发挥减轻转换性使用之法律解释负担的例示指引作用。

---

① 《保护文学艺术作品伯尔尼公约》第 10 条第 1 款。
② 李琛：《论作品类型化的法律意义》，《知识产权》2018 年第 8 期。

第三节　转换性使用之"术"：侵权认定
规则的解释论完善

就司法适用层面而言，为了有效纾解转换性使用著作权困境和难题，应对著作权侵权认定规则的解释论体系作进一步完善。

一　合理使用一般规则并非侵权免责抗辩规则，而是区分侵权/非侵权行为、已融入综合价值判断的"事实/法律"混同规则

从历史维度来看，在较长一段时期的司法实践中，裁判者主要从行为范畴创设并形成较抽象的合理使用规则（包括"合理节略""合理模仿""合理使用"等），侧重在个案考察中依据具体事实作出侵权成立与否的法律价值判断。"合理使用"实际上替代发挥了从作品范畴建构的"思想/表达"二分法、实质性相似等传统规则的价值评判功能（如"非实质性利用"认定等[①]）。直到 20 世纪六七十年代，"合理使用"术语在判例法糅合从作品范畴考察的"思想/表达"二分法、实质性相似规则的基础上，更侧重于考察使用行为本身的性质及其发挥的社会公共价值。在这一过程中，合理使用一般规则既替代发挥区分作品保护内容和公共领域的重要作用，又从行为范畴尝试界分侵权/非侵权行为。从现有规则体系来看，司法实践从作品范畴将"接触＋实质性相似"规则、"思想/表达"二分法等作为著作权侵权认定的基本规则，而从行为范畴将合理使用一般规则（三步检验法或合理使用四要素）作为侵权免责抗辩规则，既导致法律价值判断环节的二次重复验证，又人为地割裂了法律价值内涵，造成从作品范畴和行为范畴分别确立的法律价值内涵呈现难以弥合的利益错位和冲突。如从作品范畴确立的"接触＋实质性相似"规则，其"实质性相似"考察需要结合"使用部分占被使用版权作品的质与量"进行价值判断，但由于该规则构建的基点是以版权作品独占论为中心，故该规则主要是以被挪用作

[①]　Nichols v. Universal Pictures Corp., 45 F. 2d 119, 121（2d Cir. 1930）, cert denied, 282 U. S. 902（1931）.

品的著作权人利益为法律价值判断的聚焦点。而从行为范畴确立的合理使用一般规则（如合理使用四要素），不仅重复从实质性相似规则之"使用部分占被使用版权作品的质与量"进行法律价值判断，而且还结合"使用行为的目的和性质""使用对作品潜在市场或价值的影响"等要素，引入规则体系以外的合目的性价值进行综合利益衡量。

可见，合理使用一般规则不仅对"接触 + 实质性相似"规则的价值判断要素进行重复验证，而且它的价值判断内容（还需要兼顾著作权人以外的社会公共利益）已经涵摄甚至大于后者。合理使用一般规则与实质性相似规则在著作权侵权认定中的判断参考要素上存在明显的重合之处，二者之间既非"一刀切"式的侵权认定规则和侵权免责抗辩规则，更难言一种非此即彼的、递进式的法律适用关系。合理使用一般规则实际上已经融合并吸收了实质性相似规则的综合价值判断要素（如"使用部分占被使用版权作品的质与量"），故合理使用一般规则与实质性相似规则之间已构成本质上的价值融合或规则混同。著作权侵权认定规则旨在确立侵权构成中"行为的不法性"要件，最终需要从作品范畴回归至行为范畴定性的价值判断当中。因此，与其说合理使用一般规则是一种侵权免责抗辩规则，毋宁说它是区分侵权/非侵权行为、已融入侵权综合价值判断的"事实/法律"混同规则。①

二　著作权侵权认定问题最终应回归至"行为的不法性"考察，有必要平衡兼顾好二元价值取向、分析进路和解释规则

确立著作权的保护范围应从"作品范畴—行为范畴"二元权利作用"焦点"进行界定，虽然从作品范畴可以圈定版权作品保护边界，但作品侵权认定传统规则（如"思想/表达"二分法、实质性相似规则等）及相关方法（如"抽象—过滤—比较"三步检验法）实际上已经被整合吸收进合理使用一般规则当中（如合理使用四要素中的要素三"使用部分占被使用版权作品的质与量"、要素四"使用对作品潜在市场或价值的影响"等）。我国"接触 + 实质性相似"规则主要侧重于事实认定——辨明原、

---

① Google LLC v. Oracle America, Inc., 583 U. S. No. 18 – 956（2021），pp. 18 – 21.

被告两造作品之间是否存在抄袭或参照来源关系（抄了没有、抄了多少），而非用于证立不法挪用的"实质性相似"价值判断环节，因为后者已被合理使用一般规则所整合、吸收。可以认为，著作权侵权认定解释规则指向个案具体情形中的作品使用行为，最终应回归至侵权构成要件中"行为的不法性"认定层面，有必要运用合理使用一般规则（如合理使用四要素及三步检验法之核心步骤二、三）对使用行为是否构成侵权进行综合价值判断。

此外，著作权侵权认定过程是全面系统考察"行为的不法性"的综合价值判断环节，既有必要从作品范畴认定使用行为是否构成"实质性利用"，又需要衡量多元价值取向、合理运用比例原则进行综合价值判断。在这一过程中，有必要合理兼顾"市场价值/社会价值"二元价值取向、"规范（定量）/功能（定性）"二元分析进路，综合运用"三步检验法/合理使用四要素"二元解释规则。就价值取向和分析进路而言，利益平衡原则是包括著作权法在内的整个知识产权法的基本原则，著作权法在充分保护著作权的同时，亦应兼顾维护社会公共利益。从效用主义分析，著作权法之所以赋予创作者以专有权，旨在激励作品的创作和有效传播，故实现符合公共政策之合目的性社会价值（边沁所言的"最大多数人的最大幸福"）甚至可以说是著作权法的终极目标和立法宗旨。故在著作权侵权认定过程中，裁判者在运用规范（定量）分析方法考察使用行为对版权作品市场价值造成的利益减损或替代的同时，仍有必要运用功能（定性）分析方法，引入符合公共政策目标的合目的性多元社会价值进行综合价值衡量。就解释规则而言，尽管合理使用四要素在我国著作权立法当中并未明确规定，但它与已被著作权法确立的三步检验法的内在逻辑和分析方法具有一致性。相对于三步检验法抽象模糊的否定式表述、没有为司法适用提供并确立一条清晰完整的规范解释论体系，合理使用四要素通过长期司法实践已凝练出侵权认定综合价值判断中的四项积极要件，既提供了兼顾社会公共利益等多元综合价值考量的弹性解释"接入口"，又突破了仅从作品范畴分析的传统侵权认定规则所存在的理论局限性，为著作权侵权认定中的综合价值判断提供了较全面、系统的参考依据。因此，虽然皆以比例原则作为价值衡量依据，但合理使用四要素更具有规范层面上的可操作性，可以借用综合判断三步检验法之核心步骤二和步骤三。① 可以认为，三步检验法之核心步骤二、步骤三构成著作权侵权认定规则中的两项消极要件，而合理使用四要素构成著作权侵权认定规则中的四项积极要件。在侵权认定过程中，三步检验法深受单向市场分析的解释论限制，其规范解释体系也具有较大局限性，而合理使用四要素可以有效发挥作为一般适用规则的补强解释功能。

三　转换性使用聚焦于使用行为的"内容性转换"和"目的性/功能性转换"定性，二者在侵权认定中发挥着不同的法律解释功能

尽管"转换性使用"并非规范性（定量）分析概念或规则，而主要是担负合目的性解释功能的一种定性工具和价值指引观念，但它在完善著作权侵权认定规则的法律解释论方面仍发挥着不容忽视的重要作用。从"作品范畴—行为范畴"二元权利作用"焦点"的解释体系进行划分，"转换性使用"的法律解释功能聚焦使用行为的"内容性转换"和"目的性/功能性转换"考察。就使用行为的"内容性转换"而言，其解释功能旨在填补"思想/表达"二分法、实质性相似规则等传统分析方法的表达独占论解释缺陷，以发挥必要的补强解释功能。依使用行为的"内容性转换"解释，裁判者在圈定版权作品的保护边界时突破从作品范畴单向关注基于"人—物"支配关系的表达独占论，重视考察使用行为的性质、功能及其对挪用效果可能产生的影响。具体而言，确立版权作品的保护边界既应当考察被挪用部分在受保护的在先作品中是否构成独创性表达以及是否构成该作品的实质性部分，同时还应当兼顾考察挪用本身因使用行为的"转换性"程度所添加或创造内容的新信息、新意义和新价值，以及新作品的独创性表达。在运用从作品范畴圈定作品保护边界的传统规则（如"思想/表达"二分法、实质性相似规则等）时，应确立使用行为的稀释理论而非固守作品范畴的表达独占论，承认前后作品之间因使用行为的稀释作用而产生的实质性差异可以抵消彼此之间的相似性。就使用行为的"目的性/功能性转换"而言，其解释功能旨在作为已融入侵权综合价值判断的"事

---

① 李杨：《著作权合理使用制度的体系构造和司法互动》，《法学评论》2020 年第 4 期。

实/法律"混同规则——合理使用一般规则中发挥必要的补充解释功能。在著作权侵权认定中，即使使用行为因不具备"内容性转换"而未产生新的作品，仍有必要从"作品范畴—行为范畴"二元权利作用"焦点"综合判断侵权构成中的"行为的不法性"要件，使用行为依然有可能构成合理使用。在侵权认定过程中，虽然法律对著作权人利益的充分保护始终是主线，但无论是三步检验法还是合理使用四要素，都需要在关注版权作品市场价值的同时，结合"使用行为的性质和目的"要素对转换性使用进行考察，借助使用行为的"目的性/功能性转换"将符合公共政策目标的合目的性多元社会价值引入规则体系。

附录　著作权法中的转换性使用
实证研究

刘家瑞*

摘　要

　　本文对 2017 年 1 月 1 日前美国版权法历史上所有公开的转换性使用判决进行了实证研究。自 1990 年勒瓦尔法官首次提出转换性使用理论以来，近年来 90% 的合理使用判决都涉及该理论，转换性使用在合理使用制度中逐渐取得了支配地位。更重要的是，在所有支持转换性使用的处置性判决中，94% 的判决最终都认定构成合理使用。转换性使用的控制效果在合理使用四要素检验中最为明显：转换性使用的认定凌驾于要素一中商业目的和恶意的认定之上，使得要素二中原作品是否发表、是否具有创造性的问题也不再那么重要，将要素三中允许的复制范围扩大到 100% 的逐字复制，同时排除了要素四中基础市场和衍生市场受损的证据，即使存在功能良好的使用市场。

　　尽管转换性使用协调了合理使用的措辞，但它在简化合理使用实践或是提高合理使用可预测性方面仍有所欠缺。不同法院对于转换性使用含义的理解存在巨大差异，在转换性使用的意义上存在广泛分歧。他们在认定内容转换、目的转换或两者都未认定时，都会支持有利于被告的学说。转

---

　　* 本文作者刘家瑞系美国斯坦福大学互联网和社会中心研究员。该实证研究报告原文（英语）发表于《斯坦福科技法律评论》2019 年冬季刊，感谢刘家瑞先生对原文翻译及译文发表的慷慨授权。翻译过程中，笔者指导的硕士研究生唐思佳、桂沁等同学做了大量协助工作，在此对他（她）们表示谢意。

换性使用也容易导致滑坡谬误：法院首先在非争议的案件中谨慎地适用该理论，然后一步一步地拓展该理论，将其适用于与原始案件背景差异很大的事实模式中。

虽然本文在本质上是描述性的，但具有规范性的内涵。法院乐于适用转换性使用不是因为它含义模糊，而是因为它确实是一种灵活的方法，法院可以在判决中依直觉判断的同时；使人保持遵循先例的印象。但是，措辞的协调掩盖了不同案例中各种政策关切的差异，导致法院随意引用与案件事实不符的先例，且对未来案件更有指导意义的深层政策分析被内容转换或目的转换的机械判断替代了。

引 言

《美国著作权法》的结构就像"瑞士奶酪"①。它只有第106条规定了版权作品的作者所享有的专有财产权利②，却在第108～122条，用共计15条的规定列举这些专有权利的限制与例外。③ 如果争议使用并未落入列举情形，国会还在第107条中规定了合理使用制度，赋予法院自由裁量权，即法官仍可以根据个案的具体情况将一些不属于法定例外的使用行为认定为权利的限制和例外。④ 作为一种定义版权排他性权利边界的制度，合理使用具有出人意料的模糊性和争议性。勒尼德·汉德（Learned Hand）法官将其称为"整个版权法中最大的麻烦"⑤。大卫·纳尔逊（David Nelson）法官感叹道："合理使用是法律制度中最不稳定的领域之一，它非常灵活，以至于难以被定义。"⑥ 理查德·波斯纳（Richard Posner）法官解释了这个问题的根源：合理使用制度仅仅把这四个要素列为"需要考虑的事项清

---

① Cf. Act of March 4, 1909, Pub. L. No. 60 – 349, § 1, 35 Stat. 1075, 1075（详细规定了各种作品的作者享有的专有权利）。

② 17 U. S. C. § § 106 & 106A（2012）.

③ 17 U. S. C. § § 108 – 122（2012）.

④ 17 U. S. C. § § 107（2012）.

⑤ Dellar v. Samuel Goldwyn, Inc., 104 F. 2d 661, 662（2d Cir. 1939）.

⑥ Princeton Univ. Press v. Mich. Doc. Servs., Inc., 99 F. 3d 1381, 1392（6thCir. 1996）（quoting Time Inc. v. Bernard Geis Assoc., 293 F. Supp. 130, 144（S. D. N. Y. 1968））.

单，而不是决策公式"①。换句话说，这就像是国会让法官们根据一张购物清单去准备一整场宴会。

"法的形而上学"② 吸引了我们这个时代最智慧的法学人才，他们提出了一些对合理使用进行合理化的重要理论③，其中转换性使用理论最为著名。1990 年，皮埃尔·勒瓦尔法官在《哈佛法律评论》上发表了自己的论文《论合理使用标准》，这篇文章主要探讨了评论、传记中的引用问题，同时他在这篇文章中首次提出了"转换性使用"④。他认为，"如果二次使用为原作品增加了价值——如果被引用的原作品被当成原材料，转换后产生了新信息、新美学、新视角和新理解——那么这种使用正是合理使用制度所要保护的能够丰富社会生活的活动"⑤。1994 年，大卫·苏特（David Souter）法官在一个戏仿作品案件——"坎贝尔"（Campbell）案中进一步完善了转换性使用理论：这种审查的主要目的是检验……新作品"仅仅是原作品的替代品"……还是增加了一些包含不同目的或特征的新内容，从而通过新表达、含义或信息改变了原作品；换句话说，新作品是否具有"转换性"或者具有何种程度的"转换性"⑥。

本文对 2017 年 1 月 1 日前美国版权法历史上所有公开的转换性使用判决进行了实证研究。⑦ 文章的第一部分证明从"坎贝尔"案以来，转换性

---

① Ty, Inc. v. Publ'ns Int'l, Ltd., 292 F. 3d 512, 522（7th Cir. 2002）.

② Folsom v. Marsh, 9 F. Cas. 342, 344（No. 4901）（C. C. D. Mass. 1841）.

③ William M. Landes & Richard A. Posner, *The Economic Structure of Intellectual Property Law* 153 (2013)（替代品）；Melville B. Nimmer & David Nimmer, *4 Nimmer on Copyright* § 13. 05［A］[1]［B］(2002)（功能检验）；Leon Seltzer, *Exemptions and Fair Use in Copyright 23* (1978)（创益性使用）；William W. Fisher Ⅲ, "Reconstructing the Fair Use Doctrine", 101 *Harvard Law Review* 1659, 1664 (1988)（价格歧视）；Wendy J. Gordon, "Fair Use as Market Failure：A Structural and Economic Analysis of the Betamax Case and Its Predecessors", 82 *Columbia Law Review* 1600, 1602 - 03 (1982)（市场缺陷）.

④ Pierre N. Leval, "Toward a Fair Use Standard", 103 *Harvard Law Review* 1105, 1111 (1990).

⑤ Pierre N. Leval, "Toward a Fair Use Standard", 103 *Harvard Law Review* 1105, 1111 (1990)；Salinger v. Random House, Inc., 650 F. Supp. 413（S. D. N. Y. 1986），rev'd, 811 F. 2d 90 (2d Cir. 1987)；New Era Publications Int'l v. Henry Holt & Co., 695 F. Supp. 1493 (S. D. N. Y. 1988)，*Aff'd on Other Grounds*, 873 F. 2d 576 (2d Cir. 1989).

⑥ Campbell v. Acuff-Rose Music, Inc., 510 U. S. 569, 579 (1994).

⑦ 考虑到本文的写作目的，本文选取的合理使用判决是指至少涉及 1976 年《美国著作权法》第 107 条规定的四要素检验中的两个要素的判决，以及涉及转换性使用的含义的判决。

使用逐渐取得了合理使用制度中的支配地位：尽管自1994年联邦最高法院在坎贝尔案确立转换性使用理论以来适用了第107条的合理使用判决中只占51.7%，但是近年来这一比例已经上升到接近90%。① 联邦第二和第九巡回法院所在地区的地方法院和上诉法院是提升这一比例的主力军，近60%的转换性使用判决都由它们作出。② 就作品类型而言，视觉艺术，包括摄影作品、美术作品、文学作品和视听作品，相较于一直以来被盗版问题困扰的音乐作品和软件，更容易受到转换性使用的影响。③

　　正如所有伟大的理论一样，转换性使用不可避免地被发展为（合理使用的）所有问题的解决方法。随着下级法院不断在与原始语境（例如评论性传记和戏仿）不同的案件事实中适用转换性使用，这个理论开始有了自己的生命，发展到了一个其创造者从未设想过的规模。勒瓦尔法官警示地提出，转换性使用并不能保证成功认定构成合理使用；相反，它只是将该理论设计成一种门槛式的检验，用以快速排除大量的侵权行为。"如果对版权作品的引用并没有体现出转换性的目的，那么就不需要继续进行合理使用其他要素的检验了。"④ 事实上，尽管戏仿作品明显构成转换性使用，但"坎贝尔"案仍被苏特法官发回重审，他要求原审法院进一步审查与要素三（例如被使用音乐作品的数量）和要素四（例如对非戏仿作品衍生市场的影响）相关的案件事实。⑤

　　但是，第二部分的实证研究显示，在随后的判决中，法院倾向于将转换性使用当作认定合理使用的捷径。从总体上看，虽然利用转换性使用进行抗辩的胜诉率只有50.8%，但是它的胜诉率已经从2000年以前的26.4%

---

① 17 U. S. C. § 107 (2012)（从1978年1月1日至2017年1月1日）。

② 总的来说，联邦第二和第九巡回法院被认为是版权诉讼的中心。e. g. , Christopher A. Cotropia & James Gibson, "Copyright's Topography: An Empirical Study of Copyright Litigation", 92 *Texas Law Review* 1981, 2000 (2014); Jiarui Liu, "Copyright Injunctions After eBay: An Empirical Study", 16 *Lewis & Clark L. Rev.* 215, 230 (2012).

③ Paul Goldstein 在国际复制权组织（IFRRO）商业模式论坛与国际会议（2015年11月10日）上的演讲, *The Importance of Addressing Adequately Legitimate User Requests for Legal Access to Intellectual Property*, https://perma. cc/2WZ5 - XR62 （"即使对美国音乐产业了解不多，也会发现强制性的或非强制性的集体管理和许可制度对减少权利的限制和例外的影响。"）

④ Pierre N. Leval, "Toward a Fair Use Standard", 103 *Harvard Law Review* 1105, 1116 (1990).

⑤ Campbell v. Acuff-Rose Music, Inc. , 510 U. S. 569, 589 & 593 (1994).

稳步增长至 2010 年之后的 63.3%。在两个版权诉讼中心，联邦第二巡回
法院贡献了 58.5% 的胜诉率，大幅度地超出联邦第九巡回法院（45.8%）。
更重要的是，在样本包含的所有处置性判决中，被认定构成转换性使用的
判决中有 94% 的使用最终也被认定为合理使用。[①]

　　第三部分解释了为何转换性使用作为一个第 107 条没有明文规定的子
要素，在合理使用分析中占支配地位。一系列相关系数和逻辑回归模型揭
示了其对四个要素及其各自子要素的深刻影响。[②] 要素一"使用的目的和
性质"，一般包括三个子要素——转换性使用、商业性和恶意。[③] 但是，当
根据要素一支持合理使用时，转换性使用是唯一一个具有统计学意义上显
著影响的子要素。在所有认定转换性使用的案件中，有 92.1% 的案件显示
根据要素一支持合理使用。在那些既有转换性使用又有商业性目的子要素
案件中，转换性使用占有压倒优势的 91.5%。同时，根据统计数据，恶意
子要素对要素一的影响在转换性使用案件中几乎可以忽略不计。

　　转换性使用也降低了法院分配给要素二——"版权作品的性质"的
权重。从统计数据上看，在认定转换性使用后，原作品是否发表或具有创
造性的事实对合理使用认定结果的影响并不大。要素二的无关紧要在
"HathiTrust 数字图书馆"案中体现得淋漓尽致，在该案中，尽管被告扫描
了几乎所有种类的书，法院还是在没有任何商议或者区分的情况下无条件
地排除了要素二的检验。[④]

　　要素三——"使用部分占被使用版权作品的质与量"，从表面上看，
使用的部分占原作品比例越大或重要性越高，使用就越不可能被认定为合

---

① 有 94% 的法院在一旦认定不存在转换性使用后，最终也会认定该使用不构成合理使用。
尽管存在转换性使用足以认定合理使用，但是很难得出转换性使用是认定合理使用的必
要条件的结论。在样本之外的 30 个判决中，法院没有讨论转换性使用，但最终认定构成
合理使用。值得注意的是，胜诉率可能会体现出选择偏差：双方都想解决除了最模糊的
案件之外的所有案件，因此导致胜诉率接近 50%。e. g., John R. Allison & Lisa Larrimore
Ouellette, "How Courts Adjudicate Patent Definiteness and Disclosure", 65 *Duke Legal Journal*
609, 670 (2016).

② 关于社会科学研究逻辑回归模型的介绍，see Andy Field, Discovering Statistics Using Spss
(And Sex And Drugs And Rock' N' Roll) 223 (3d ed. 2009)。

③ Paul Goldstein, Goldstein on Copyrigh*t* § 12. 2. 2 (2016)。

④ Authors Guild, Inc. v. HathiTrust, 755 F. 3d. 87, 98 (2d Cir. 2014).

理使用。① 但是实证研究的结果表明，对原作品的使用比例对认定要素三的影响并不大，也没有体现按比例增减的关系。相反，要素三下允许使用的数量和质量与转换性使用密切相关。在法院认定存在转换性使用的案件中，对整部作品逐字复制对认定合理使用的影响并不大，但对作品核心内容的复制对认定合理使用还是有一定影响的。

通过深刻影响法院对市场损害证据的认定，转换性使用控制了要素四——"使用对版权作品潜在市场或价值的影响"。在所有存在转换性使用的案件中，有84.9%的案件根据要素四被认定构成合理使用。法院在认定不存在市场替代的风险时，常常会在说理中提及尽管被告作品的受众以与原作者意图相同的方式消费了原作品，但转换性使用会吸引一些与原作品受众水平不同的群体。在卡里欧案中，法院刻意地列举了一长串经常光顾被告的名人名单，其中包括安吉丽娜·朱莉和布拉德·皮特，以证明原告的指控是荒谬的：像被告这样的明星艺术家怎么会想要挤占一个默默无闻的小艺术家的市场呢？② 此外，一些法院明确表示，尽管存在一个原告可以利用或者许可他人利用的良好市场，转换性使用的认定也可以排除证明原告基础市场或衍生市场遭受损害的证据。③ 这种认为转换性使用不会造成任何版权法意义上的市场损害的观点，与"坎贝尔"案的观点存在差异，尽管该案中的争议使用是转换性的，但为了进一步考察与要素四有关的事实，该案被发回重审。④

包括版权评论家在内的学者长期以来都对合理使用制度的不一致性和不可预测性持批判态度。⑤ 最有声誉的版权学者之一——威廉帕特里曾经

---

① Pierre N. Leval, "Toward a Fair Use Standard", 103 *Harvard Law Review* 1105, 1122 (1990).

② Cariou v. Prince, 714 F. 3d 694, 709 (2d Cir. 2013).

③ Harper & Row Publishers, Inc. v. Nation Enters., 471 U. S. 539, 566 n. 9 (1985). ("在经济学家看来，允许'合理使用'替代通过正常版权渠道授权的使用，会扰乱版权的市场秩序，并且这并非出于保护公共利益的目的。")

④ Campbell v. Acuff-Rose Music, Inc., 510 U. S. 569, 593 (1994).

⑤ E. g., Lawrence Lessig, Free Culture: How Big Media Uses Technology and The Law to Lock Down Culture and Control Creativity 187 (2005) ("在美国，合理使用仅仅意味着你可以请律师来捍卫你自由创作的权利"); Jessica Litman, "Billowing White Goo", 31 *Columbia Journal of Law and Arts* 587, 596 (2008) (将版权法，尤其是合理使用制度描述成"滔滔不绝的白痴"); Edward Lee, "Warming Up to User-Generated Content", 2008 (转下页注)

大言不惭地声称谷歌数字图书馆项目不可能通过合理使用检验，但当他成为谷歌的内部顾问后，他就删除了那条博客。[1] 事实上，勒瓦尔法官设计转换性使用检验是为了"提高判决的一致性和可预测性"[2]。现在法院无论个案的具体案情如何，都将转换性使用定义为合理使用认定的关键，那么我们是否至少能够确定，转换性使用通过最小化其不确定性和随意性来使合理使用分析变得明确？

第四部分给出答案：不能。尽管许多法官认为，只有转换性使用能够拯救合理使用，但他们就转换性使用的实际含义也没有达成共识。本文根据使用是否包含"内容转换"（例如增加了新内容或改变了原作品的内容）和"目的转换"（例如出于与原作品不同的目的使用原作品），将涉及转换性使用的判决分为四类。

第一，对于既存在内容转换又存在目的转换的使用，正如先例"坎贝尔"案中法院的做法，法院毫无意外地会将其认定为转换性使用。[3]

第二，对于只存在内容转换、不存在目的转换的使用，其中 32.7% 被认定为转换性使用。对内容转换的讨论使得法院要去对比被告复制内容的数量与新增内容的数量，而不是根据第 107 条的规定，将被告的复制比例与原版权作品进行对比。[4] 这实际上是在传统的实质性相似检验的基础上创造了一种新的检验方法——实质性差异检验。[5] 尽管联邦最高法院曾告诫，不要让"作品中不涉及盗版的比例"成为任何人盗版的借口。[6]

第三，对于只存在目的转换、不存在内容转换的使用，其中 60.7% 被认定为转换性使用。在认定被告的目的与原告的目的是否存在差异时，各

（接上页注⑤）*University of Illinois Law Review* 1459，1468（2008）。（"考虑到缺乏关于合理使用和侵权的明确规则，我们对版权法的未知部分大于已知部分。"）

[1] William P. Patry, *Scanning Documents*, The Patry Copyright Blog（Sep. 15, 2005），https://perma. cc/A2YN-TZ3K.

[2] Pierre N. Leval, "Toward a Fair Use Standard", 103 *Harvard Law Review* 1105, 1135（1990）.

[3] Campbell，510 U. S. at 593.

[4] 17 U. S. C. § 107（2012）.

[5] E. g., Ringgold v. Black Entertainment Television, Inc., 126 F. 3d 70, 76（2d Cir. 1997）；Computer Associates Int'l, Inc. v. Altai, Inc. 982 F. 2d 693, 706（2d Cir. 1992）；Sid & Marty Krofft Television Productions, Inc. v. McDonald's Corp., 562 F. 2d 1157, 1163（9th Cir. 1977）.

[6] Sheldon v. Metro-Goldwyn Pictures Corp., 81 F. 2d 49, 56（2d Cir. 1936）.

法院采取的方法存在很大的差异。有的法院关注原、被告双方创作时的主观目的。这种方法不仅容易受到自利性证据的影响，还会导致在新技术出现时对版权市场造成损害。有的法院尝试以理性读者的视角对比原作品的客观目的与被告的使用目的。在实践中，这种方法往往要求法官用艺术视角而非法律视角来裁判。[①] 此外，我们可以从概念上将创作目的抽象为几个层次。一些地方法院关注较低的、具体的层次上的目的（例如喜剧与戏剧目的），而一些上诉法院则关注较高的、普遍的层次上的目的（例如娱乐目的）。

第四，实证研究的结果表明，尽管被告出于与原作者相同的目的，逐字逐句地复制了原作品，一些法院还是认定该使用构成转换性使用。[②]

最后，转换性使用的高度延展性加剧了合理使用判决中的滑坡谬误。[③] 法院首先在充分包含目的转换与内容转换的非争议案件中谨慎地适用转换性使用理论，但通过类比的连锁效应，一点一点地扩大转换性使用的内涵，直至将其适用于与原始语境相去甚远的案件事实中。本文列举了三种滑坡谬误的情形：（1）从直接评论原作品的戏仿作品到评论社会或其他无关事项的讽刺作品，再到不包含任何讽刺意义的挪用艺术；（2）从必须通过引用原作品解释重大历史事件的传记，到不涉及历史事件但涉及虚构人物或事件的配套书籍，再到出于与原作者意图相同研究目的的复制件；（3）从为了开发不包含受保护表达的兼容产品而涉及临时复制的反向工程，到存储在线内容的非显示副本以及在搜索结果中显示缩略图或片段的搜索引擎，再到直接替代原始线下内容的大规模数字化图书馆。

第五部分揭示了转换性使用判决存在高度不确定性和高度不一致性的根本原因——这个概念本身建立在一个模糊的政策基础上。一些法院试图用社会生产力、二次创作或替代品理论证明转换性使用的合理性，但受到其他法院的强烈反对。在不违背宏观理论的前提下，我们可以从相对无争议的判决中提炼出一个两步检验的方法。

---

① Bleistein v. Donaldson Lithographing Co. , 188 U. S. 239, 251（1903）.

② 参见本文第四部分 A 的第 4 点。

③ Eugene Volokh, "The Mechanisms of the Slippery Slope", *Harvard Law Review* 116, 116（2003）.

第一，正如勒瓦尔法官所设想的，转换性使用在排除大量替代原作品基础市场的侵权行为方面可以发挥有限的作用。① 既不包含目的转换也不包含内容转换的涉嫌侵权使用的行为很可能被认定为与原作品构成直接竞争关系。

第二，如果该使用不是原作品基础市场中的替代品，法院需要确定该使用是否影响了权利人有权许可的衍生市场，例如"传统的、合理的或者可能发展的市场"②。三个传统的抗辩理由都与这一步无关。将替代品认定为转换性使用与版权法控制演绎作品的做法相矛盾。③ 虽然促进社会效益和二次创造是通常的宪法目标④，但值得注意的是，从理论上来看，对原创作品的许可使用和未经许可的使用都可以产生相同的社会效益。按理说，经许可的使用更加优越，原因在于它可以激励原作者。法院在衡量合理使用时面临的关键问题不是使用是否合理，而是未经许可的使用是否合理。假设在没有合理使用抗辩的情况下，被告未经许可的使用及其带来的社会效益不是通过市场交易实现的，那么被告的使用也是合法的。⑤ 因为如果没有市场交易，任何情况下原作者都不能获得版税，那么任何一个理性的作者都不会去关心未经许可的使用。⑥ 有半个面包（有社会效益、没有给作者的激励）比没有面包（没有社会效益、没有给作者的激励）要好。本文展示了许多认为双方同意的许可在市场中不可行的转换性使用判决，其中一些理由包括信息不对称、拒不合作问题和交易成本。每一个理由都涉及一个独特的政策问题，而几乎不依赖于对目的转换或内容转换的认定。

综上所述，此项实证研究本质上是积极的，并没有从规范的角度分析各个判决的优点。相反，本文只简单回答了三个实证问题：第一，转换性使用理论在合理使用判决中有多么普遍？第二，转换性使用的认定对合理使用判决结果的影响有多大？第三，转换性使用是不是一个法院可以连续

---

① Pierre N. Leval, "Toward a Fair Use Standard", 103 *HARV. L. REV.* 1105, 1116 (1990).

② American Geophysical Union v. Texaco Inc. , 60 F. 3d 913, 930 (2d Cir. 1994).

③ 17 U. S. C. § 106 (2) (2012).

④ U. S. CONST. art. I, § 8, cl. 8.

⑤ Harper & Row Publishers, Inc. v. Nation Enterprises, 471 U. S. 539, 566 (1985).

⑥ Harper & Row Publishers, Inc. v. Nation Enterprises, 471 U. S. 539, 549 (1985). （"原作者对使用行为的认可总是被法院认定为促进科学和实用艺术进步的宪法政策的必要条件……"）

适用并平等对待相似被告的标准?

　　但是,本文的实证研究确实有规范性的内涵。尽管转换性使用明显协调了合理使用判决的措辞,但它并没有简化法院、使用者和版权人的合理使用实践。因此,形式上的和谐不仅降低了转换性使用这个非法定因素的价值,还会掩饰深层次的不一致性,并在版权业内造成进一步的混乱。下级法院之所以乐于适用转换性使用,是因为它是一种灵活的方法,法院可以将其作为掩饰自己依直觉判断的工具,使得判决看上去像是遵循先例的结果。由于转换性使用概念的延展性很强,且相关的判例法适用范围非常广泛,无论何时,只要法官想出于政策考量豁免一个侵权使用,他都能在该使用中找到或多或少的内容转换或目的转换。然而,统一的转换性使用标签往往掩盖了不同案件中不同政策考量的差异,导致法院随意引用与案件事实不符的先例,且对未来案件更有指导意义的深层次政策分析被内容转换或目的转换的机械判断替代了。

　　尽管勒瓦尔法官热衷于转换性使用[1],他还是坦诚地指出了转换性使用理论的局限性。他在 2015 年承认,下级法院的判决出现不一致性并不奇怪,因为法官们"可能很快掌握看似简单的方法,但其实他们对该方法的理解是错误的"[2]。在"谷歌数字图书馆"案中,他再次将转换性使用限缩于"对原作品的批评、评论或介绍"上,并作出以下警示:

　　　　"转换性"一词不能仅从字面上将其当作理解合理使用要素的关键。它仅仅是复杂理论的一个暗示性符号,并不意味着对作者原始文本所做的任何改变都必然支持合理使用的认定。[3]

　　这是对转换性使用进行的一次明智且及时的澄清。然而,如果我们需要"一个暗示性符号",即依据一系列不同政策而使用的一个包罗万象的标语,

---

① E. g., Pierre N. Leval, "Acuff-Rose: Justice Souter's Rescue of Fair Use", 13 *Cardozo Arts and Entertainment. L. J.* 19, 19 (1994); Pierre N. Leval, "Nimmer Lecture: Fair Use Rescued", 44 *University of California Los Angeles Law Review.* 1449, 1465 (1997).

② Pierre N. Level, "Campbell As Fair Use Blueprint?", 90 *Washington Law Review.* 597, 597 (2015).

③ Authors Guild, Inc. v. Google Inc., 804 F. 3d 202, 214 (2d Cir. 2015).

而它由法院逐案评估并提炼而成，那么法律中已经有了，那就是合理使用。①

一　总体情况

本文对 2017 年 1 月 1 日前美国版权法历史上所有公开的转换性使用判决进行了实证研究。② 总共研究了 260 个涉及转换性使用的合理使用判决，占 1978 年 1 月 1 日~2017 年 1 月 1 日所有根据第 107 条认定构成合理使用判决的 51.7%。③

正如我们从图 1 中看到的，自 1990 年勒瓦尔法官创造了转换性使用理论以来，它并没有立刻取得法院的关注。④ 在转换性使用理论刚被提出的前四年里，它被引用的频率每年只有一次。但是，当苏特法官在"坎贝尔"案中明确地表示赞成转换性使用理论后，它的名气开始猛涨。⑤ 1993~1994 年，涉及转换性使用的判决占合理使用判决的比例从 8% 上升至 41%。当一系列包括"Perfect 10"案在内的具有影响力的判决出现后，在 2007 年前后，这个比例从 60% 左右上升至了 90% 左右。⑥ 另一次增长出现在 2012 年，当时出

---

① Campbell v. Acuff-Rose Music, Inc., 510 U. S. 569, 569 (1994) ("第 107 条……延续了普通法的传统，因为它并不是一条羁束性规范，而是要求法官根据具体案情进行分析。"). See also S. Rep. No. 94 - 473, at 62 (1976) (认为"法院在个案中必须根据具体案情自由适用该理论"); H. R. Rep. No. 94 - 1476, at 66 (1976) (同前).

② 数据主要收集于 2017 年 9 月，分为以下几个步骤。第一，在 Westlaw 的 "Federal Cases" 数据库中，输入关键词 "advanced: ('fair use!') & (transformative! productive!) & DA (bef 01 - 01 - 2017)"，搜索结果为 397 个案件。第二，在 Lexis 的 "U. S. Federal; Cases" 数据库中，输入关键词 "(transformative! or productive!) and ('fair use!')"、"Before Jan 01, 2017"，搜索结果为 387 个案件。第三，对所有判决进行深入审查，排除重复案件和与转换性使用不相关或相关性很弱的案件。筛选的关键标准是法院是否至少衡量了四要素检验中的两个要素，并在版权侵权诉讼中讨论转换性使用。第四，深入审查与转换性使用相关的 260 个案件，以及与创益性使用相关的 16 个案件。第五，根据 83 个变量组成的编码方案，通过 SPSS 对样本判决进行系统编码和数据分析。本文借鉴了现有的实证研究，尤其是 Barton Beebe, "An Empirical Study of U. S. Copyright Fair Use Opinions", 1978 - 2005, 156 *University of Pennsylvania Law Review* 549 (2008); Mark A. Hall & Ronald F. Wright, "Systematic Content Analysis of Judicial Opinions", 96 *California Law Review* 63 (2008); William M. Landes, "An Empirical Analysis of Intellectual Property Litigation: Some Preliminary Results", 41 *Houston Law Review* 749 (2004)。

③ 17 U. S. C. § 107 (2012).

④ Pierre N. Leval, "Toward a Fair Use Standard", 103 *Harvard Law Review* 1105, 1106 (1990).

⑤ Campbell v. Acuff-Rose Music, Inc., 510 U. S. 569, 579 (1994).

⑥ Perfect 10 v. Amazon. com, 508 F. 3d 1146 (9th Cir. 2007).

现了一系列与"谷歌数字图书馆"有关的案件。[①] 近年来，这个比例稳定在 90% 左右。

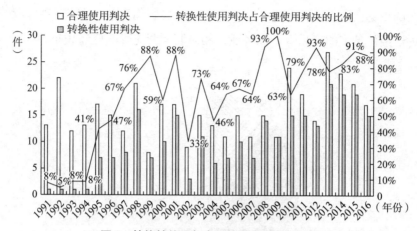

图1　转换性使用与合理使用案件数量统计

在巡回法院涉及转换性使用的判决比例方面，图2证实了联邦第二巡回法院（27.3%）和第九巡回法院（32.7%）是适用转换性使用的中心，两者的判决总数占所有转换性使用判决的60%。

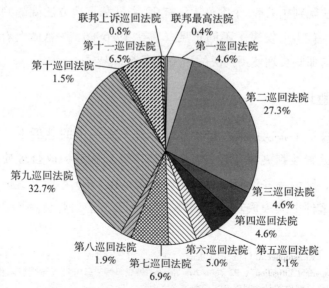

图2　各巡回法院涉及转换性使用的判决比例

[①] E. g., Authors Guild, Inc. v. HathiTrust, 902 F. Supp. 2d 445, 463 (S. D. N. Y. 2012), aff'd in part, vac'd in part, 755 F. 3d 87 (2d Cir. 2014).

图 3 说明了转换性使用判决所涉主题事项。受转换性使用影响最大的三个行业分别是出版业（29.6%）、电影业（19.2%）和包括摄影及美术在内的视觉艺术业（38.1%）。一直以来受盗版问题影响最严重、版权侵权诉讼案件最多的音乐业、软件业，相对而言所受影响反而较小。①

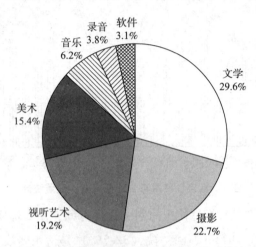

图 3　转换性使用判决所涉主题事项比重分布

上诉法院判决的 56 个案件中，有 20 个推翻了地方法院的判决（占比 35.7%），有 11 个发表了不同意见（占比 19.6%）。② 总体上看，改判率和异议率与那些合理使用判决的相关情况类似。③

二　胜诉率

图 4 展示了转换性使用抗辩在所有样本案件中的胜诉率。在所研究的 238 个处置性判决中，有 121 个（50.8%）认定构成合理使用。值得注意的是，胜诉率并没有随时间均匀分布。在 1995 年前，转换性使用抗辩在版权案件中从未成功过。1995～2000 年，平均胜诉率约为 26.4%。

---

① E. g. , Christopher A. Cotropia & James Gibson, "Copyright's Topography: An Empirical Study of Copyright Litigation", 92 *Texas Law Review* 1981, 1993 (2014)（发现音乐业和软件业的版权诉讼案件数量位列所有行业前三名之中）。

② 类似的，由地方法院判决的 203 个案件中，有 37 个提起上诉（占比 18.2%），其中有 16 个被推翻（占比 43.2%）。

③ Barton Beebe, "An Empirical Study of U. S. Copyright Fair Use Opinions, 1978 - 2005", 156 *University of Pennsylvania Law Review* 549, 575 (2008)（提供了合理使用判决的相关数据）。

2001～2010 年，平均胜诉率为 54.3%。2011～2016 年，胜诉率进一步上升至 63.3%。

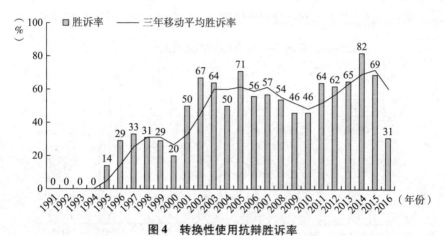

图4 转换性使用抗辩胜诉率

图5 展示了各巡回法院转换性使用胜诉率的差距。如果我们不考虑那些作出少于 10 个转换性使用判决的巡回法院，那么转换性使用胜诉率最高的三个联邦巡回法院分别为：第四巡回法院（81.1%）、第二巡回法院（58.5%）、第十一巡回法院（57.1%）。贡献最少的三个法院分别为第一巡回法院（20%）、第三巡回法院（36.4%）、第六巡回法院（38.5%）。对比两个版权中心，第九巡回法庭的胜诉率仅为 45.8%，明显低于第二巡回法院。

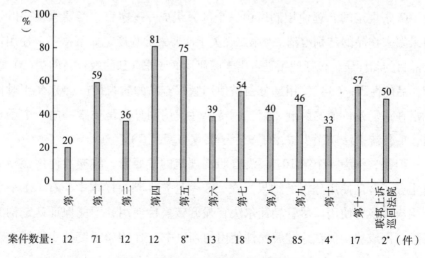

图5 各巡回法院转换性使用胜诉率

注：＊案件数量太少，无法准确确定胜诉率。

图 6 表明，联邦第二和第九巡回法院胜诉率的进一步增长反映出一个奇怪现象：在联邦第二巡回法院，除了出版业，其他所有产业的胜诉率都远远超过 50% ；而在第九巡回法院则恰恰相反，只有出版业的胜诉率超过了 50%。

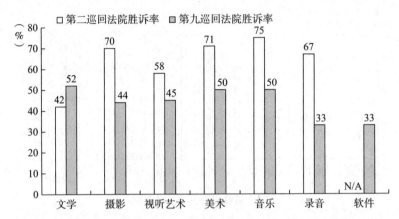

图 6　按主题事项统计联邦第二和第九巡回法院转换性使用抗辩胜诉率

三　转换性使用的影响

这一部分讨论了此次实证研究中最有趣的问题——转换性使用对合理使用判决结果的影响究竟有多大？

从表面上看，转换性使用只是合理使用分析中的很小一部分。第一，第 107 条规定的合理使用制度由三个部分组成——序言、四要素检验以及对未发表作品的特别澄清。[①] 第二，关于四要素检验规定如下：（1）使用行为的目的和性质，包括使用是否出于商业目的或非营利的教育目的；（2）版权作品的性质；（3）使用部分占被使用版权作品的质与量；（4）使用对作品潜在市场或价值的影响。第三，转换性使用明显只是要素一的一个子要素，而传统上法院至少提出了 9 个子要素（见图 7）。

但是，作为一个第 107 条没有明文规定的子要素，转换性使用似乎完全主导了合理使用分析的结果。在 238 个处置性判决样本中，有 121 个认定构成转换性使用。尽管勒瓦尔法官强调转换性使用并不能保证认定构成合理使用成功，但在这些转换性使用的判决中，有 94% 最终认定构成合理

---

① 17 U. S. C. § 107（2012）.

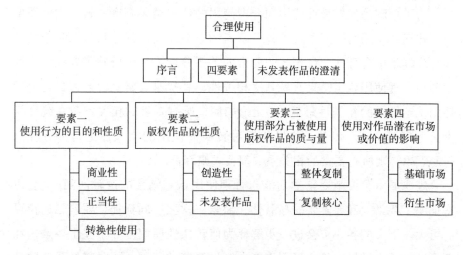

图7　合理使用结构

使用。[1] 其中7个判决被认定构成转换性使用但最终没有被认定构成合理使用，其中有4个最终被上诉法院推翻。[2] 同样，有117个样本处置性判决认定不构成转换性使用，其中有110个（占比94%）最终认定不构成合理使用，另外7个判决被认定不构成转换性使用但最终被认定构成合理使用，而它们其中有1个被上诉法院推翻。[3]

---

① Pierre N. Leval, "Toward a Fair Use Standard", 103 *Harvard Law Review* 1105, 1111 (1990).

② Dr. Seuss Enterprises v. Penguin Books USA, Inc., 924 F. Supp. 1559 (S. D. Cal. 1996), *aff'd*, 109 F. 3d 1394 (9th Cir. 1997)（推翻构成转换性使用的认定）; Castle Rock Entm't v. Carol Publ'g Grp., 955 F. Supp. 260 (S. D. N. Y. 1997), *aff'd*, 150 F. 3d 152 (2d. Cir. 1998)（推翻构成转换性使用的认定）; Suntrust Bank v. Houghton Mifflin Co., 136 F. Supp. 2d 1357 (N. D. Ga. 2001), *rev'd*, 268 F. 3d 1257 (11th Cir. 2001)（推翻构成合理使用的认定）; Perfect 10 v. Google, 416 F. Supp. 2d 828 (C. D. Cal. 2006), *aff'd in part*, *rev'd in part sub nom.* Perfect 10 v. Amazon. com, 508 F. 3d 1146 (9th Cir. 2007)（推翻关于合理使用的认定）; Greenberg v. National Geographic Soc., 244 F. 3d 1267 (11th Cir. 2001); Bridgeport Music, Inc. v. UMG Recordings, Inc., 585 F. 3d 267 (6th Cir. 2009); Richards v. Merriam Webster, Inc., 55 F. Supp. 3d 205 (D. Mass. 2014).

③ Swatch Group Management Services Ltd. v. Bloomberg L. P., 861 F. Supp. 2d 336 (S. D. N. Y. 2012), *aff'd*, 756 F. 3d 73 (2d Cir. 2014)（推翻不构成转换性使用的认定）; Ticketmaster Corp. v. Tickets. Com, Inc., 2003 WL 21406289 (C. D. Cal. 2003); Gulfstream Aerospace Corp. v. Camp Systems Intern., Inc., 428 F. Supp. 2d 1369 (S. D. Ga. 2006); S&L Vitamins, Inc. v. Australian Gold, Inc., 521 F. Supp. 2d 188 (E. D. N. Y. 2007); Super Future v. Wells Fargo Bank, 553 F. Supp. 2d 680 (N. D. Tex. 2008); Cambridge Univ. Press v. Becker, 863 F. Supp. 2d 1190 (N. D. Ga. 2012); Cambridge Univ. Press v. Becker, 2016 WL 3098397 (N. D. Ga. 2016).

　　为了理解为何转换性使用和合理使用的认定结果高度一致，我们需要研究转换性使用对四要素及其各子要素的影响。我们的分析从 238 个处置性判决样本中合理使用认定与四要素的关系开始。表 1 反映了要素一、要素四与合理使用认定结果有着高度相关性，其次是要素三，要素二与合理使用认定结果的相关性最低。① 无论如何，所有要素的相关系数在统计学意义上都很显著。但是，如果我们对转换性使用的相关性进行部分控制（见表 2），则所有要素的相关系数都会大幅降低。

　　表 3 显示了要个要素的功能与合理使用认定结果的逻辑回归。② 它再次证明了要素一和要素四的显著性，要素三次之。同样地，要素二显得可有可无。下文的各小节会进一步解释为何转换性使用主导了关于要素一和要素四的认定结果，扩大了要素三中允许复制的范围，同时降低了法院分配给要素二的权重。

表 1　合理使用结果与四因素的相关性

		结果	要素一	要素二	要素三	要素四
结果	皮尔逊相关系数	1	.902**	.277**	.706**	.861**
	P 值 Sig.（2 - tailed）		.000	.000	.000	.000
	样本量	238	238	238	238	238
要素一	皮尔逊相关系数	.902**	1	.213**	.682**	.792**
	P 值 Sig.（2 - tailed）	.000		.001	.000	.000
	样本量	238	238	238	238	238
要素二	皮尔逊相关系数	.277**	.213**	1	.076	.240**
	P 值 Sig.（2 - tailed）	.000	.001		.244	.000
	样本量	238	238	238	238	238
要素三	皮尔逊相关系数	.076**	.682**	.076	1	.579**
	P 值 Sig.（2 - tailed）	.000	.000	.244		.000
	样本量	238	238	238	238	238

---

① 表1~表11中，四个要素中的每一个要素都被编码为三元变量（-1, 0, 1）1 = 有利于认定合理使用，-1 = 不利于认定合理使用，0 = 中立或不明确。合理使用认定结果被编码为二元变量（0, 1）1 = 合理使用，0 = 非合理使用。

② $R^2 = 0.72$（Cox & Snell）. $X^2 = 299.5$, p < .000. 准确预测率 97.5%。

		结果	要素一	要素二	要素三	要素四
	皮尔逊相关系数	.861**	.792**	.240**	.579**	1
要素四	P值Sig.（2-tailed）	.000	.000	.000	.000	
	样本量	238	238	238	238	238

注：**相关性在0.01水平显著（2-tailed）。

表2　合理使用结果与四要素的偏相关分析

控制变量			结果	要素一	要素二	要素三	要素四
转换	结果	相关系数	1.000	.522	.263	.334	.627
		显著性（2-tailed）	.	.000	.000	.000	.000
		样本量	0	235	235	235	235
	要素一	相关系数	.522	1.000	.128	.249	.382
		显著性（2-tailed）	.000	.	.001	.000	.000
		样本量	235	0	235	235	235
	要素二	相关系数	.263	.128	1.000	-.057	.167
		显著性（2-tailed）	.000	.001	.	.244	.000
		样本量	235	235	0	235	235
	要素三	相关系数	.344	.249	-.057	1.000	.149
		显著性（2-tailed）	.000	.000	.244	.	.000
		样本量	235	235	235	0	235
	要素四	相关系数	.627	.382	.167	.149	1.000
		显著性（2-tailed）	.000	.000	.000	.000	.
		样本量	235	235	235	235	0

表3　合理使用四要素的功能与认定结果的逻辑回归分析

	回归系数 B	标准误 S.E.	卡方值 Wald	自由度 df	显著性 Sig.	优势比 Exp（B）	优势比的95%置信区间 95% C. I. for Exp（B）	
							下限	上限
要素一	2.273	.599	14.398	1	.000	9.706	3.001	31.398
要素二	1.140	.649	3.083	1	.079	3.126	.876	11.158
要素三	2.647	1.028	6.631	1	.010	14.116	1.882	105.879
要素四	2.909	.888	10.726	1	.001	18.337	3.216	104.561
常数项	.639	.696	.843	1	.359	1.894		

A. 要素一

正如表 1 所展示，要素一"使用行为的目的和性质"是四个要素中与合理使用认定结果相关性最大的要素。在 238 个处置性判决样本中，认定要素一支持合理使用的判决有 120 个，其中有 114 个（95%）最终认定构成合理使用；认定要素一不支持合理使用的判决有 108 个，其中有 105 个（97.2%）最终认定不构成合理使用。[①]

在衡量要素一时，法院一般会考虑三个子要素，包括使用是不是商业性的、被告是否有任何恶意行为以及使用是不是转换性的。[②] 然而，在决定要素一的认定结果时，转换性使用显然比其他两个要素发挥了更大的作用。表 4 表明，转换性使用的相关系数至少是其他要素如商业性和使用正当性的 3 倍。[③] 表 5 指出，在认定要素一支持合理使用时，在所有子要素中只有转换性使用具有统计学上的显著性。[④] 事实上，在所有法院认定存在转换性使用的案件中，有 116 个（92.1%）案件认定要素一支持合理使用；在所有法院认定不存在转换性使用的案件中，有 115 个（85.8%）案件认定要素一不支持合理使用。[⑤]

联邦最高法院在"坎贝尔"案中提出了相反的观点："如果新作品越具有转换性，其他因素例如商业性的重要性就越低，这样可能导致错误的合理使用认定结果。"[⑥] 本文所研究的 260 个判决中有 140 个（53.8%）明确呼应了联邦最高法院的观点。实证研究的结果表明，转换性使用的认定明显主导了商业性使用的认定。在法院认定转换性使用有利于合理使用、

---

① 要素一的认定与合理使用的认定结果一致的处置性判决有 219 个（92%）。
② 法院有时会讨论被告的使用是否属于序言中的类型，"例如批评、评论、新闻报道、教学、学术或研究"。17 U. S. C. § 107（2012）. 然而逻辑回归模型揭示了对于要素一来说，以上这些要素没有一个具有统计学上的显著性。因此，为了简洁起见，下文省略了它们。
③ 表 4 ~ 表 11 中，转换性使用被编码为二元变量"转换"（0，1）：1 = 构成转换性使用，0 = 不构成转换性使用。其他子要素被编码为两组二元变量（除非在 p. 203 脚注④中另有说明）。例如，商业性使用被编码为"flcomfuy"（0，1）：1 = 有利于认定合理使用，0 = 不利于认定合理使用、中立或不明确；"flcomfun"（0，1）：1 = 有利于认定合理使用，0 = 不利于认定合理使用、中立或不明确。
④ $R^2 = 0.68$（Cox & Snell）. $X^2 = 296.5$, $p < .000$. 准确预测率 89.6%。
⑤ 转换性使用的认定与要素一认定一致的判决有 231 个（88.8%）。
⑥ Campbell v. Acuff-Rose Music, Inc., 510 U. S. 569, 569（1994）.

而商业性使用不利于合理使用的 82 项判决中，其中 75 个（91.5%）判决支持转换性使用在决定要素一的结果方面有优势地位。① 换句话说，在 238 个处置性判决样本中，当被告的使用是商业性时，转换性使用的认定（相对于不构成转换性使用的认定）将使得最终认定构成合理使用的可能性从 4.2% 上升至 94.9%。总的来说，在判决样本中，商业性使用与要素一的结果认定一致的判决只有 133 个（51.2%），这反映了判决的可预测性与掷硬币的结果不相上下。

被告是否有恶意行为对认定要素一的影响微乎其微。在这 260 个判决中，只有 46 个（17.7%）判决涉及了恶意检验。② 在这 46 个判决中，只有 2 个同时涉及了恶意和转换性使用，而它们最终都认定构成合理使用。③ 尽管联邦最高法院在"哈珀与罗出版公司"（Harper & Row）案中强调，被告行为的正当性与使用的性质相关④，但下级法院还是认为，至少在描述性层面上，"恶意的认定对要素一的认定来说没那么重要，并不是合理使用分析的关键"⑤。

表 4　要素一与其子要素的相关性

		要素一	转换	f1 comfuy	f1 comfun	f1 faithfuy	f1 faithfun
要素一	皮尔逊相关系数	1	.884 **	.195 **	-.236 **	.277 **	-.023
	P 值 Sig.（2 - tailed）		.000	.000	.000	.000	.707
	样本量	260	260	260	260	260	260
转换	皮尔逊相关系数	.884 **	1	.064	-.148 *	.240 **	-.140 *
	P 值 Sig.（2 - tailed）	.000		.304	.017	.000	.024
	样本量	260	260	260	260	260	260

---

① 但是不存在转换性使用的认定并不会完全抵消非商业性使用的认定。在 22 个法院认定既不存在转换性也不存在商业性的判决中，只有 12 个（54.5%）认定要素一不支持合理使用。

② 在 12 个认定存在恶意的案件中，有 5 个（41.7%）认定要素一不支持合理使用。在 34 个认定不存在恶意的案件中，有 28 个（82.4%）认定要素一支持合理使用。

③ NXIVM Corp. v. Ross Inst., 364 F. 3d 471, 479（2d Cir. 2004）；Stern v. Does, 978 F. Supp. 2d 1031, 1046（C. D. Cal. 2011）.

④ Harper & Row Publishers, Inc. v. Nation Enterprises, 471 U. S. 539, 562（1985）.

⑤ NXIVM Corp. v. Ross Inst., 364 F. 3d 471, 479（2d Cir. 2004）.

续表

		要素一	转换	fl comfuy	fl comfun	fl faithfuy	fl faithfun
fl comfuy	皮尔逊相关系数	.195 **	.064	1	−.771 **	−.070	.035
	P 值 Sig.（2 – tailed）	.000	.304		.000	.259	.578
	样本量	260	260	260	260	260	260
fl comfun	皮尔逊相关系数	−.236 **	−.148 *	−.771 **	1	.090	.015
	P 值 Sig.（2 – tailed）	.000	.017	.000		.148	.809
	样本量	260	260	260	260	260	260
fl faithfuy	皮尔逊相关系数	.277 **	.240 **	−.070	.090	1	−.085
	P 值 Sig.（2 – tailed）	.000	.000	.259	.148		.170
	样本量	260	260	260	260	260	260
fl faithfun	皮尔逊相关系数	−.023	−.140 *	.035	.015	−.085	1
	P 值 Sig.（2 – tailed）	.707	.024	.578	.809	.170	
	样本量	260	260	260	260	260	260

注：** 相关性在 0.01 水平显著（2 – tailed）；* 相关性在 0.05 水平显著（2 – tailed）。

表5　要素一的多项逻辑回归分析

要素一[a]		回归系数 B	标准误 S. E.	卡方值 Wald	自由度 df	显著性 Sig.	优势比 Exp（B）	优势比的95% 置信区间95% C. I. for Exp（B）	
								下限	上限
−1.00	Intercept	2.755	1.218	5.119	1	.024			
	transform	−3.991	.864	21.322	1	.000	.018	.003	.101
	fl comfuy	−1.671	1.330	1.580	1	.209	.188	.014	2.547
	fl comfun	.603	1.240	.237	1	.627	1.828	.161	20.761
	fl faithfuy	−2.314	1.044	4.917	1	.027	.099	.013	.764
	fl faithfun	−2.653	.908	8.532	1	.003	.070	.012	.418
1.00	Intercept	−2.590	1.299	3.978	1	.046			
	transform	4.725	1.046	20.405	1	.000	112.786	14.515	876.402
	fl comfuy	2.363	1.297	3.318	1	.069	10.621	.836	134.979
	fl comfun	.255	.896	.081	1	.776	1.290	.223	7.464
	fl faithfuy	1.645	1.115	2.177	1	.140	5.181	.583	46.078
	fl faithfun	1.104	1.230	.805	1	.370	3.015	.271	33.599

注：a 参考类别为 .00。

B. 要素二

要素二"版权作品的性质",对合理使用认定结果的影响并不大,因为在 238 个处置性判决样本中,只有 130 个（54.6%）关于要素二和合理使用的结果认定是一致的。[①]

法院通常会考虑要素二中的两个子要素——版权作品是创造性的还是事实性的以及版权作品是否发表。一般认为,创造性作品或未发表的作品更接近版权保护的核心,留给合理使用的余地也更小。[②] 表 7 显示了这些子要素对认定要素二的影响,但创造性的判断要比是否发表的判断更重要（见表 6）。[③] 尽管如此,这两个子要素还是和要素二一样,没有一个能够最终决定合理使用的结果。[④]

要素二及其子要素影响力的减弱很大程度上归因于转换性使用。首先,在所有认定构成转换性使用的 126 个样本判决中,有 58 个（46%）明确否定了要素二的相关性,例如认为"在存在转换性使用的语境中,要素二没那么重要（甚至完全不重要）"[⑤]。

其次,在 76 个原作品被认定为具有创造性但被告的使用被认定转换性使用的案件中,只有 43 个（56.6%）案件最终认定要素二不支持合理使用;其余案件要么认定要素二是中立的（10.5%）,要么认定要素二只是略不赞同合理使用（28.9%）,甚至认定要素二倾向于合理使用

---

① 在 53 个认定要素二支持合理使用的判决中,有 39 个（73.6%）最终认定构成合理使用。在 154 个认定要素二不支持合理使用的判决中,有 91 个（59.1%）最终认定不构成合理使用。

② Stewart v. Abend, 495 U. S. 207, 237 – 38 (1990)（将虚构的短片小说与事实作品进行对比）; Harper & Row, 471 U. S. at 563（将即将出版的回忆录与公开演讲进行对比）.

③ $R^2 = 0.64$ (Cox & Snell). $X^2 = 267.3$, $p < .000$. 准确预测率 87.7%。

④ 未发表的性质与合理使用结果在统计学上根本没有显著的相关性,而创造性还稍微有一些相关性。在 238 个处置性判决样本中,有 156 个认定被使用作品为创造性作品,其中有 88 个（56.4%）认定不构成合理使用;有 57 个认定被使用作品为事实性作品,其中有 37 个（64.9%）认定构成合理使用。

⑤ Kane v. Comedy Partners, No. 00 Civ. 158 (GBD), 2003 WL22383387, at *5 (S. D. N. Y. 2003)（quoting Castle Rock Entm't, Inc. v. Carol Publ'g Grp. , Inc. , 150 F. 3d 132, 144 (2d Cir. 1998)）, aff'd, 98 Fed. Appx. 73 (2d Cir. 2004); See also Equals Three, LLC v. Jukin Media, Inc. , 139 F. Supp. 3d 1094, 1106 (C. D. Cal. 2015).

表6 要素二与其子要素的相关性

		要素二	转换	e2creativefuy	e2creativefun	e2publishfuy	e2publishfun
要素二	皮尔逊相关系数	1	.153*	.770**	-.779**	.183**	-.086
	P值 Sig.（2-tailed）		.013	.000	.000	.003	.169
	样本量	260	260	260	260	260	260
转换	皮尔逊相关系数	.153*	1	.053	-.103	.020	.108
	P值 Sig.（2-tailed）	.013		.392	.097	.751	.082
	样本量	260	260	260	260	260	260
e2creativefuy	皮尔逊相关系数	.770**	.053	1	-.769**	.057	.099
	P值 Sig.（2-tailed）	.000	.392		.000	.359	.111
	样本量	260	260	260	260	260	260
e2creativefun	皮尔逊相关系数	-.779**	-.103	-.769**	1	-.012	-.140*
	P值 Sig.（2-tailed）	.000	.097	.000		.843	.024
	样本量	260	260	260	260	260	260
e2publishfuy	皮尔逊相关系数	.183**	.020	.057	-.012	1	-.191**
	P值 Sig.（2-tailed）	.003	.751	.359	.843		.002
	样本量	260	260	260	260	260	260
e2publishfun	皮尔逊相关系数	-.086	.108	.099	-.140*	-.191**	1
	P值 Sig.（2-tailed）	.169	.082	.111	.024	.002	
	样本量	260	260	260	260	260	260

注：*相关性在0.05水平显著（2-tailed）；**相关性在0.01水平显著（2-tailed）。

（3.9%）。① 类似的，在 14 个原作品未发表而被告的使用被认定为转换性使用的案件中，只有 6 个（42.9%）案件最终认定要素二不支持合理使用；其余案件要么认定要素二是中立的（28.6%），要么认定因素二只是略不赞同合理使用（21.4%），要么甚至认定要素二倾向于合理使用（7.1%）。② 最能说明问题的是，在 5 个原作品具有创造性且未发表的案件中，有 2 个仍然认定要素二是中立的或只是略不赞同合理使用。③

最后，在 238 个处置性判决样本中，如果原作品是具有创造性的，那么转换性使用的认定（相较于非转换性使用）会使得成功认定合理使用的概率从 1.2% 上升至 91.8%；相似的，如果原作品未发表，那么转换性使用的认定（相较于非转换性使用）会戏剧性地使得该概率从 0 上升至 100%。

换句话说，尽管转换性使用对要素二的认定影响有限，但由于法院对联邦最高法院观点的自由解释，转换性使用对法院分配给要素二的权重产生了微妙的影响。在"坎贝尔"案中，联邦最高法院中提出要素二"对区分合理使用与侵权的帮助不大"的观点是有前提条件的，那就是戏仿作品总是模仿"众所周知的、富有表现力的作品"④。下级法院逐渐将该观点扩张适用于其他对原作品没有评论的转换性使用中⑤，直至在"HathiTrust 数字图书馆"案中，尽管被告扫描了几乎所有种类的书，法院还是在没有任何商议或者区分的情况下无条件地排除了要素二的检验。⑥

① 认定要素二倾向于合理使用的判决为：Sofa Entm't, Inc. v. Dodger Prods. , Inc. , 782 F. Supp. 2d 898, 907（C. D. Cal. 2010）；Bouchat v. Baltimore Ravens Ltd. P'ship, 587 F. Supp. 2d 686, 696（D. Md. 2008）；Rotbart v. J. R. O' Dwyer Co. , Inc. , No. 94 Civ. 2091（JSM）, 1995 WL 46625, at ∗4（S. D. N. Y. 1995）.
② 认定要素二倾向于合理使用的判决为 White v. West Publ'g. Corp. , 29 F. Supp. 3d 396, 399（S. D. N. Y. 2014）.
③ 法院认定这两个案件中的使用都构成合理使用。A. V. ex rel. Vanderhye v. iParadigms, LLC, 562 F. 3d 630, 643（4th Cir. 2009）（查重软件）；Calkins v. Play-boy Enters. Int'l, Inc. , 561 F. Supp. 2d 1136, 1142（E. D. Cal. 2008）（传记）.
④ Campbell v. Acuff-Rose Music, Inc. , 510 U. S. 569, 586（1994）.
⑤ Cariou v. Prince, 714 F. 3d 694, 710（2dCir. 2013）（挪用艺术）；Bill Graham Archives v. Dorling Kindersley Ltd. , 448 F. 3d 605, 612（2d Cir. 2006）（传记）. Cf. Authors Guild, Inc. v. Google, Inc. , 804 F. 3d 202, 220（2d Cir. 2015）.（"要素二支持合理使用……因为二次使用为原作品提供了有价值的信息，而不是以复制原作品表达的方式取代原作品。"）
⑥ Authors Guild, Inc. v. HathiTrust, 755 F. 3d. 87, 98（2d Cir. 2014）.

表7　要素二的多项逻辑回归分析

要素二[a]		回归系数 B	标准误 S. E.	卡方值 Wald	自由度 df	显著性 Sig.	优势比 Exp（B）	优势比的95% 置信区间95% C. I. for Exp（B）	
								下限	上限
−1.00	Intercept	−.793	.553	2.055	1	.152			
	transform	−.667	.496	1.806	1	.179	.513	.194	1.357
	et2creativefuy	−.551	.851	.420	1	.517	.576	.109	3.056
	et2creativefun	3.939	.622	40.043	1	.000	51.373	15.166	174.021
	et2publishfuy	−.797	.562	2.015	1	.156	.451	.150	1.355
	et2publishfun	1.852	.861	4.628	1	.031	6.369	1.179	34.410
1.00	Intercept	−4.059	1.104	13.749	1	.000			
	transform	2.334	.864	7.309	1	.007	10.324	1.900	56.088
	et2creativefuy	4.688	1.034	20.577	1	.000	108.679	14.335	823.965
	et2creativefun	−1.348	1.083	1.551	1	.213	.260	.031	2.168
	et2publishfuy	2.766	.963	8.256	1	.004	15.897	2.409	104.897
	et2publishfun	−3.766	1.365	7.610	1	.006	.023	.002	.336

注：a 参考类别为.00。

C. 要素三

与要素一和要素四相比，要素三"使用部分占被使用版权作品的质与量"，与合理使用认定结果的相关性要稍弱一些。在238个处置性判决样本中，有70个认定要素三支持合理使用，其中67个（95.7%）最终认定构成合理使用；有124个认定要素三不支持合理使用，其中103个（83.1%）最终认定不构成合理使用。[①]

要素三的定义既包含定量分析，又包含定性分析，从表面上看，要素三反映了一种比例关系，即被使用的部分占原作品比例越大或重要性越高，构成合理使用的可能性就越低。[②] 但实证研究的结果体现了更复杂的关系。第一，被使用的部分占原作品的比例与要素三的认定结果没有任何

---

① 在所有处置性判决中，要素三与合理使用认定结果一致的判决有170个（71.4%）。

② Pierre N. Leval, "Toward a Fair Use Standard", 103 *Harvard Law Review* 1105, 1122 (1990).

关系，更不用谈比例大小的影响了。① 第二，表 8 揭示了一个特殊问题：相较于复制原作品的整体（"复制整体"），复制原作品的核心内容（"复制核心"）与要素三的认定结果相关性更大。② 很难想象被告在复制原作品整体时如何不复制原作品的核心内容。③ 第三，表 9 显示，转换性使用不是要素三的子要素，却对要素三的认定结果产生了最大的影响，尤其是当要素三支持合理使用认定时；复制核心只对结果产生微小的影响，复制整体根本就没有产生任何影响。④ 根据相关数据显示，在 133 个被告复制了作品整体的案件中，46.6% 的案件被认定构成转换性使用；但在 94 个被告复制了作品核心的案件中，只有 31.9% 的案件被认定构成转换性使用。这种差异与勒瓦尔法官在"戴维斯"案中所提出的"零碎的复制比整片的复制更有可能具有转换性的目的"观点相矛盾。⑤

表 8 要素三与其子要素的相关性

		要素三	转换	et3whole	et3heartfuy	et3heartfun
要素三	皮尔逊相关系数	1	.615**	.178**	.566**	-323**
	P 值 Sig.（2 - tailed）		.000	.000	.000	.000
	样本量	260	260	260	260	260
转换	皮尔逊相关系数	.615**	1	.038	.274**	-.249**
	P 值 Sig.（2 - tailed）	.000		.544	.000	.000
	样本量	260	260	260	260	260
et3whole	皮尔逊相关系数	.178**	.038	1	.358**	.562**
	P 值 Sig.（2 - tailed）	.000	.544		.000	.000
	样本量	260	260	260	260	260

① 在 260 个涉及要素三的样本判决中，33.5% 的判决根本没有提及被告使用部分占原作品的比例。因此，为了简洁起见，该比例没有在相关性及逻辑回归分析中给出。

② 表 8、表 9 中，复制整体被编码为二元变量（0，1）：1 = 构成合理使用，0 = 不构成合理使用，因为在考虑使用是否复制了作品整体时，不存在模棱两可的情形。

③ 一小部分判决反映了这个结果。Ringgold v. Black Entm't Television, Inc., 126 F. 3d 70, 80 (2d Cir. 1997); Bill Graham Archives v. Dorling Kindersley Ltd., 386 F. Supp. 2d 324, 331 (S. D. N. Y. 2005), aff'd, 448 F. 3d 605 (2d Cir. 2006); Sandoval v. New Line Cinema Corp., 973 F. Supp. 409, 413 - 14 (S. D. N. Y. 1997).

④ $R^2 = 0.58$ (Cox & Snell). $X^2 = 223.3$, p < .000. 准确预测率 73.8%。

⑤ On Davis v. The Gap, Inc., 246 F. 3d 152, 175 (2d Cir. 2001).

续表

		要素三	转换	et3whole	et3heartfuy	et3heartfun
et3heartfuy	皮尔逊相关系数	.566**	.274**	.358**	1	-.311**
	P 值 Sig.（2－tailed）	.000	.000	.000		.000
	样本量	260	260	260	260	260
et3heartfun	皮尔逊相关系数	-323**	-.249**	.562**	-.311**	1
	P 值 Sig.（2－tailed）	.000	.000	.000	.000	
	样本量	260	260	260	260	260

注：** 相关性在0.01 水平显著（2－tailed）。

表9　要素三的多项逻辑回归分析

要素三[a]		回归系数 B	标准误 S. E.	卡方值 Wald	自由度 df	显著性 Sig.	优势比 Exp（B）	优势比的95% 置信区间95% C. I. for Exp（B）下限	上限
-1.00	Intercept	1.326	.297	20.000	1	.000			
	transform	-2.179	.396	30.348	1	.000	.113	.052	.246
	et3whole	-1.702	.798	4.554	1	.033	.182	.038	.870
	et3heartfuy	19.683	1.348	213.058	1	.000	3.533e8	2.514e7	4.966e9
	et3heartfun	3.213	.843	14.523	1	.000	24.854	4.761	129.731
1.00	Intercept	-2.269	.673	11.374	1	.001			
	transform	1.730	.682	6.428	1	.011	5.640	1.481	21.478
	et3whole	.095	.699	.019	1	.891	1.100	.280	4.328
	et3heartfuy	23.788	.000	.	1	.	2.142e10	2.142e10	2.142e10
	et3heartfun	1.447	.774	3.496	1	.062	4.250	.932	19.374

注：a 参考类别为 .00。

　　对上述问题最合理的解释是，转换性使用改变了法院分配给两个子要素的权重。因此，复制作品核心更多地变为关于合理使用的法律认定，而复制作品整体则完全地变为事实认定。

　　第一，在260 个判决样本中，其中的141 个（53.2%）案件，法院在评价要素三时考察了使用的数量与质量对复制的目的来说是否必要或合理。[①]

———————

① "必要"与"合理"之间存在差别。E. g.，Chi. Bd. of Educ. v. Substance，Inc.，354 F. 3d 624，629（7th Cir. 2003）（"合理的必要性"而非"完全的必要性"）；Kelly v. Arriba Soft Corp.，336 F. 3d 811，821（9th Cir. 2003）（"如果二次使用者只进行了必要（转下页注）

正如联邦最高法院在"坎贝尔"案中指出的，"允许复制的范围随使用的目的和性质而变化"①。总的来说，在所有判决样本中，有146个（56.2%）明确显示出转换性使用的认定与要素三允许复制的程度相关。

第二，在62个被告复制了作品整体而使用被认定为转换性使用的判决中，只有10个（16.1%）认定要素三不支持合理使用认定；其余案件要么认定要素三是中立的（48.4%），要么认定要素三只是略不赞同合理使用（4.8%），甚至认定要素三支持合理使用（30.6%）。② 类似地，在30个被告复制了作品核心而使用被认定为转换性使用的判决中，只有10个（33.3%）认定要素三不支持合理使用认定；其余案件要么认定要素三是中立的（16.7%），要么认定要素三只是略不赞同合理使用（3.3%），甚至认定要素三支持合理使用（46.7%）。③

第三，在238个判决样本中，当被告复制了作品整体时，转换性使用（相较于非转换性使用）使得认定合理使用的概率从6.6%上升至96.7%；类似地，当被告复制了作品核心时，转换性使用（相较于非转换性使用）使得认定合理使用的概率从1.6%上升至82.1%。④

（接上页注①）的引用，那么这个因素不会对他不利"）；Castle Rock Entm't v. Carol Publ'g Grp., 150 F. 3d 132, 144（2d Cir. 1998）（"审查必须集中在'复制的程度'与'使用行为的目的和性质'是否一致或者更为必要"）. Cf. Cariou v. Prince, 714 F. 3d 694, 710（2d Cir. 2013）（"法律并不要求二次使用者只能进行必要的复制"）；Mattel, Inc. v. Walking Mountain Prods., 353 F. 3d 792, 804（9th Cir. 2003）（"我们不要求戏仿作品只在最低限度内使用版权作品"）；Suntrust Bank v. Houghton Mifflin Co., 268 F. 3d 1257, 1273（11th Cir. 2001）.（"联邦最高法院在'坎贝尔'案中指出，戏仿作者在创作新作品时，并不限于在最低限度内引用原作品。"）

① Campbell v. Acuff-Rose Music, Inc., 510 U. S. 569, 586（1994）.

② E. g., Authors Guild, Inc. v. Google, Inc., 804 F. 3d 202, 222（2d Cir. 2015）；Authors Guild, Inc. v. HathiTrust, 755 F. 3d 87, 98（2d Cir. 2014）；Sundeman v. Seajay Soc'y, Inc., 142 F. 3d 194, 205 – 06（4th Cir. 1998）.

③ E. g., Equals Three, LLC v. Jukin Media, Inc., 139 F. Supp. 3d 1094, 1107（C. D. Cal. 2015）；Lennon v. Premise Media Corp., 556 F. Supp. 2d 310, 326（S. D. N. Y. 2008）；Leibovitz v. Paramount Pictures Corp., 948 F. Supp. 1214, 1223（S. D. N. Y. 1996），aff'd, 137 F. 3d 109（2d Cir. 1998）.

④ 在38个被告没有复制作品核心的案件中，有33个被认定为合理使用，2个被认定为不构成合理使用，这说明了复制作品核心与合理使用结果只有轻微的相关性。Video Pipeline, Inc. v. Buena Vista Home Entm't, Inc., 342 F. 3d 191, 201（3rd Cir. 2003）（要素三支持合理使用认定）；Video-Cinema Films, Inc. v. Lloyd E. Rigler-Lawrence E. Deutsch Found., No. 04 Civ. 5332（NRB）, 2005 WL 2875327, at * 8（S. D. N. Y. 2005）.

在"索尼"案中，联邦最高法院为了"改变观看时间"这一录制行为建立了一个狭窄的例外，"即使复制作品整体也不一定影响合理使用的认定"①。它似乎在"坎贝尔"案中又为戏仿作品创造了一个例外，只要戏仿作品对原作品的"改变"足够多，体现其讽刺意义，"基于模仿的目的，那么即使复制了原作品的核心也并不过分"②。实证研究的结果表明，至少在转换性使用的语境中，这些例外规定已经成为下级法院愈发普遍适用的规范。

D. 要素四

要素四"使用对作品潜在市场或价值的影响"与合理使用的认定结果有很强的相关性。在238个处置性判决样本中，有121个认定要素四支持合理使用，其中最终被认定为合理使用的有112个（92.6%）；有108个认定要素四不支持合理使用，其中最终被认定为非合理使用的有103个（95.3%）。③然而，要素四对合理使用结果的影响实际上比要素一小④（如表3所示），尽管联邦最高法院在"哈珀与罗出版公司"案中声称，"最后一个要素毫无疑问是合理使用中最重要的要素"⑤。

在要素四中，法院一般不仅考虑使用对原作品（"基础市场"）的损害，还会考虑使用对演绎作品（"衍生市场"）的损害。⑥然而，表10体现出转换性使用作为要素一的子要素，其与要素四的相关程度比上述两个子要素还要大。事实上，在所有法院认定存在转换性使用的126个判决中，有107个（84.9%）认定要素四支持合理使用；在所有法院认定不存在转换性使用的134个判决中，有101个（75.4%）认定要素四不支持合理使用。⑦

---

① Sony Corp. of America v. Universal City Studios, Inc., 464 U. S. 417, 449（1984）; Am. Geophysical Union v. Texaco Inc., 60 F. 3d 913, 926（2d Cir. 1994）; Worldwide Church of God v. Philadelphia Church of God, Inc., 227 F. 3d 1110, 1118（9th Cir. 2000）.

② Campbell, 510U. S. at 588; Infinity Broad. Corp. v. Kirkwood, 150 F. 3d 104, 109（2d Cir. 1998）; United States v. ASCAP, 599 F. Supp. 2d 415, 430（S. D. N. Y. 2009）.

③ 在215个（90.3%）处置性判决中，要素四与合理使用的认定结果一致。

④ 为避免疑问，这两个要素都对合理使用认定结果有显著影响。

⑤ Harper & Row Publishers, Inc. v. Nation Enters., 471 U. S. 539, 566（1985）. 81（31.2%）个判决明确支持该观点。Monge v. Maya Magazines, Inc., 688 F. 3d 1164, 1172（9th Cir. 2012）; Authors Guild, Inc. v. Google, Inc., 804 F. 3d 202, 213（2d Cir. 2015）.

⑥ Harper & Row, 471 U. S. at 568; Campbell, 510 U. S. at 590.

⑦ 在所有样本判决中，转换性使用与要素四认定结果一致的有208（80%）个。

表 10　要素四与其子要素的相关性

		要素四	转换	et4primaryfuy	et4primaryfun	et4derivativefuy	et4derivativefun
要素四	皮尔逊相关系数	1	.724**	.658**	-.444**	.530**	-.574**
	P 值 Sig.（2 - tailed）		.000	.000	.000	.000	.000
	样本量	260	260	260	260	260	260
转换	皮尔逊相关系数	.724**	1	.538**	-.335**	.442**	-.390**
	P 值 Sig.（2 - tailed）	.000		.000	.000	.000	.000
	样本量	260	260	260	260	260	260
et4primaryfuy	皮尔逊相关系数	.658**	.538**	1	-.604**	.486**	-.253**
	P 值 Sig.（2 - tailed）	.000	.000		.000	.000	.000
	样本量	260	260	260	260	260	260
et4primaryfun	皮尔逊相关系数	-.444**	-.335**	-.604**	1	-.298**	.001
	P 值 Sig.（2 - tailed）	.000	.000	.000		.000	.985
	样本量	260	260	260	260	260	260
et4derivativefuy	皮尔逊相关系数	.530**	.442**	.486**	-.298**	1	-.403**
	P 值 Sig.（2 - tailed）	.000	.000	.000	.000		.000
	样本量	260	260	260	260	260	260
et4derivativefun	皮尔逊相关系数	-.574**	-.390**	-.253**	.001	-.403**	1
	P 值 Sig.（2 - tailed）	.000	.000	.000	.985	.000	
	样本量	260	260	260	260	260	260

注：** 相关性在 0.01 水平显著（2 - tailed）。

此外，在所有判决样本中，有 121 个（46.6%）明确强调了转换性使用与要素四的相互影响。

表 11 显示出，转换性使用对要素四有显著影响，但被告的使用对基础市场和衍生市场造成的损害并没有对要素四产生显著影响，尤其是当法院认定要素四倾向于支持合理使用认定时。① 实证研究的结果表明，转换性使用深刻影响了法院分配给市场损害的两个子要素的趋势和权重。在法院认定存在转换性使用的判决中，有 97 个（77%）认定使用没有对基础市场造成损害，有 14 个（11.1%）没有讨论使用对基础市场的影响；有 15 个认定使用造成了对基础市场的损害，但其中的 11 个（73.3%）进一步认定该损害与合理使用认定无关。② 类似的，在法院认定存在转换性使用的判决中，有 57 个（45.2%）认定使用没有对衍生市场造成损害，有 52 个（41.3%）没有讨论使用对衍生市场的影响；有 17 个认定使用造成了对衍生市场的损害，但其中的 9 个（52.9%）进一步认定该损害与合理使用认定无关。③

---

① 然而，被告的使用没有损害基础市场对认定合理使用有重要意义，但被告的使用是否（或没有）损害衍生市场对认定合理使用没有重要意义。$R^2 = 0.69$（Cox & Snell）. $X^2 = 305.9$，$p < .000$. 准确预测率 88.1%。

② Cariou v. Prince, 714 F. 3d 694, 709（2d Cir. 2013）; Authors Guild, Inc. v. Google, Inc., 804 F. 3d 202, 224（2d Cir. 2015）; A. V. ex rel. Vanderhye v. iParadigms, LLC, 562 F. 3d 630, 644（4th Cir. 2009）.

③ American Institute of Physics v. Schwegman, 2013 WL 4666330, at * 16（D. Minn. 2013）; TCA Television Corp. v. McCollum, 151 F. Supp. 3d 419, 434（S. D. N. Y. 2015）, rev'd, 839 F. 3d 168（2d Cir. 2016）; Fox News Network, LLC v. TVEyes, Inc., 43 F. Supp. 3d 379, 396（S. D. N. Y. 2014）. 总的来说，在法院认定存在转换性使用的判决中，有 95 个（75.4%）认定使用没有对基础市场和衍生市场造成损害；有 31 个认定存在损害，但其中有 19 个（61.3%）进一步认定该损害与合理使用认定无关。相比之下，在法院认定不存在转换性使用的判决中，有 101 个（75.4%）认定存在某种方式的损害。在所有样本判决中，只有 3 个表明尽管存在转换性使用，市场损害仍旧具有相关性，但这些判决最终都被推翻. Dr. Seuss Enterprises v. Penguin Books USA, Inc., 924 F. Supp. 1559（S. D. Cal. 1996）, aff'd, 109 F. 3d 1394（9th Cir. 1997）（推翻关于转换性使用的认定）; Castle Rock Entm't v. Carol Publ'g Gp., 955 F. Supp. 260（S. D. N. Y. 1997）, aff'd, 150 F. 3d 152（2d. Cir. 1998）（推翻关于转换性使用的认定）; Suntrust Bank v. Houghton Mifflin Co., 136 F. Supp. 2d 1357（N. D. Ga. 2001）, rev'd, 268 F. 3d 1257（11th Cir. 2001）（推翻关于合理使用的认定）.

表 11 要素四的多项逻辑回归分析

要素四[a]		回归系数 B	标准误 S. E.	卡方值 Wald	自由度 df	显著性 Sig.	优势比 Exp（B）	优势比的95% 置信区间95% C. I. for Exp（B）	
								下限	上限
−1.00	Intercept	−.774	.530	2.132	1	.144			
	transform	−1.554	.744	4.361	1	.037	.211	.049	.909
	et4primaryfuy	−1.206	.955	1.156	1	.282	.358	.055	2.327
	et4primaryfun	3.517	.812	18.760	1	.000	33.699	6.860	165.527
	et4derivativefuy	.907	1.271	.509	1	.476	2.476	.205	29.895
	et4derivativefun	5.579	1.214	21.125	1	.000	264.897	24.536	2859.852
1.00	Intercept	−1.553	.583	7.090	1	.008			
	transform	2.089	.588	12.632	1	.000	8.073	2.552	25.542
	et4primaryfuy	2.179	.667	10.659	1	.001	8.834	2.389	32.669
	et4primaryfun	1.456	.864	2.841	1	.092	4.290	.789	23.328
	et4derivativefuy	1.564	.847	3.411	1	.065	4.776	.909	25.107
	et4derivativefun	.677	1.177	.331	1	.565	1.968	.196	19.780

注：a 参考类别为.00。

在238个处置性判决样本中，当法院认定使用损害基础市场时，转换性使用（相较于非转换性使用）使得认定合理使用的概率从0上升至92.9%；当法院认定使用损害衍生市场时，转换性使用（相较于非转换性使用）使得认定合理使用的概率从3.2%上升至64.7%。

转换性使用之所以对要素四产生深刻影响，是因为下级法院将联邦最高法院的观点的适用范围不断扩大。

第一，在基础市场方面，联邦最高法院在"坎贝尔"案中指出，戏仿作品不太可能成为原作品的替代品，"因为戏仿作品通常发挥着与原作品不同的市场功能"[①]，而"尖锐的批评对原作品市场的损害"并非版权法意义上的损害。[②]

下级法院巧妙地将该观点的范围从戏仿和批评作品扩大到其他非评论

① Campbell 510 U. S. at 591.
② Campbell 510 U. S. at 592.

的转换性使用类型。判决中经常提到被告的作品如何吸引与原作品完全不同的受众，尽管这些受众以完全相同的方式消费着原告的作品和被告的作品。① 例如，在"卡里欧"案中，法院指出原作品的作者仅仅获得了8000美元的版税，而被告则向名人和富人售出了数百万美元的挪用艺术作品。法院还煞费苦心地列举了一长串的名人名单，其中包括安吉丽娜·朱莉和布拉德·皮特，从而证明原告的指控是荒谬的：像被告这样的明星艺术家怎么会想要挤占一个默默无闻的小艺术家的市场呢？②

第二，联邦最高法院在"坎贝尔"案中指出，尽管"演绎权是激励原作者创作的重要经济动力……但演绎作品的衍生市场仅仅是指原作者通常会开发或许可他人开发的市场"③。该观点支持了"德士古公司"案的立场：法院在评估对潜在许可收入的影响时，必须只能考虑"传统的、合理的或者可能被发展的市场"④。对可辨别的衍生市场进行限制在一定程度上是有意义的，因为自动将版税损失视为不利于合理使用的市场损害的确凿证据是一种循环论证。版权人只有在法院认定不存在合理使用的情形下才有权获得许可费用。⑤

从概念上说，证明衍生市场是"传统的、合理的或者可能被发展的"的最好证据就是，已经存在一个版权人自己利用或许可他人使用的运作良好的市场。⑥ 但是法院往往在认定转换性使用后就忽视了该证据，认为"版权人不会通过事实上的使用或许可他人使用去抢占转换性使用的市场"⑦。这一观

---

① E. g. , Seltzer v. Green Day, Inc. , 725 F. 3d 1170, 1179（9th Cir. 2013）；Campinha-Bacote v. Evansville Vanderburgh School Corporation, 2015 WL 12559889, at * 7（S. D. Ind. 2015）；Oracle America, Inc. v. Google Inc. , 2016 WL 3181206, at * 10（N. D. Cal. 2016）, *rev'd*, 886 F. 3d 1179（Fed. Cir. 2018）（推翻转换性使用和合理使用的认定）。

② Cariou, 714 F. 3d at 709.

③ Campbell, 510 U. S. at 592 – 593.

④ American Geophysical Union v. Texaco Inc. , 60 F. 3d 913, 930（2d Cir. 1994）.

⑤ Pierre N. Leval, "Toward a Fair Use Standard", 103 *HARV. L. REV.* 1105, 1124（1990）（"每个合理使用的认定都伴随着版税的损失，因为二次使用者不需要支付任何版税。"）. Mark A. Lemley, "Should a Licensing Market Require Licensing?" 70 *Law and Contemporary Problems* 185, 190（2007）.

⑥ Harper & Row Publishers, Inc. v. Nation Enterprises, 471 U. S. 539, 566 n. 9（1985）；Princeton University Press v. Michigan Document, 99 F. 3d 1381, 1387（6th Cir. 1996）（在原告已经利用了许可市场的情况下否定了转换性使用的认定）；Texaco, 60 F. 3d at 930.

⑦ Castle Rock Entm't v. Carol Publ'g Grp. , 150 F. 3d 132, 145 n. 11（2d Cir. 1998）.

念让一些法院在近期的判决中进一步忽视使用对衍生市场造成的损害。①

第三，联邦最高法院试图否定自己在"索尼"案中提出的观点，其在"坎贝尔"案中否定了商业性使用的市场损害推定②："当二次使用是转换性使用时，替代市场变得不太确定，市场损害也可能不再那么容易被推断。"③ 联邦最高法院批评下级法院断章取义，因为其从未打算将"出于商业目的逐字复制整体"④ 的狭窄适用范围扩大。具有讽刺意味的是，下级法院将这种观点从原始语境中分离出来，并将其发展到了极端：将转换性使用的认定当作要素四中不存在可辨别的市场损害的推定。⑤

四　解构转换性使用

A. 定义

正如以上实证研究显示的那样，一个并未出现在第 107 条的子要素——转换性使用逐渐主导了合理使用分析。⑥ 它本质上将四要素检验变成了一

---

① Bill Graham Archives v. Dorling Kindersley Ltd. , 448 F. 3d 605, 614 （2d Cir. 2006）; Authors Guild, Inc. v. HathiTrust, 902 F. Supp. 2d 445, 463 （S. D. N. Y. 2012）, *aff'd in part*, *vac'd in part*, 755 F. 3d 87 （2d Cir. 2014）; Cariou v. Prince, 714 F. 3d 694, 709 （2d Cir. 2013）; Am. Inst. of Physics v. Schwegman, 2013 WL 4666330, at * 16 （D. Minn. 2013）; Rivera v. Mendez & Compania, 988 F. Supp. 2d 159, 171 （D. P. R. 2013）; TCA Television Corp. v. McCollum, 151 F. Supp. 3d 419, 434 （S. D. N. Y. 2015）, *rev'd*, 839 F. 3d 168 （2d Cir. 2016）. 表 11 证实了与对基础市场造成损害不同，对衍生市场造成损害（或没有造成损害）与合理使用认定结果没有重要的相关性。
② Sony Corp. of Am. v. Universal City Studios, Inc. , 464 U. S. 417, 451 （1984）.
③ Campbell v. Acuff-Rose Music, Inc. , 510 U. S. 569, 591 （1994）.
④ Campbell v. Acuff-Rose Music, Inc. , 510 U. S. 569, 591 （1994）.
⑤ Authors Guild, Inc. v. HathiTrust, 755 F. 3d 87, 99 （2d Cir. 2014）（"在要素四下，任何转换性使用造成的经济'损害'都不包含在内，因为从定义上讲，这种使用并不替代原作品"）; Am. Inst. of Physics v. Winstead PC, 2013 WL 6242843, at * 11 （N. D. Tex. 2013）（"由于被告的使用具有转换性，先例要求本院不做负面市场效应的推定"）; Fox News Network, LLC v. TVEyes, Inc. , 43 F. Supp. 3d 379, 395 （S. D. N. Y. 2014）（"任何由转换性使用造成的经济损害都不包括在本分析中"）; Sedgwick Claims Mgmt. Servs. , Iv. Delsman, 2009 WL 2157573, at * 5 （N. D. Cal. 2009）（"转换性使用造成的版权作品价值损失与此因素无关"）.
⑥ 17 U. S. C. § 107 （2012）. 所有子要素对合理使用认定结果影响的逻辑回归函数支持了实证研究的结论：转换性使用对合理使用认定结果影响最大，被告没有复制原作品的核心内容和没有损害原作品基础市场的法律认定具有一定的影响，而其他子要素的影响均不具有统计学意义。

要素检验。本文是描述性的，不会从规范的角度评判这种趋势究竟是好是坏。

　　尽管如此，既然我们将转换性使用定义为合理使用认定的关键，我们能否认为转换性使用通过提高合理使用分析的确定性和可预测性从而简化了合理使用分析呢？实证研究给出了否定答案。尽管许多法官就"只有转换性使用可以拯救合理使用"这一观点达成了明确的共识，但他们对于转换性使用的实际含义却不能达成一致意见。①

　　转换性使用的经典定义来自"坎贝尔"案中苏特法官的谨慎措辞②：这种审查的主要目的是检验……新作品"仅仅是原作品的替代品"……还是增加了一些不同目的或特征的新内容，从而通过新表达、含义或信息改变了原作品；换句话说，新作品是否具有"转换性"或者具有何种程度的"转换性"。

　　这个定义包含两个因素：第一，被告的使用增加了新内容或者说在内容上改变了原作品，本文将其称为"内容转换"；第二，被告的使用是出于一个新的或一个与原作者原始目的不同的目的，本文将其称为"目的转换"。

　　那么，法院是否需要在同时认定内容转换和目的转换后，才能认定转换性使用呢？根据我们研究的判决来看，答案明显是否定的。表12展示了内容转换和目的转换的相互作用，下文也将进一步分析该相互作用。

表12　内容转换和目的转换的相互作用

认定转换性使用的案件/全部案件		目的转换	
		是	否
内容转换	是	68件/68件（100%）"坎贝尔"案	16件/49件（32.7%）"卡里欧"案
	否	37件/61件（60.7%）"谷歌数字图书馆"案	5件/82件（6.1%）"版权代理公司"案

---

① Pierre N. Leval, "Acuff-Rose: Justice Souter's Rescue of Fair Use", 13 *Cardozo Arts & Ent. L. J.* 19, 19 (1994); Pierre N. Leval, "Nimmer Lecture: Fair Use Rescued", 44 *U. C. L. A. L. Rev.* 1449, 1465 (1997).

② Campbell, 510 U. S. at 579.

1. 同时存在内容转换和目的转换

被告的使用同时涉及目的转换和内容转换的案件是最简单的。毫无意外地，出现这种情况的 68 个案件都被法院认定为转换性使用。"坎贝尔"案毫无疑问是戏仿、评论类案件的典型先例：被告借用了罗伊·奥比森的歌曲的第一句歌词及其旋律"哦，漂亮女人"，创造出一个包含大量创造性新内容的戏仿作品，并嘲讽了原作品对街头生活的幼稚理解。①

另一个例子是"箭制片公司"案，被告制作了一部名为"拉芙蕾丝"的自传电影，记录了曾主演知名色情电影《深喉》的演员琳达·拉芙蕾丝的生活和人际关系。② 该自传电影有近 4 分钟的内容再现了仅 61 分钟的原作中最著名的三个场景。但是再现原作品的部分具有高度的转换性，因为该传记并没有直接使用原作品的片段，而是由新演员出演了这些场景，目的是将公众对原作的热烈反响与拉芙蕾丝在幕后的痛苦情绪形成鲜明对比。

2. 只存在内容转换，不存在目的转换

在 49 个只存在内容转换而不存在目的转换的案件中，只有 16 个（32.7%）被认定为转换性使用。"卡里欧"案是一个典型的例子：尽管被告在借用部分增加了一些表达性内容，但他承认自己并没有出于批评或评论原作品的目的。③ 法院认为，尽管被告的作品有着与原作品相同的目的，即审美和装饰，但从被告的作品中可以合理感知新的美学，因而认定该使用为转换性使用。

除了与挪用艺术有关的案件，这种情形也常常发生在与引用有关的案件中，因为被告会在相关领域的新的研究项目中引用之前的研究。例如，"威廉姆森"案中的被告在他自己关于巴顿将军哲学和管理战略的书《巴顿的领导力：企业战的战略经验》中，引用了《巴顿原则：管理者手册》中的简短段落。法院认为引用具有转换性，因为"任何学术或科研学者都

---

① Campbell, 510 U. S. at 579.

② Arrow Productions, LTD. v. Weinstein Co. LLC, 44 F. Supp. 3d 359, 369 (S. D. N. Y. 2014).

③ Cariou v. Prince, 714 F. 3d 694, 706 (2d Cir. 2013); Seltzer v. Green Day, Inc., 725 F. 3d 1170, 1177 (9th Cir. 2013). （强调"在典型的'非转换性'案件中，该使用没有给原作品增加任何表达性的内容。"）

会利用已有的研究成果，并在已有的研究成果基础上创造出新的东西"①。

重视内容转换的法院倾向于在被告作品范围内对被告复制的内容与被告添加的内容进行衡量。"塞尔茨"案的地方法院认为，尽管绿日乐队在演唱会的视频背景中利用了原作品"尖叫图标"的全部内容，但"它只是用来表达绿日乐队作品的气氛、基调和意义的众多视觉元素之一"②。因此，法院认为要素三有利于合理使用，即使《美国著作权法》只规定了法院应当考虑被使用部分与原版权作品的关系，而不是与被告作品的关系。③这种观点相当于在传统的实质性相似检验的基础上建立了实质性差异检验。④ 这与联邦最高法院建立的原则相矛盾："不要让'作品中不涉及盗版的比例'成为任何人盗版的借口。"⑤

3. 只存在目的转换，不存在内容转换

相较于内容转换，目的转换对认定转换性使用的影响似乎更大。在 61个只存在目的转换而不存在内容转换的案件中，有 37 个（60.7%）最终被认定为转换性使用，而在只存在内容转换、不存在目的转换的案件中，该比例仅为 32.7%。以"谷歌数字图书馆"案为例，自 2004 年以来，谷歌扫描了出版商和图书馆提供的数百万本书，同时没有添加任何新的表达性内容。⑥ 尽管如此，法院认为这种大规模的复制构成转换性使用，因为谷歌建立数字图书馆不是为了陈列展示，而是为了开发搜索引擎和数据挖掘工具。

---

① Williamson v. Pearson Education Inc. , 2001 WL 1262964, at * 5（S. D. N. Y. 2001）.

② Seltzer v. Green Day, Inc. , 2011 WL 13122367, at * 5（C. D. Cal. 2011）, aff'd, 725 F. 3d 1170（9th Cir. 2013）.

③ 17 U. S. C. § 107（2012）. E. g. , Cariou, 714 F. 3d at 710（"普林斯把这些照片变成了新的、不同的东西，因此因素三支持他。"）; Bill Graham Archives v. Dorling Kindersley Ltd. , 448 F. 3d 605, 611（2d Cir. 2006）（"在争议作品中未经许可的使用的程度是决定使用是否具有充分转换性的因素之一"）; Oracle Am. , Inc. v. Google Inc. , 2016 WL 3181206, at * 10（N. D. Cal. 2016）［"复制的代码行数仅占版权作品的1%（就这一点而言，甚至比安卓更少）"］.

④ Ringgold v. Black Entertainment Television, Inc. , 126 F. 3d 70, 76（2d Cir. 1997）; Computer Associates Int'l, Inc. v. Altai, Inc. 982 F. 2d 693, 706（2d Cir. 1992）; Sid & Marty Krofft Television Productions, Inc. v. McDonald's Corp. , 562 F. 2d 1157, 1163（9th Cir. 1977）.

⑤ Harper & Row Publishers, Inc. v. Nation Enters. , 471 U. S. 539, 565（1985）（quoting Sheldon v. Metro-Goldwyn Pictures Corp. , 81 F. 2d 49, 56（2d Cir. 1936））.

⑥ Authors Guild, Inc. v. Google, Inc. , 954 F. Supp. 2d 282, 286（S. D. N. Y. 2013）, aff'd, 804 F. 3d 202（2d Cir. 2015）.

从理论上说，判断被告的目的是否不同于原告的方法有两种。一种方法是，法院可以考察双方在创作时的主观目的。① 这种主观方法存在明显困难。一方面，法院不可避免地要应对利己的陈述和事后的辩护。② 另一方面，如果被告的使用源于一项新技术，而这项新技术是在原作品创作之后出现的，那么运用这种主观方法往往倾向于认定合理使用，因为原告不可能预见到该种新使用。③ 如果按照这种方法的逻辑，就会出现过度隔离版权市场的风险：在新技术出现之前创作的所有作品都将受合理使用的支配，而那些在新技术出现之后创作的作品则会受到版权的保护，因为作者可以主张主观目的从而处于有利地位。更大的危险是，一旦法院因为原作者无法预见新的使用而宣判该项使用是合理的，就会开创一个先例，因为这一诉讼，将来所有此类使用都将被免责，即使未来的作者极有可能提前意识到了新使用。④ 然而，如果历史可供借鉴，法院就不会仅仅因为原作者在创作时无法预见而无条件地豁免新使用，特别是在新使用可能吞没版权市场的情况下。⑤ 专利法上的等同原则提供了有益参考。正如联邦最高法院在"费斯托公司"案中所阐明的⑥，专利的权利要求书可以涵盖一项在申请时无法预见但在侵权认定时不受禁止反悔原则影响而被视为明显等同物的新

---

① Blanch v. Koons, 467 F. 3d 244, 253 (2d Cir. 2006) （非常重视被告的证词）；Henley v. De-Vore, 733 F. Supp. 2d 1144, 1156 (C. D. Cal. 2010) （被告声称在竞选视频中使用原告的歌曲，目的是批评原告和其他的奥巴马支持者，原告声称他从未支持奥巴马总统）；Fuentes v. Mega Media Holdings, Inc., 2011 WL 2601356, at *7 (S. D. Fla. 2011) （被告声称使用时长超过1小时的未发表片段是出于评论目的）.

② Campbell v. Acuff-Rose Music, Inc., 510 U. S. 569, 600 (Kennedy, J. 的协调意见) （"我们不应该让音乐家们轻易地利用现有作品并在之后声称他们的演奏是对原作的宝贵评论。"）.

③ Shyamkrishna Balganesh, "Foresee Ability and Copyright Incentives", 122 *Harvard Law Review* 1569, 1605 (2009); Christina Bohannan, Copyright Harm, "Foreseeability, and Fair Use", 85 *Washington Vniversiey Law Review* 969, 973 (2007).

④ *Cf.* Sony Corp. of Am. v. Universal City Studios, Inc., 464 US 417, 449 (1984) （认定合理使用是因为原告不能清楚地解释为什么时移录像对版权市场有害）；Fox Broad. Co., Inc. v. Dish Network LLC, 747 F. 3d 1060, 1069 (9th Cir. 2014) （尽管有明确证据表明存在消费者流失但被认定为合理使用）.

⑤ &M Records, Inc. v. Napster, Inc., 239 F. 3d 1004, 1015 (9th Cir. 2001); UMG Record-ings, Inc. v. MP3. Com, Inc., 92 F. Supp. 2d 349, 353 (S. D. N. Y. 2000). Cf. Recording In-dus. Ass'n of Am. v. Diamond Multimedia Sys., Inc., 180 F. 3d 1072, 1076 (9th Cir. 1999).

⑥ Festo Corp. v. Shoketsu Kinzoku Kogyo Kabushiki Co., 535 U. S. 722, 739 (2002).

技术（通常被称为"新兴技术"①）。

另一种方法是，法院可以从理性人视角比较原作品的客观目的与被告使用原作品的客观目的。② 但这种客观方法有其自身的局限性。法院在动议驳回、临时禁令和简易判决阶段裁判了绝大多数的转换性使用案件，法律评判常常变成了脱离大量证据的艺术观点评判。③ 正如霍姆斯大法官所指出的："对于只接受过法律培训的人来说，除了最狭窄和最明显的限制，用艺术评价形成最终判决是一件非常危险的事情。"④ 此外，以一般理性人视角为基准的客观方法，会对那些有着超越时代的非凡眼光的先锋艺术家不利。因此，客观方法未必能避免不可预见的新技术问题。⑤

目的转换是一种极具延展性的标准，尽管存在局限，但法院可以将其适用于各种事实模式，这可能是目的转换在合理使用认定中受欢迎的原因之一。例如，我们可以从概念上将创造性目的分解为几个抽象层次。如果法院关注的是一个较低、较具体的层面，那么往往会认定原、被告双方的目的完全不同。如果法院关注的是一个较高、较概括的层面，那么往往会认定原、被告双方的目的相同。以"TCA"案为例，被告借用了百老汇戏剧中的喜剧套路。⑥ 地方法院以较低层面的视角进行了考察，认为原告的作品是一部轻松愉快的喜剧，而被告的作品是一部黑色喜剧，其对原作品的使用是出于不同的目的。因此，该使用被认定为具有转换性。与之相反的是，上诉法院以较高层面的视角进行了考察，认为被告的使用仍是出于喜剧目的，最终推翻了转换性使用的认定。

---

① Nicholas Pumfrey et al., "The Doctrine of Equivalents in Various Patent Regimes—Does Anybody Have It Right?", *11 Yale Journal of Law and Technology* 261, 268 (2009).

② Campbell v. Acuff-Rose Music, Inc., 510 U. S. 569, 582 (1994) （"在戏仿案件中，首先要回答的问题就是戏仿目的是否能被合理地感知。"). Cf. Leibovitz v. Paramount Pictures Corp., 137 F. 3d 109, 115 (2d Cir. 1998) （目的转换）; Columbia Pictures Indus., Inc. v. Miramax Films Corp., 11 F. Supp. 2d 1179, 1188 (C. D. Cal. 1998) （无目的转换）.

③ 在260个判决样本中，21个（8.1%）停留在动议驳回阶段，33个（12.7%）停留在初步强制令阶段，178个（68.5%）停留在简易判决阶段。

④ Bleistein v. Donaldson Lithographing Co., 188 U. S. 239, 251 (1903).

⑤ Sony Corp. of Am. v. Universal City Studios, Inc., 464 US 417, 449 (1984); Fox Broad. Co., Inc. v. Dish Network LLC, 747 F. 3d 1060, 1069 (9th Cir. 2014).

⑥ TCA Television Corp. v. McCollum, 151 F. Supp. 3d 419, 434 (S. D. N. Y. 2015), *rev'd* 839 F. 3d 168 (2d Cir. 2016).

另一个例子是"城堡岩石娱乐公司"案，在该案中，被告出版了一本名为《宋飞能力倾向测验》的书，书中包含了关于流行情景喜剧《宋飞正传》的一些问题。① 地方法院认为，这本书在具体的层面上构成对《宋飞正传》的批评或评论。上诉法院推翻了转换性使用的认定，因为情景喜剧和书在概括的层面上都是出于娱乐目的。

在被告将原作品扩展到新的受众的情况下，即使新的受众以完全相同的方式消费原作品，法院也会认定目的转换。一个典型的例子是"斯沃琪"案，原告召集了一次电话会议，与受邀的投资分析师一起审查其收益报告。② 被告在未经许可的情况下获得了电话会议的录音，并将其传播给其金融新闻的订阅读者——一个潜在的、更广泛的投资者和分析师群体。法院的结论是，被告的使用"虽然没有改变原作品或在原作品上增添内容，但该使用在功能或目的上"具有转换性。③

类似地，在"坎皮哈·贝加特"案中，原告设计了一个记忆模型来对医疗专业人员进行文化能力教育，而后被告在培训公立学校新教师文化能力的演示幻灯片中使用了原告的模型，法院也认定存在转换性使用。④ 在"甲骨文公司"案中，法院认定原、被告双方的作品有不同的目的，因为原告最初开发的 Java 平台是用于台式机和笔记本电脑环境，而被告开发的安卓系统主要是用于移动设备环境，该系统包含了来自 Java 的 37 个 API 包的声明代码和 SSO（单点登录）。⑤ 上述观点似乎表明了一个与正常预期

---

① Castle Rock Entm't v. Carol Publ'g Grp. , 955 F. Supp. 260 （S. D. N. Y. 1997）, *aff'd*, 150 F. 3d 152 （2d Cir. 1998）; Murphy v. Millennium Radio Grp. LLC, 2010 WL 1372408, at ∗ 5 （D. N. J. 2010）, rev'd, 650 F. 3d 295 （3rd Cir. 2011）（关于被告使用照片宣传广播节目是否与原告传播新闻的目的相同，上诉法院不同意地方法院的观点）.

② Swatch Grp. Mgmt. Servs. Ltd. v. Bloomberg L. P. , 7 56 F. 3d 73, 85 （2d Cir. 2014）.

③ Swatch Grp. Mgmt. Servs. Ltd. v. Bloomberg L. P. , 7 56 F. 3d 73, 85 （2d Cir. 2014）（"彭博社的'他们所说的'与斯沃琪集团的'这是你应该相信的'完全不同"）.

④ Campinha-Bacote v. Evansville Vanderburgh Sch. Corp. , 2015 WL 12559889, at ∗ 5 （S. D. Ind. 2015）.

⑤ Oracle Am. , Inc. v. Google Inc. , 2016 WL 3181206, at ∗ 9 （N. D. Cal. 2016）; Stern v. Does, 978 F. Supp. 2d 1031, 1045 （C. D. Cal. 2011）（认定将邮件转发给第三方的行为是转换性使用）; Infinity Broad. Corp. v. Kirkwood, 965 F. Supp. 553, 556 （S. D. N. Y. 1997）, *rev'd*, 150 F. 3d 104 （2d Cir. 1998）（认定被告将本地电台转播给异地广告商的行为是转换性使用）.

相反的结论，即把 PC 端的视频游戏用于智能手机或把 PlayStation 游戏用于 Xbox 的行为都可以构成合理使用。

4. 既不存在目的转换，也不存在内容转换

在既不存在内容转换也不存在目的转换的案件中，法院不得认定转换性使用似乎是一个不可避免的结论。然而，令人意外的是，法院居然在 5 个此种情形的案件中认定了转换性使用。例如，一家网站发布了一篇与原作品完全相同的新闻报道，但法院仍然认为这种使用具有转换性，因为原告是所谓的"版权控制者"，对其作品的使用只能通过诉讼驱动。① 还有一些法院认为，为方便家长评估学生的表现而影印考完的试卷②，或将拉丁歌曲作为拉丁主题广播节目的背景音乐都是转换性使用。③

B. 滑坡谬误

转换性使用的定义不仅难以捉摸，而且容易导致滑坡谬误：法院一开始只在明显存在目的转换和内容转换的非争议案件中适用转换性使用。④ 但是，通过类比的连锁反应，法院不断将该定义一点一点地扩大，以至于偏离其起源语境。该概念最终达到了其适用的临界点。接下来的部分将通过"批评和评论、学术和研究、中间复制"这三组案例来展示转换性使用判决中的滑坡谬误是如何发展的。

1. 批评和评论

苏特大法官在"坎贝尔"案中指出"戏仿具有明显的转换性价值"，因为被告为批评或评论原作品而创作了一个新作品。⑤ 在法院将作品定性为戏仿作品的 22 个样本案例中，被告的使用都被认定为转换性使用。

下级法院不久后就开始扩大转换性使用的适用范围以涵盖各种形式的

---

① Righthaven, LCC v. Jama, 2011 WL 1541613, at ＊2 （D. Nev. 2011）；Righthaven LLC v. Choudhry, 2011 WL 1743839, at ＊4 （D. Nev. 2011）（事实几乎相同）；Princeton Univ. Press v. Mich. Document Servs. , Inc. , 74 F. 3d 1512 （6th Cir. 1996）, 全体法官审核, 99 F. 3d 1381 （6th Cir. 1996）（为课堂教学的复印）.

② Newport-Mesa Unified School District v. Cal. Dep't of Educ. , 371 F. Supp. 2d 1170, 1177 （C. D. Cal. 2005）.

③ Latin Am. Music Co. Inc. v. Media Power Grp. , Inc. , 2010 WL 6420575, at ＊16 （D. R. R. 2010）.

④ Eugene Volokh, "The Mechanisms of the Slippery Slope", *Harvard Law Review* 116, 116 （2003）.

⑤ Campbell v. Acuff-Rose Music, Inc. , 510 U. S. 569, 579 （1994）.

戏仿、讽刺或批评作品，这些戏仿、讽刺或批评作品并不是直接针对原作品，而是针对与原作品有关的其他元素，包括原作的主题、作者及社会环境。在"基尼茨"案中，被告通过在街区聚会出售的 T 恤上印刷当地某政治家的肖像照来取笑他。① 在"塞林格"案中，被告出版了《麦田守望者》的续集，该续集在描述原著作者杰罗姆·大卫·塞林格时满是贬抑之词。② 在"布兰奇"案中，一位视觉艺术家在他的新画中借用了一张时装照片以批评该照片所代表的物质文化。③ 在 44 个非戏仿但评论了原作品相关元素的判决中，有 31 个（70.5%）最终被认定为转换性使用。

最近的"卡里欧"案又进一步推进了"布兰奇"案的观点："法律并没有明确要求只有评论原作品或原作者的作品才能被认定为具有转换性。"④ 因此，往后的艺术家可以借用先前艺术家的作品作为原材料，去创作一个与原作品没有关键联系的新作品。在所研究的 16 个与挪用艺术有关的判决中，有 8 个（50%）被认定为转换性使用。⑤

2. 学术和研究

法院对引用原作品的传记和纪录片表现出高度的宽容。⑥ 在这些案件中，原作品通常发挥历史文物的作用，对于研究人员揭示或解释重大事件至关重要。因为需要保证历史研究的准确性和完整性，研究人员在不同的

---

① Kienitz v. Sconnie Nation LLC, 965 F. Supp. 2d 1042, 1050（W. D. Wis. 2013），aff'd, 766 F. 3d 756（7th Cir. 2014）. See also Katz v. Google Inc. , 802 F. 3d 1178, 1183（11th Cir. 2015）; Galvin v. Ill. Republican Party, 130 F. Supp. 3d 1187, 1193（N. D. Ill. 2015）; Dhillon v. Does 1 – 10, 2014 WL 722592, at ∗5（N. D. Cal. 2014）; Sedgwick Claims Mgmt. Servs. , Inc. v. Delsman, 2009 WL 2157573, at ∗5（N. D. Cal. 2009）; World Wrestling Fed'n Entm't, Inc. v. Big Dog Holdings, Inc. , 280 F. Supp. 2d 413, 426（W. D. Pa. 2003）.

② Salinger v. Colting, 641 F. Supp. 2d 250, 263（S. D. N. Y. 2009），rev'd, 607 F. 3d 68（2d Cir. 2010）; Henley v. DeVore, 733 F. Supp. 2d 1144, 1156（C. D. Cal. 2010）; Bourne Co. v. Twentieth Century Fox Film Corp. , 602 F. Supp. 2d 499, 509（S. D. N. Y. 2009）; Burnett v. Twentieth Century Fox Film Corp. , 491 F. Supp. 2d 962, 968（C. D. Cal. 2007）.

③ Blanch v. Koons, 467 F. 3d 244, 253（2d Cir. 2006）.

④ Cariou v. Prince, 714 F. 3d 694, 706（2d Cir. 2013）.

⑤ Seltzer v. Green Day, Inc. , 725 F. 3d 1170, 1176（9th Cir. 2013）; Neri v. Monroe, 2014 WL 793336, at ∗6（W. D. Wis. 2014）; Sarl Louis Feraud Int'l v. Viewfinder Inc. , 627 F. Supp. 2d 123, 128（S. D. N. Y. 2008）.

⑥ Bill Graham Archives v. Dorling Kindersley Ltd. , 448 F. 3d 605, 612（2d Cir. 2006）; Bouchat v. Balt. Ravens Ltd. P'ship, 737 F. 3d 932, 944（4th Cir. 2013）; Threshold Media Corp. v. Relativity Media, LLC, 166 F. Supp. 3d 1011, 1029（C. D. Cal. 2013）.

文物中进行选择的自由度有限。如果传记或纪录片主要是出于还原事实的目的而短暂地使用版权作品，那么法院将倾向于认定该使用不受版权人的控制，因为版权人偶尔也会有歪曲事实或要求过高版税的动机。[①] 在 20 个涉及传记和纪录片的样本判决中，有 17 个（85%）被认定为转换性使用。

衍生书籍（如《宋飞能力倾向测验》）与传记相似，因为它们借用了原作品中的一些元素来说明与之相关的事实。[②] 然而，它们存在一个关键的区别：衍生书籍中描述的所谓"事实"并不是历史事件，而是原作者创造的虚拟人物或事件。一方面，衍生书籍引用的比例越高，其作为参考工具的价值也就越高。另一方面，大量借用创造性内容相当于为内在娱乐目的去复述虚构故事，会占领原作者基于版权保护所留下的市场利基。因此，法院对涉及衍生书籍的案件持保守态度是有必要的。"RDR"案被广泛宣传，在该案中，几位《哈利·波特》的忠实读者创作了一本《哈利·波特词典》，这是一本关于原著的百科全书，收录了哈利·波特系列中出现的人物、虚拟生物和魔法物品的各种信息。[③] 法院指出，由于表达性内容的逐字复制超出了研究目的的合理范围，任何转换性使用都将被减损。总的来说，在 10 个涉及衍生书籍的案例中，只有 1 个被认定为转换性使用，而其最终也被上诉法院推翻。[④]

综上所述，传记往往同时包含内容转换和目的转换，而衍生书籍通常涉及过度复制，因此尽管有新的智力贡献，其研究目的还是会被减损。那么，那些不包括目的转换和内容转换的研究行为又如何呢？在 13 个样本判决中，被告复印了学术著作供研究人员或学生学习，但这也正是原告写作的目的。奇怪的是，在这些案件中有 4 个（30.8%）仍被认定为转换性使用。[⑤]

---

① Bouchat v. Baltimore Ravens Ltd. Partnership, 737 F. 3d 932, 944 (4th Cir. 2013).

② Castle Rock Entm't v. Carol Publ'g Grp., 150 F. Supp. 2d 132, 143 (2d Cir. 1998); Paramount Pictures Corp. v. Carol Publ'g Group, 11 F. Supp. 2d 329, 335 (S. D. N. Y. 1998); Ty, Inc. v. Publ'ns Int'l, Ltd., 333 F. Supp. 2d 705, 713 (N. D. Ill. 2004).

③ Warner Bros. Entm't Inc. v. RDR Books, 575 F. Supp. 2d 513, 544 (S. D. N. Y. 2008).

④ Castle Rock Entm't v. Carol Publ'g Grp., 955 F. Supp. 260, 268 (S. D. N. Y. 1997), aff'd, 150 F. 3d 152 (2d. Cir. 1998)（推翻转换性使用认定）.

⑤ Newport-Mesa Unified Sch. Dist. v. Cal. Dep't of Educ., 371 F. Supp. 2d 1170, 1177 (C. D. Cal. 2005).

例如，出版商对专利律师提起了一系列诉讼，因为该律师将学术论文影印成专利申请的一部分。[①] 法院一贯以当事人将版权作品用于不同目的为由，从而通过转换性使用豁免了此类影印：原告在期刊上发表学术文章，向科学界通报科学研究的进展；被告为现有技术分析复印原作品，并选择其中一些提交给美国专利及商标局或外国专利局以协助专利审查员了解最新技术。[②] 但是不难看出，如果从一个更高且更概括的角度看，两次的使用目的都是研究。事实上，否认专利诉讼可能是学术出版的内在目的之一也是不准确的，特别是考虑到美国自 2013 年 3 月 16 日以来，已经从在先发明原则转变为在先申请原则。[③] 如今，首次发表对专利申请人具有实质性的防御和攻击作用。它不仅可以抢占同一发明的竞争申请，而且可以为自己的申请保留 1 年的宽限期。[④] 一些学者实际上将此新制度称为"首次发表"制度。[⑤] 因此，法院不应过分否认发明者以专利诉讼的目的、以专利律师为目标读者而竞相出版作品的可能性。

诚然，为研究或教学目的对学术作品进行有限的复制确实可能因重要政策构成合理使用（将在第五部分中更详细地讨论）。然而，如果将转换性使用扩展到既不包含内容转换也不包含目的转换的使用，那么它将成为一个失去有形界限的累赘。

3. 中间复制

"滑坡谬误"的一个很好的例子就是中间复制行为判决的趋势，即被告复制了公众无法获得的原始作品，作为开发另一个不同产品的中间步骤。中间复制的问题通常出现在涉及反向工程的版权纠纷中。例如，康涅

---

① Am. Inst. of Physics v. Winstead PC, 2013 WL 6242843, at *6 (N. D. Tex. 2013)；Am. Inst. of Physics v. Schwegman, 2013 WL 4666330, at *10 (D. Minn. 2013). Cf., Princeton Univ. Press v. Mich. Document Servs., Inc., 74 F. 3d 1512 (6th Cir. 1996), *rev'd en banc*, 99 F. 3d 1381 (6th Cir. 1996).

② 37 C. F. R. §1. 56 (a).

③ Leahy-Smith America Invents Act, Pub. L. No. 112 – 29, 125 Stat. 284 (2011) (codified in 35 U. S. C. and effective on Mar. 16, 2013).

④ 35 U. S. C. §102 (a) (1) (2013).

⑤ Alexa L. Ashworth, "Race You to the Patent Office! How the New Patent Reform Act Will Affect Technology Transfer at Universities," 23 *Albany Legal Journal of Science and Technology* 383, 396 (2013).

狄格州的被告为获取不受保护的想法和功能元素，在 PlayStation 公司的一个游戏机控制台中复制和隐藏了操作系统（BIOS），如果不是这样，这些内容就无法获得。① 更重要的是，被告利用这些信息开发了一个独立的产品，这个产品与 PlayStation 游戏兼容，但不包含原作品的任何受保护的表达。因此，法院认为，以反向工程为目的的中间复制具有转换性和非侵权性。

法院将反向工程的基本原理扩展到各种搜索引擎案例中。② 他们坚持转换性使用，理由是谷歌和其他搜索引擎的大批量拷贝对公众来说是不可见的，因此有必要开发全面的数字数据库以准确响应搜索需求任务。尽管如此，复制件在搜索引擎中的使用和在反向工程中的使用有两个关键区别。首先，软件开发人员通常在完成反向工程后删除中间副本，而搜索引擎需要逐字连续存储正在进行操作的复制件。其次，反向工程产生的新软件不包含任何受保护的原始表达，而搜索引擎有时会显示缩略图或片段以帮助终端用户了解搜索结果。③

甚至在不同的搜索引擎案例中也存在显著的差异。例如，在"凯利"案中，搜索引擎复制了经适当授权可在网上使用的受版权保护的图像。④可以说，版权所有者已授予一般公众复制在线图像的默示许可。⑤ 相比之下，在谷歌图书案中，谷歌扫描并数字化了数百万本版权所有人从未在网上提供的图书，这种情况就不适用默示许可。⑥ 以下两个"谷歌图书案"

---

① Sony Comput. Entm't, Inc. v. Connectix Corp. , 203 F. 3d 596（9th Cir. 2000）; Sega Enters. Ltd. v. Accolade, Inc. , 977 F. 2d 1510, （9th Cir. 1992）; cf. Walt Disney Prods. v. Filmation Assocs. , 628 F. Supp. 871, 876（C. D. Cal. 1986）（暗示中间复制可能构成侵权，即使最终产品本身不包含受版权保护的材料。）.

② E. g. , Authors Guild, Inc. v. HathiTrust, 902 F. Supp. 2d 445, 463（S. D. N. Y. 2012）, aff'd in part, vac'd in part, 755 F. 3d 87（2014）（"在为合理使用而有必要复制的情况下，中间复制不侵权。"）; Ticketmaster Corp. v. Tickets. Com, Inc. , 2003 WL 21406289, at ∗ 5（C. D. Cal. 2003）.

③ E. g. , Perfect 10, v. Amazon. com, 508 F. 3d 1146, 1166（9th Cir. 2007）; Authors Guild, Inc. v. Google, Inc. , 804 F. 3d 202, 216（2d Cir. 2015）

④ Kelly v. Arriba Soft Corp. , 336 F. 3d 811（9th Cir. 2002）.

⑤ Field v. Google Inc. , 412 F. Supp. 2d 1106, 1116（D. Nev. 2006）.

⑥ Cf. Authors Guild, Inc. v. Google, Inc. , 804 F. 3d 202, 216（2d Cir. 2015）; Authors Guild, Inc. v. HathiTrust, 755 F. 3d 87, 97（2d Cir. 2014）

也不相同。首先，HathiTrust 图书馆不允许用户查看任何扫描的图书，而谷歌在书中提供了有限的原始表达片段。其次，HathiTrust 是一个非营利的教育实体，而谷歌是一个以营利为目的的商业公司。再次，HathiTrust 图书馆在扫描前通过购买或捐赠合法拥有所有纸质件，而谷歌在扫描前没有任何合法拷贝。换言之，扫描行为潜在地取代了谷歌的购买而非图书馆的购买。① 最后，HathiTrust 图书馆致力于为自己提供合理使用，而谷歌则是方便了他人的合理使用以换取商业利益。②

尽管搜索引擎案件之间存在各种差异，但各法院一致认为，搜索引擎通过帮助作者和用户访问原作品而使他们获益，在搜索结果中不显示逐字副本而是显示一小部分受保护的表达不会替代原始作品，并且在合理使用分析中，搜索引擎使用许可市场既不存在也不可识别。在样本中的 13 个搜索引擎判决中，有 12 个被认定为转换性使用，唯一的例外也没有妨碍合理使用的认定。③

最近的几个案例，接近了中间复制的边界。在"甲骨文公司"案中，谷歌复制了 166 个 Java API 包中的 37 个来开发用于智能手机应用的 Android 平台。④ 与被告试图实现与原始软件兼容的反向工程案例不同，Android 平台与 Java 程序根本不兼容。⑤ 此外，反向工程通常产生的是不包含任何原始表达的最终产品，但 Android 平台结合了大量的 Java 源代码，包括 API 代码的声明代码和 SSO 分类。尽管原告正在许可一个用于移动设备的 Java 平台的衍生版本，但法院支持了转换性使用的认定，理由是原告最初开发 Java 平台是用于台式机和笔记本电脑环境，而谷歌开发开发 Android 平台则是用于移动设备环境。

---

① 奇怪的是，相关判决从未涉及谷歌员工是否可以在内部查阅扫描过的图书这一问题。
② H. R. Rep. No. 94 - 1476, at 74 (1976)."非营利机构不可以通过与商业复制企业签订合同的方式，授权该企业履行复制和发行职能；如果是由非营利机构本身执行，则可以免除机构的这些职能。"Princeton Univ. Press v. Mich. Doc. Servs., Inc., 99 F. 3d 1381, 1389 (6th Cir. 1996); Basic Books, Inc. v. Kinko's Graphics Corp., 758 F. Supp. 1522, 1530 (S. D. N. Y. 1991).
③ Ticketmaster Corp. v. Tickets. Com, Inc., 2003 WL 21406289, at * 5 (C. D. Cal. 2003).
④ Oracle Am., Inc. v. Google Inc., 2016 WL 3181206, at * 9 (N. D. Cal. 2016).
⑤ Oracle Am., Inc. v. Google Inc., 750 F. 3d 1339, 1350 (9th Cir. 2014).

    TVEyes 案中，被告为建立一个可搜索的数据库，每天 24 小时、每周 7
天录制了 1400 家电视和广播电台的所有播放内容，以便其订阅用户能够获
取节目的文字记录和视频剪辑从而满足其搜索需求。① 尽管 TVEyes 把自己
比作搜索引擎，但它和搜索引擎之间有一个关键的区别。搜索引擎把用户
引向原始来源，搜索结果中的缩略图或片段包含最少的表达性内容，与原
始作品的用途几乎不相同。相比之下，TVEyes 为用户提供了长达 10 分钟
的视频剪辑。它并没有把观众引向原始来源，而是直接以与原告类似的方
式在网上发布视频进行竞争。事实上，TVEyes 与新闻剪辑服务和其他形式
的节略有着惊人的相似之处。② 在所研究的 11 项节略案件的判决中，除
TVEyes 案外都被认定为侵权。③

    审理 TVEyes 案的法庭试图通过以下方式区分 TVEyes 和新闻剪辑服
务。第一，与传统的仅以文本形式传递新闻的剪辑服务不同，TVEyes 通过
结合图像、声音和文本提供了更丰富的内容。然而，法院对两个案件中剪
辑的性质依赖于其各自来源的性质这一事实保持沉默。第二，法院建议，
通过"索引和摘录电视上出现的所有内容⋯⋯TVEyes 提供了一项内容提供
商所没有提供的服务"④。奇怪的是，证据显示原告实际上通过各种在线渠
道发布其电视剪辑，几乎所有的这些渠道都支持搜索功能。也许法院提到
了这样一个事实：在 TVEyes 之前，还没有人建立过这样一个全面的数据
库，即能够提供所有内容提供商的完整视频目录。这确实是一件遗憾的
事，但是对于网络媒体来说，这种一站式服务在当时也不现实，因为网络
媒体还是成功地对利用所有新闻来源的新闻剪辑提供商实施了版权保护。

---

① Fox News Network, LLC v. TVEyes, Inc., 43 F. Supp. 3d 379, 395（S. D. N. Y. 2014），*aff'd
    in part*, *rev'd in part sub nom*, 883 F. 3d 169（2d Cir. 2018）（否认合理使用，尽管发现有转
    换性用途。）.

② E. g., L. A. News Serv. v. Tullo, 973 F. 2d 791, 799（9th Cir. 1992）; Pac. and S. Co. v.
    Duncan, 744 F. 2d 1490, 1496（11th Cir. 1984）

③ Video Pipeline, Inc. v. Buena Vista Home Entm't, Inc., 342 F. 3d 191, 199（3rd Cir. 2003）;
    Nihon Keizai Shimbun, Inc. v. Comline Business Data, Inc., 166 F. 3d 65, 73（2d Cir.
    1999）; Associated Press v. Meltwater U. S. Holdings, Inc., 931 F. Supp. 2d 537, 553（S. D.
    N. Y. 2013）

④ TVEyes, 43 F. Supp. 3d at 392.（"TveEyes 是唯一一个每天 24 小时、每周 7 天为电视频道
    广播的所有内容创建数据库的服务。"）

第三，法院强调，虽然新闻剪辑服务汇集了公众已经可以使用的在线内容，但 TVEyes 提供了用户无法获得的内容，因为它复制了原告尚未完全在线提供的一些有线电视节目。换句话说，TVEyes 将原始作品的享有扩展到了没有订阅有线电视服务的用户。奇怪的是，法院认为这是支持转换性使用的理由而不是侵犯版权的理由。

五　合理化转换性使用

A. 传统辩解

转换性使用判决涉及大量的不确定性和不连贯性，因为其概念本身是建立在一个不确定的政策基础上的。某些法院试图根据社会生产力、第二创造性和补充性商品的理论证明转换性使用是正当的，但遭到了其他法院的强烈反对。对转换性使用基本原理的探索有时会演变成联邦第二巡回法院（转换性使用的发源地）和第七巡回法院（法律与经济学院的"发电站"）之间的较量。

1. 创益性使用

"转换性使用的建筑师"勒瓦尔法官认为，这一概念源于一个先前存在的被称为"创益性使用"的学说。[①] 联邦第九巡回法院在"Betamax"案的判决中首先将创益性使用引入司法实践："正如第 107 条的第一句话所言，合理使用在传统上与受版权保护的材料的'创益性使用'相关联。"[②] 一个使用被认为是创益性的，其导致的结果是"对公众产生的额外利益超过了第一作者所产生的利益"[③]。为了满足对创益性使用的检测，被告不需要证明其使用使公众实质性获益，而只需要证明其使用使公众稍稍获益。[④]

---

① Pierre N. Leval, "Toward a Fair Use Standard", 103 *HARV. L. REV.* 1105, 1111 (1990). 在转换性使用出现之前，总共有 16 个判决涉及创益性使用。

② Universal City Studios v. Sony Corp. of Am. , 659 F. 2d 963, 970 (9th Cir. 1981), *rev'd*, 464 U. S. 417 (1984).

③ Sony Corp. of Am. v. Universal City Studios, Inc. , 464 U. S. 417, 479 (1984) (Blackmun, J. , dissenting).

④ E. g. , Rubin v. Brooks/Cole Pub. Co. , 836 F. Supp. 909, 916 (D. Mass. 1993); Penelope v. Brown, 792 F. Supp. 132, 137 (D. Mass. 1992).

　　创益性使用有一种过度扩大合理使用范围的内在的倾向，以边际社会效益作为合理使用的检验标准。从短期来看，扩大受版权法保护作品的获取途径，即使是盗版也可能增加社会效益。这就是联邦最高法院一再贬低创益性使用重要性的原因之一。① 勒瓦尔法官自己也警告说，"创益性"不一定是对权威的理想描述，因为它存在被误解的风险，认为它包含了有益社会目的而进行的任何复制。②

　　尽管最高法院发出了警告，但创益性使用的精神仍活在转换性使用的新标签下。许多下级法院不仅将转换性使用等同于要素一中的创益性使用③，社会生产力问题也导致了在要素四中进行的平衡检验。④ 一些法院声称，对要素四的评估需要"平衡公众在允许使用的情况下获得的利益，以及版权所有者在拒绝使用的情况下获得的个人利益"⑤。

　　这种平衡检验显然在几个方面存在缺陷和误导性。第一，它忽略了市场交易的可能性，假设一旦发现侵权行为，使用将始终被拒绝。第二，它忽略了被挑战的使用变得广泛时的长期效应。⑥ 第三，一个完整的成本效益分析要求版权方面的平衡不仅包括版权所有者获得的私人利益，还包括一般公众获得的社会利益（如果许可使用的话）。这些社会效益包括因许可使用原作品而产生的消费者剩余，以及受版税激励而诞生的

---

① Sony Corp. of Am. v. Universal City Studios, Inc., 464 U. S. 417, 455, n. 40（1984）（但社会"生产力"的概念不能完全回答这一分析。为备课而抄写的老师显然很有生产力。但是，为了扩大自己对专业的理解而抄写的老师也是如此"）；Harper & Row Publishers, Inc. v. Nation Enters., 471 U. S. 539, 562（1985）（"事实上，一篇文章可以说是"新闻"，因此创益性使用只是一个合理使用分析的因素"）.

② American Geophysical Union v. Texaco Inc., 802 F. Supp. 1, 11（S. D. N. Y. 1992），*aff'd*, 60 F. 3d 913（2d Cir. 1994）.

③ 在所研究的判决中，有 27 个明确地将转换性使用等同于创益性使用。E. g., Society of Holy Transfiguration Monastery, Inc. v. Gregory, 689 F. 3d 29, 60（1st Cir. 2012）；Warner Bros. Entm't Inc. v. RDR Books, 575 F. Supp. 2d 513, 542（S. D. N. Y. 2008）；Wade Williams Distrib., Inc. v. Am. Broad., Co., 2005 WL 774275, at ∗8（S. D. N. Y. 2005）.

④ Pierre N. Leval, "Toward a Fair Use Standard", 103 *Harvard Law Review* 1105, 1127（1990）.

⑤ 在认可平衡检验的 19 个判决中，有 13 个最终支持合理使用。E. g., Mattel, Inc. v. Walking Mountain Productions, 353 F. 3d 792, 805（9th Cir. 2003）；Swatch Group Mgmt. Servs. Ltd. v. Bloomberg L. P., 756 F. 3d 73, 90（2d Cir. 2014）；Fox News Network, LLC v. TVEyes, Inc., 43 F. Supp. 3d 379, 395（S. D. N. Y. 2014）.

⑥ Campbell v. Acuff-Rose Music, Inc., 510 U. S. 569, 590（1994）.

未来作品。如果法院削弱版权交易的社会效益，平衡测试将不断偏向被告。①

上述观察是基于版权保护的基本经济原则，它反映了激励与获取之间的权衡。② 包括著作作品在内的信息产品具有公共产品的某些特征，比如"非排他性"（或"不对等性"）和"非竞争性"（或"不可分割性"）。③ "非排他性"是指，一旦信息被创建和分发，在物理上就很难不让他人享有它。信息的消费是"非竞争性的"，在这种情况下，无限多的人可以同时享有该信息，而不会影响他人的享有。从经济学角度来说，将消费延伸到另一个人身上的边际成本接近于零。在这种情况下，作者很难在没有财产性权利的市场上收回创作作品的固定成本，因为竞争对手可以自由复制相同的作品，而不必承担固定成本，很快就会将价格推向复制和发行的边际成本。④ 因此，如果没有足够的智力创造动力，市场往往会低估这些有价值的作品。版权法旨在在有限的时间内授予作者对其作品的复制和传播的独家控制来解决激励问题，从而为他们的作品定价高于边际成本创造市场机会。加价可以让作者收回他们最初在创意作品上的投资，尽管价格上涨可能会阻碍某些只愿意支付边际成本而不是溢价的消费者进入。

图 8 说明了平衡检验的谬误，即如果使用被认为是合理的，则权衡公共利益；如果使用被认定为侵权，则权衡作者的私人利益。从静态效率的

---

① Harper & Row Publishers, Inc. v. Nation Enterprises, 471 U. S. 539, 559（1985）（如果建议在"传播的社会价值大于对艺术家的任何损害"的情况下进行合理使用，这意味着，当遇到有能力支付费用的用户时，版权所有人将会被剥夺财产权利。）［quoting Wendy J. Gordon, "Fair Use as Market Failure: A Structural and Economic Analysis of the Betamax Case and its Predeces-sors", 82 *Columbia Law Review* 1600, 1615（1982）.］

② 关于版权的经济理论的详细调查，see Paul Goldstein, Goldstein on Copyright § 1（3d ed. 2016）; Gillian K. Hadfield, *The Economics of Copyright: An Historical Perspective*, 38 *Copyright Law Symposium*（ASCAP）1, 1–46（1988）.

③ E. g., Robert Cooter & Thomas Ulen, Law and Economics 135（1988）; Paul A. Samuelson & William D. Nordhaus, Economics 37（17th ed. 2001）; William M. Landes & Richard A. Posner, "An Economic Analysis of Copyright Law", 28 *Journal of Legal Study* 325, 326（1989）.

④ 从事后的角度来看，一旦作品被创作出来，作者将无法将固定成本内化，因此与不承担固定成本的搭便车的人相比，作者将面临竞争劣势。从事前的角度来看，即使作者试图在作品创作之前与所有潜在用户协商价格，博弈论也表明许多用户可能会对试图免费搭其他消费者便车的作品出价过低。

角度来看，如果被授予版权保护，作者将获得命名为 PS（"生产者剩余"）的矩形的利益，消费者将获得命名为 CS（"消费者剩余"）的三角形的利益，命名为 DL（"无谓损失"）的三角形是因不愿意支付许可价格而丧失的消费。如果版权保护被拒绝，消费者将得到 PS、CS 和 DL 的总数。权衡合理使用场景（PS、CS 和 DL）中的公共利益与版权场景（PS）中作者的私人利益，法院将不可避免地倾向于合理使用。尽管如此，从动态效率的角度来看，我们应该在原作品等式 CS 的版权方面，以及所有未来作品等式 PS 和 CS 的版权方面增加内容，否则，这些内容将不会被创造出来，而是为原作的 PS 提供激励。

综上所述，正确的平衡检测或成本效益分析应权衡合理使用场景中原作的 PS、CS 和 DL 与原作的 PS 和 CS 以及版权场景中未来作品的 PS 和 CS。只要原创作品的 DL 比未来作品的 PS 和 CS 小，平衡就会倾向于版权。

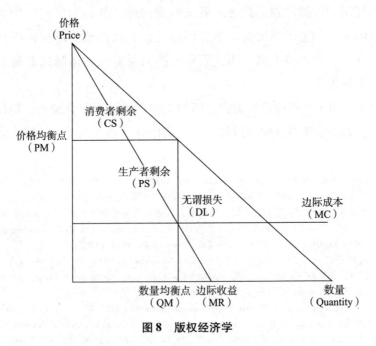

图 8　版权经济学

2. 二次创作

勒瓦尔法官似乎认为，在促进二次创造的范围内，转换性使用是合理的，其重点在于"引用的部分是否被用作原材料"来创造新的作品。① "坎贝尔"案中联邦最高法院也提到了理由："合理使用允许并要求法院避免死板地适用版权法，因为有的时候死板地适用法律会扼杀该法律旨在培养的创造力。"②

在这两种情况下，他们都引用了"福尔瑟姆"案中斯托里法官具有开创性的判决作为转换性使用的基础。③ 然而，该案实际上是在衍生作品本身不侵权的法律假设下，在仅涉及机械复制的复制品和包含第二作者的知识贡献的衍生作品之间划一条界线。

"福尔瑟姆"案的原告出版了一本名为《乔治·华盛顿的著作》的汇编书，该书 12 卷，共 6763 页。被告出版了另外两卷选自华盛顿的著作《华盛顿的生活》的选集。后者共有 866 页，其中 353 页是从前者逐字抄来的。法官的说法是，被告的使用构成了版权侵权，而不是"合理和善意的节略"。他指出，要有资格成为一个合理节略，必须有"对原材料真实、实质性的浓缩，以及由此产生的智力劳动和判断；不仅仅是像剪刀手一样轻而易举地拼拼凑凑；或者是对构成原作主要价值的基本部分进行的提炼"④。

强调"智力劳动"而不是"剪刀手般的拼拼凑凑"作为非侵权的试金石，这与早期的英国判决一致，早期英国判决通常认为节略和翻译是非侵权的。例如，哈德威克勋爵建议，"节略可以被尊称为新书，因为不仅纸和印刷品，而且作者的发明、学习和判断都在其中体现出来"⑤。同样的，帕克勋爵指出，"翻译可能与重新印刷原著不一样，因为译者已经给予了

---

① Pierre N. Leval, "Toward a Fair Use Standard", 103 *HARV. L. REV.* 1105, 1111 (1990).

② Campbell v. Acuff-Rose Music, Inc., 510 U. S. 569, 577 (1994) (quoting Stewart v. Abend, 495 U. S. 207, 236 (1990)).

③ Folsom v. Marsh, 9 F. Cas. 342 (C. C. D. Mass. 1841) (No. 4901); R. Anthony Reese, "The Story of Folsom v. Marsh: Distinguishing Between Infringing and Le gitimate Uses", in Intellectual Property Stories 259, 269 (Jane C. Ginsburg & Ro-chelle Cooper Dreyfuss eds., 2006); L. Ray Patterson, "Folsom v. Marsh and Its Legacy", 5 *Journal of Intellectual Property Law* 431, 433 (1998).

④ Folsom, 9 F. Cas. at 343.

⑤ Gyles v. Wilcox, (1741) 26 Eng. Rep. 489 (Ch.); Strahan v. Newbery (1773) 98 Eng. Rep. 913, 913 (Ch.) (认定节略构成"理解新的值得赞赏的作品的行为").

他的关怀和痛苦，所以这不在法案的禁止范围内。"①

鉴于"福尔瑟姆"案及其所依赖的英国判例早于版权法历史上的衍生权，其结果不足为奇。美国第一部著作权法——1790年的《著作权法》②，仿照1710年的《安妮女王法》③，仅仅授予"印刷、重印、出版和销售"的权利，其中狭义涵盖了版权作品的文字复制。因此，当时的美国法院通常认为，节略④和翻译⑤不构成侵权。直到80年后，《著作权法》才最终被修订，显示出了衍生权的第一个痕迹，如"将自己的作品戏剧化或翻译的权利"⑥。现行的1976年《美国著作权法》明确规定了"根据受版权保护的作品制作衍生作品"的专有权。⑦ 衍生作品被定义为"以一个或多个现有作品为基础的作品，例如翻译、音乐安排、戏剧化、虚构化、电影版本、录音、艺术复制、节略、浓缩，或任何其他形式，其中作品可以被重铸、转换或改编"⑧。因此，后续作者转化原始作品的节略和翻译就明显会落入当前版权法的排他性保护范围内。

历史背景揭示了转换性使用与衍生权之间的内在张力。衍生权出现之前，转换性使用中嵌入的二次创造是将侵权复制从合理节略中区分出来的基准。然而，用同样的理由来证明现代著作权案件中涉及衍生作品的合理使用是不合时宜的。正如伊斯特布鲁克法官在"基尼茨"案中所观察到的："说一种新的使用转换了作品，就是说它是衍生的，因此我们可以假

---

① Burnett v. Chetwood, (1720) 35 Eng. Rep. 1009 (Ch.).
② Act of May 31, 1790, ch. 15, § 1, 1 Stat. 124, 124 (repealed 1802).
③ 8 Ann. , c. 19 (1710) (Eng.).
④ E. g. , Wheaton v. Peters, 33 U. S. (8 Pet.) 591, 652 (1834) ("一个好的节略，本身就是著述，需要思想；而非侵权，这只不过是关于同一主题的另一部作品"); Story v. Holcombe, 23 F. Cas. 171, 173 (C. C. D. Ohio 1847) (No. 13, 497) ("任何一本书的合理节略都被认为是一部新作品，因为写这本书需要劳动和判断"); Lawrence v. Dana, 15 F. Cas. 26, 59 (C. C. D. Mass. 1869) (No. 8, 136).
⑤ Stowe v. Thomas, 23 F. Cas. 201, 207 (C. C. E. D. Pa. 1853) (No. 13, 514) ("要翻译好一个作品，通常需要比写原文更多的学习、才华和判断力。许多人可以把一种语言转换到另一种语言，但很少有人能翻译。如果将把作者的思想和观念翻译成另一种语言的译文称作是原作者的复制件，这是对术语的滥用和专断的司法立法").
⑥ Act of July 8, 1870, ch. 230, § 86, 16 Stat. 198, 212.
⑦ 17 U. S. C. § 106 (2).
⑧ 17 U. S. C. § 101.

设，它受到了著作权法第 106 条第 (2) 款的保护。"① 事实上，利用现有作品 "作为原材料，在创造新信息、新美学、新见解和理解中转化"② 是衍生作品的标志。作家和艺术家们经常创作一部作品并着眼于它作为二次作品的 "原材料" 的潜力，例如封面歌曲的乐谱、电影改编的惊悚片或新闻故事的照片。一部作品越成功，就越能孕育出不同的诠释，一千个人心中有一千个哈姆雷特。"从根本上讲，在那些对公众最重要的作品中赋予较小的权利与版权计划是不一致的。"③

更重要的是，现代版权法有许多新的工具来确保二次创作的生存空间而不会妨碍衍生权利。第一，版权人的专有权利仅限于对其受版权保护的作品的实际复制。④ 独立创作的作品，即使恰好与现有作品相同，也不构成版权侵权。事实上，这样的作品很可能被认为是原创的，并有权享有与现有作品不同的版权。第二，版权保护的仅限于表达，而不包括作品中的思想。⑤ 这种思想/表达二分法表明，后续作者可以尽可能地模仿已有作品，前提是借用的内容仅限于未受保护的想法。第三，许多联邦法院要求二次作品与原作之间存在 "实质性相似性" 以确认版权侵权。⑥ 这一原则不仅包含了思想/表达二分法，也豁免了那些不吸引原作观众的最低限度使用。因此，在上述理论的范围之外，特别是考虑到在实践中产生的大量

---

① Kienitz v. Sconnie Nation LLC, 766 F. 3d 756, 758 (7th Cir. 2014). Cf., Authors Guild, Inc. v. Google, Inc., 804 F. 3d 202, 215 – 16 (2d Cir. 2015) (对具有 "转换性目的" 的合理使用和一种涉及 "本质是形式变化的衍生作品" 加以区分). 后一个判决中衍生作品的地位受到质疑，其建议 "将小说重新定位为电子书" 是衍生作品的典型例子。Id. at 215 (quoting Authors Guild, Inc. v. HathiTrust, 755 F. 3d 87, 95 (2d Cir. 2014)). 与此同时，勒瓦尔法官承认，"如果过于宽泛地解释 '转换性' 这个词，似乎也可以授权属于作者衍生权利的复制。" Authors Guild, Inc. v. Google, Inc., 804 F. 3d 202, 216 (2d Cir. 2015).

② Pierre N. Leval, "Toward a Fair Use Standard", 103 *Harvard Law Review* 1105, 1111 (1990).

③ Harper & Row Publishers, Inc. v. Nation Enters., 471 U. S. 539, 559 (1985).

④ Sheldon v. Metro-Goldwyn Pictures Corp., 81 F. 2d 49, 54 (2d Cir. 1936) ["但如果一个人在魔法的帮助下重新创作了他从不知道的济慈 (英国浪漫主义诗人——译者注) 的希腊古瓮颂，他将是作者；同时，如果他对该颂诗享有著作权，其他人虽然可以复制济慈的，但不能复制他的诗"].

⑤ 17 U. S. C. § 102 (2012).

⑥ Ringgold v. Black Entertainment Television, Inc., 126 F. 3d 70, 76 (2d Cir. 1997); Computer Associates Int'l, Inc. v. Altai, Inc. 982 F. 2d 693, 706 (2d Cir. 1992); Sid & Marty Krofft Television Productions, Inc. v. McDonald's Corp., 562 F. 2d 1157, 1163 (9th Cir. 1977).

混乱情形和不确定性，转换性使用能产生多少边际效益还不明确。

3. 互补商品

波斯纳法官认为，转换性使用的原则从某种意义上反映了补充性使用的经济学原理："对版权作品的补充复制品（如同钉子是锤子的补充）是合理使用，但对版权作品的替代复制品（如同钉子是楔子或螺丝的替代）不是合理使用。"①

经济学术语中的互补（或"互补商品"）是指消费者通常一起购买和使用的两种商品，在功能上是互补的②，因此，一种商品的消费越多，另一种商品的消费也就越多。这意味着一种商品价格的下降将导致另一种商品需求的增加，而一种商品价格的上涨将导致另一种商品需求的减少。为了了解两种互补商品是如何构成的，我们通常看需求的交叉弹性，即一种商品数量的百分比变化除以另一种商品价格的百分比变化。③ 互补商品的交叉弹性为负，绝对值越大，交叉弹性越大。需求量越大，互补程度越强。④ 一个每日发生的互补商品例子就是热狗和热狗面包。⑤ 当一家杂货店出售热狗面包时，即使热狗的价格保持不变，我们也可以预期热狗的销售量会同时增加。原因是消费者通常会一起预计和购买热狗和热狗面包。其中任何一种商品的折扣都会降低这两种商品的总价格，从而刺激综合消费。⑥

但是，勒瓦尔法官断然拒绝将补充商品理论作为区分侵权衍生产品和非侵权转换性使用的有用指南。⑦ 一方面，版权所有人传统上许可的各种衍生作品与原始作品是完全互补的。例如，一部改编电影（如《哈利·波

---

① Ty, Inc. v. Publ'ns Int'l, Ltd. , 292 F. 3d 512, 517 – 18 (7th Cir. 2002). （"互补拷贝和替代拷贝之间的区别被混淆地称为'转换'拷贝和'替代'拷贝。"）

② Dennis W. Carlton & Jeffrey M. Perloef, Modern Industrlal Organization 638 (4th ed. 2005); Jeffrey M. Perloff, Microeconomics 15 (1999).

③ Robert Frank, Microeconomics and Behavior 186 (2008).

④ 补充货物与替代货物（或替代品）相反，替代货物具有类似的功能，因此，如果替代货物的价格降低，对货物的需求就会下降。替代品的需求交叉弹性为正，需求交叉弹性越大，替代性程度越强。

⑤ 事实上，许多产品都是组件的组装，每个组件对于最终产品都是必需的。从技术上讲，这些组件彼此之间具有很强的互补性，因此消费者必须将它作为一个整体购买和使用。

⑥ Gregory Mankiw, Principle of Economics 463 – 464 (2008).

⑦ Authors Guild, Inc. v. Google, Inc. , 804 F. 3d 202, 216 (2d Cir. 2015).

特》）越受欢迎，它在促进原创小说销售方面的作用就越大。波斯纳法官本人承认，"对衍生作品的控制不是版权所有人的权利束的一部分，很明显被告的书籍落入了补充的范围，因此受到了合理使用辩护的庇护。"① 另一方面，某些合理使用在技术上根本不能与原始作品相辅相成。对一部电影进行严厉的评论或模仿，这是一个转换性使用的经典例子，如果被广泛传播，将严重损害原片的票房。虽然波斯纳法官将这种批评称为"负面补充"②，但从经济学角度来看，它几乎不是一种补充，同时并未表现出需求的负交叉弹性。

B. 语境中的理据

虽然很难确定转换性使用这一伟大的理论，但是我们可以从相关的无争议的判决中提取出一个两步检验法。

第一，法院需要核实被指控的侵权使用是不是原作品在初级市场上的替代品，与原作品有直接竞争。在这一步中，内容转换或目的转换扮演着有用的角色。一个具有相同目的且有着极小更改的复制不太可能通过第一步检测。在这种程度上，转换性使用原则可以快速过滤掉普通侵权行为。

第二，如果所指控的侵权使用不是初级市场的替代品，法院需要确定该使用是否属于版权所有人有权许可的衍生市场，即"传统的、合理的或可能发展的市场"③。正是在这一步中，三种传统理由都不能完全支持广泛的转换性使用判决。将互补商品归类为转换性使用与衍生作品的版权控制相矛盾。促进社会效益和二次创造当然是一个值得称赞的目标，与英美版权法的哲学基础相一致。④ 尽管如此，值得注意的是，理论上，对原作品

---

① Ty, Inc. v. Publ'ns Int'l Ltd. , 292 F. 3d 512, 518 (7th Cir. 2002).

② Ty, Inc. v. Publ'ns Int'l Ltd. , 292 F. 3d 512, 518 (7th Cir. 2002).

③ Am. Geophysical Union v. Texaco Inc. , 60 F. 3d 913, 930 (2d Cir. 1994).

④ Sony Corp. of Am. v. Universal City Studios, 464 U. S. 417, 429 (1984) （"国会可能授权的垄断特权既不是无限的，也不是旨在提供特殊的私人利益。相反，有限拨款是实现重要公共目的的一种手段。它旨在通过提供特殊奖励来激发作者的创造性活动，并允许公众在有限的独家控制期限届满后获得其创意的产品"）; Mazer v. Stein, 347 U. S. 201, 219 (1954) （"国会授予专利和版权条款背后的经济哲学是一种信念，即通过鼓励作者和发明家在科学和实用艺术方面的个人努力是促进公共福利的最佳方式'"）; United States v. Paramount Pictures, 334 U. S. 131, 158 (1948) （"著作权法和专利法一样，把对权利所有人的报酬作为次要考虑因素"）.

的许可和非许可使用可能产生相同的社会效益。可以说，许可使用更优越，因为它可以为原作者提供额外的激励。法院衡量合理使用的关键问题不是使用是否合理，而是非许可使用是否合理。换言之，法院应评估在没有合理使用辩护的情况下，此类使用以及随后产生的社会效益是否会通过市场交易自然产生。① 如果不是，被告可以基于社会效益构建合理使用的正当理由，因为有半个面包（有社会效益、没有给作者的激励）比没有面包（没有社会效益、没有给作者的激励）更好。此外，缺乏市场交易，在任何情况下都无法获得版税的情况下，一个明智的所有人不会关心那些未经许可的使用。②

这一部分内容对转换性使用判决中的各种理由进行了说明性和非详尽的调查，包括信息不对称、拒不合作问题和交易成本。③ 这些理由虽然都表明双方同意的许可在市场上不太可能，但涉及明显的政策关注点，且几乎不依赖于内容或目的转换的认定。因此，该部分说明了转换性使用判决虽越来越受欢迎，但降低了合理使用原则的可预测性，并在版权实践中造成了实质性混乱的根本原因。下级法院欣然接受将转换性使用作为一种直观的方式来遵循先例。每次法院出于政策考虑免除了以其他方式侵犯他人利益的使用，通常都不难找到一个内容转换或目的转换的先例作为判决依据，这归因于概念的延展性和相关判例法的广泛适用。④ 尽管如此，转换性使用的统一标签往往会掩盖不同情况下各种政策关注点之间的差异，从事实上不相关的背景中随意引用先例，并用内容或目的性转换的形式化实

---

① Harper & Row Publishers, Inc. v. Nation Enters. , 471 U. S. 539, 566 n. 9 (1985).

② Harper & Row Publishers, Inc. v. Nation Enters. , 471 U. S. 539, 593 (1985).

③ 评论员认为，合理使用等同于对总体上对社会产生积极外部性的用户的补贴。例如，课堂使用有助于公民接受良好教育，但教学机构可能只将产生的部分社会效益内化，因此不鼓励支付许可作品的全部价格。Jane C. Ginsburg, "Fair Use for Free, or Permitted-but-Paid?", 29 *Berkeley Technology Law Journal* 1383, 1393 (2014). 尽管从理论上讲，外部性方案在合理使用决策中似乎没有发挥主要作用。首先，尽管法定豁免可以证明反映了外部性问题（如第108条），但教育用途判例主要集中在交易成本上。其次，教育用途通常涉及科学家和研究人员撰写的学术著作。这些作品也通过促进公共知识而产生外部性，这些公共知识有利于整个社会，而作者获得的私人利益有限。我们不清楚为什么要强迫一组外部性创造者资助另一组。最后，在没有禁止性交易成本的情况下，相关方可以协商将外部性内部化。E. g., Richard Posner, *Economic Analysis of Law* 11 (7th ed. 2014).

④ Campbell v. Acuff-Rose Music, Inc. , 510 U. S. 569, 579 (1994).

践替代可能会对未来案件有更清晰指导的深入政策分析。

1. 信息不对称

a. **戏仿和讽刺**（Satire）

尽管"坎贝尔"案被广泛认为是将转换性使用的概念引入判例法的最早先例，但转换性使用无法充分解释联邦最高法院在坎贝尔案中提出的戏仿和讽刺之间的两分法。[①] 不可否认，在某种程度上，戏仿和讽刺都具有转换性，不仅包括由第二作者创作新内容所产生的内容转换，还包括与原作关键目的不同的目的转换。然而，基于对信息不对称的明显政策关注，联邦最高法院和下级法院倾向于给戏仿而非嘲讽提供更多的余地。[②]

电影和书籍等受版权保护的作品是公认的"体验商品"，因为它们的实用性是基于个人喜好和个人品位而非客观上可测量的属性。因此，消费者在没有体验的情况下无法充分评估其价值，而体验过的消费者则不太热衷于为其价值付费。[③] 为了克服估值问题，版权所有者可以使用预告片或预告节目来预告其作品的质量。口碑，特别是该领域专家的评论，通过向消费者提供值得信赖的高质量信息，进一步降低了搜索成本。[④] 值得注意的是，如果法院允许版权所有人在任何评论中限制对其原创作品的短暂引用，那么市场上将缺乏中立的和批判的评论。[⑤] 原因在于，版权所有者有

---

① Campbell v. Acuff-Rose Music, Inc., 510 U. S. 569, 580 – 81 (1994).

② Id. at 580 – 81 ["戏仿需要模仿原作来表达它的观点……然而讽刺作品可以独立存在，因此需要为使用（他人作品的）行为辩护。"]; Rogers v. Koons, 960 F. 2d 301, 310 (2d Cir. 1992); Dr. Seuss Enters., L. P. v. Penguin Books USA, Inc., 109 F. 3d 1394, 1400 (9th Cir. 1997).

③ 换句话说，如果没有质量信息，消费者可能不愿意在体验之前（由于质量的不确定性）或体验之后（由于贬值）购买体验商品。E. g., Richard E. Caves, *Creative Industries: Contracts Between Art and Commerce* 3 (1998)（"消费者如何评价一种新生产的创意产品，这与实际生产并将其摆在消费者面前的产品相比，还存在很大的不确定性"）; Martin Peitz & Patrick Waelbroeck, "An Economist's Guide to Digital Music", 51 *Cesifo Economic Study* 359, 360 – 61 (2005)（认定音乐构成了"一种体验产品，一种需要在消费者评估其价值之前'品尝'的产品"）.

④ Carl Shapiro & Hal R. Varian, *Information Rules: A Strategic Guide to the Network Economy* 166 – 69 (1999).

⑤ Kienitz v. Sconnie Nation LLC, 766 F. 3d 756, 759 (7th Cir. 2014)（"许多版权所有人会阻止所有的戏仿"）; Fisher v. Dees, 794 F. 2d 432, 437 (9th Cir. 1986)（"戏仿者很少得到那些被戏仿作品作者的许可。即使是以合理费用作为交换，极少有自尊心能强到足以允许给予许可"）.

通过抑制负面评论和促进积极评论来向消费者创造信息不对称的内在动机。对于制片人而言，不太可能容下一个会破坏票房的严厉评论。这种私人审查不仅会对言论自由产生重要影响，而且会导致市场交易效率低下。[①]假设消费者在获得有关电影质量的完整信息后，对一部电影的评估是 3 美元。相应的，她就不愿意花 9 美元买票看这部电影。然而，如果绝对有利的评论误导她高估其价值为 11 美元，她将决定看这部电影，然后招致 6 美元的损失。因此，信息不对称产生了一种社会性的交易浪费，除了生产者之外，任何人都不会从中受益。[②]

通过拒绝版权所有者控制那些对其原创作品的评价、批评和其他评论，合理使用辩护减轻了信息不对称的问题，并促进了体验商品的消费。[③]戏仿，作为批评或评论的一种形式，必须针对原作的某一方面，如其内容、作者或主题。[④] 版权所有者有删减戏仿的固有倾向。相比之下，讽刺只是把原作作为一种工具来评论整个社会或其他不相关的目标。版权所有者自然不太关心讽刺作品的授权，因为讽刺作品通常不会透露有价值的信息，或对原创作品产生负面影响。即使有人打算通过版权来限制讽刺作品，这通常也是不切实际的，因为许可市场上存在大量有用的但可替代的原材料可以用来去嘲笑整个社会。根据信息不对称存在不同的风险，法院理所当然地要求讽刺作品的正当理由比戏仿作品的正当理由更有力。

b. 新闻报道

尽管第 107 条将新闻报道列为合理使用检验的说明性目的之一，判例

---

① Eldred v. Ashcroft，537 U. S. 186，219（2003）（声明"版权法包含内置的第一修正案"）；Mattel, Inc. v. Walking Mountain Prods.，353 F. 3d 792，801（9th Cir. 2003）（根据第一修正案，戏仿具有"作为言论自由的社会意义"）；Suntrust Bank v. Houghton Mifflin Co.，268 F. 3d 1257，1264（11th Cir. 2001）（"第一修正案特权也通过合理使用原则予以保留"）.

② 一旦消费者发现所有评论都已经被版权所有者预先核准，评论就不再是防止信息不对称的有用工具。

③ Campbell v. Acuff-Rose Music, Inc.，510 U. S. 569，592（1994）.（宣称"没有可保护的衍生市场可供批评。"）

④ E. g.，Bourne Co. v. Twentieth Century Fox Film Corp.，602 F. Supp. 2d 499，510（S. D. N. Y. 2009）（内容和制作人的戏仿）；Burnett v. Twentieth Century Fox Film Corp.，491 F. Supp. 2d 962，969（C. D. Cal. 2007）（parody of au-thor）；World Wrestling Fed'n Entm't, Inc. v. Big Dog Holdings, Inc.，280 F. Supp. 2d 413，430（W. D. Pa. 2003）（parody of subject）.

法产生的结果充其量是喜忧参半。① 在研究的 27 个新闻报道判决中，只有 12 个（44.4%）认定合理使用。② 类似的事实模式通常会导致相反的结果，甚至是在大规模复制的情况下。③ 例如，在"努涅斯"案中，法院得出结论，报纸通过展示波多黎各小姐 Puerto Rico Universe 的裸照来报道她在这些照片之后是否适合保留王冠的争议是一种转换性使用。④ 相反，在"蒙日"案中，一家名人八卦杂志刊登了一名职业歌手及其经理的结婚照片，用来报道他们之前未公开婚姻，法院却驳回了转换性使用。⑤ 在这两个案件中，被告基本上保持了照片的完整性，但将其用于不同的新闻报道目的。"蒙日"案的法院试图通过指出在"努涅斯"案中"照片是故事"，而"这里的争议与照片无关"来区分"努涅斯"案和"蒙日"案。在某种程度上，这样的解释是徒劳的，因为婚礼照片作为婚姻的直接证据，显然与新闻报道有关。

从信息不对称的角度看，两者的主要区别似乎在于，"蒙日"案的新闻对其主题没有决定性的影响。相反，"努涅斯"案的新闻伴随着大量的对波多黎各小姐的负面评论。因此，后一种情况有较高的私人审查风险，要防止公开传播不利信息。在被告引用受版权保护的作品来报道批评性的或令人尴尬的新闻的情况下，法院一贯支持转换性使用。⑥ 与此同时，批评或评论的缺失会导致许多法院认为新闻报道缺乏转换性。⑦ 这种微妙的

---

① 17 U. S. C. § 107.

② Harper & Row Publishers, Inc. v. Nation Enterprises, 471 U. S. 539, 562（1985）（新闻报道被认定著作权侵权）.

③ Swatch Group Management Services Ltd. v. Bloomberg L. P. , 756 F. 3d 73, 86（2d Cir. 2014）（转换性）; Nihon Keizai Shimbun, Inc. v. Comline Business Data, Inc. , 166 F. 3d 65, 72 - 73（2d Cir. 1999）（非转换性）.

④ Núñez v. Caribbean Int'l. News Corp. , 235 F. 3d 18, 23（1ˢᵗ Cir. 2000）.

⑤ Monge v. Maya Magazines, Inc. , 688 F. 3d 1164, 1176（9ᵗʰ Cir. 2012）.

⑥ Fuentes v. Mega Media Holdings, Inc. , No. 09 - 22979 - CIV, 2011 WL 2601356, at * 9（S. D. Fla. June 9, 2011）; Michaels v. Internet Entm't. Group Inc. , No. CV 98 - 0583 DDP（CWx）, 1998 WL 882848, at * 11（C. D. Cal. Sept. 11, 1998）.

⑦ Murphy v. Millennium Radio Grp. LLC, 650 F. 3d 295, 307（3rd Cir. 2011）（"缺乏任何更广泛的评论，无论是明确的还是含蓄的，都大大削弱了被告的论点"）; L. A. News Serv. v. Reuters Television Int'l. , Ltd. , 149 F. 3d 987, 993（9th Cir. 1998）（"被告不解释影片、编辑影片内容或包括编辑的评论"）; BWP Media USA, Inc. v. Gossip Cop Media, Inc. , 196 F. Supp. 3d 395, 404（S. D. N. Y. 2016）（"被告在其故事中没有对所涉图片（转下页注）

做法表明，法院允许市场运作，除非出现急迫的审查风险。①

2. 拒不合作

a. **传记**

传记或纪录片经常会引用多部原创作品作为历史资料，这些资料对于阐明或解释重大事件至关重要。尽管版权作品通常在公开市场上有大量的非侵权替代品，如歌曲、图片或视频②，但传记作者在不影响其历史研究的准确性和完整性的情况下，在不同的作品中进行选择的自由度极其有限。例如，如果一位制片人打算拍摄一部关于一位著名演员的传记，观众不可避免地会期望传记能呈现这位演员出演得最成功的电影的某些片段。③同样，制作一部关于好莱坞电影异族风格演变的纪录片，如果没有通过比较不同年代的代表性电影的实际镜头来记录主题和特效的变化，那么将是严重疏忽的行为。④ 许可市场是否大量存在其他娱乐价值相当的电影，显然是无关紧要的。如果制片人无法获得所有原始镜头的版权许可，他将面临一个艰难的选择，要么制作一部不完整且不专业的纪录片，要么放弃整个项目。

（接上页注⑦）进行评论或报道，也没有批评源网站对这些图片的使用"）；Associated Press v. Meltwater U. S. Holdings, Inc. , 931 F. Supp. 2d 537, 552（S. D. N. Y. 2013）（"Meltwater 使用其计算机程序自动捕获和重新发布新闻文章中指定的文本片段，而不在其新闻报告中添加任何评论或见解"）；Psihoyos v. Nat'l Examiner, No. 97 Civ. 7624（JSM）, 1998 WL 336655, at ∗3（S. D. N. Y. June 22, 1998）（"从审查被告的文章中可以清楚地看出，其目的不是对原告的照片发表评论"）.

① 在新闻节目中对版权作品的简短引用也可能引起交易成本的担忧，特别是在时间敏感的新闻方面，版权许可可能导致代价高昂的延迟。

② Paul Goldstein, "Copyright", 55 *Law and Contemporarg Problems* 79, 84（1992）（"虽然我们不愿意承认，但一个作者的表达式总是可以替换另一个作者的表达式。"）；Edmund W. Kitch, "Elementary and Persistent Errors in the Economic Analysis of Intellectual Property", 53 *Vanderbilt Law Review* 1727, 1730（2000）. （"版权不妨碍竞争对手创作具有相同功能特征的作品。"）

③ Bill Graham Archives v. Dorling Kindersley Ltd. , 448 F. 3d 605, 612（2d Cir. 2006）；Arrow Prods. , LTD. v. Weinstein Co. LLC, 44 F. Supp. 3d 359, 368 – 72（S. D. N. Y. 2014）；Hofheinz v. A & E Television Networks, 146 F. Supp. 2d 442, 446（S. D. N. Y. 2001）.

④ Bouchat v. Baltimore Ravens Ltd. Partnership, 737 F. 3d 932, 944（4th Cir. 2013）；Threshold Media Corp. v. Relativity Media, LLC, 166 F. Supp. 3d 1011, 1029（C. D. Cal. 2013）；Hofheinz v. Discovery Comm. , Inc. , No. 00 CIV. 3802（HB）, 2001 WL 1111970, at ∗5（S. D. N. Y. Sept. 20, 2001）.

这种困境展示了一个典型的拒绝合作问题，换言之，由于策略性行为，即使所有相关版权人都愿意为传记或纪录片授权他们的原创作品，整个交易也会失败。^①主要原因在于，享有否决整个许可的潜在权力的多个版权人，倾向于对版权许可收取高昂的费用，其结果是版税整体价格过高，令人望而却步。理论上，如果版权人将版税设置在一个可行的适度水平，那么境况会更好。在实践中，有些人可能会在许可谈判中拒不合作，要求过高的版税并低估对整个交易可行性的负面影响。

经济学家将这种效率低下的现象称为"双重边缘化"（一种表征上游作者和下游传记作者之间相互作用的现象）。^②这是由于两个或两个以上的公司提供互补产品，并且每个公司在各自的市场中都有一定的市场力量。假设他们独立地对互补商品作出定价决定，他们就不能考虑到一种商品的价格上涨会降低对另一种商品的需求的外部效应。因此，与一家公司生产两种互补产品相比，这两家公司可能会设定更高的总价格，生产更低数量的产品，并最终获得更少的利润。通过消除历史文物的版权所有者可能对整个项目施加的不相称的杠杆作用，可以豁免在传记中对版权作品简短引用行为，这种合理使用抗辩，明显减少了拒不合作问题中的效率低下现象。

此外，某些法院支持在传记和纪录片中适当引用中的合理使用，主要是出于对信息不对称的考虑。^③传记中所引用单个作品的版权所有者，如

---

① Guido Calabresi & A. Douglas Melamed, "Property Rules, Liability Rules, and Inalienability: One View of the Cathedral", 85 *Harvard Law Review* 1089, 1107 (1972). 类似的问题有时被称为"反公地"悲剧。Mi-chael A. Heller, "The Tragedy of the Anticommons: Property in the Transition from Marx to Markets", 111 *Harvard Law Review* 621, 623 (1998); Michael A. Heller & Rebecca S. Ei-senberg, "Can Patents Deter Innovation? The Anticommons in Biomed-ical Research", 280 *Science* 698, 700 (1998).

② 这个问题首先由法国经济学家古诺提出，也被称为古诺互补，See Augustin A. Cournot, Researches into the Mathematical Principles of the Theory of Wealth 117 (Nathaniel T. Bacon trans. , Macmillan 1897) (1838). 对于"古诺互补"的现代应用，see e. g. , Richard J. Gilbert & Michael L. Katz, An Economist's Guide to U. S. v. Microsoft, 15 *Journal of Economic Perspectives* 25, 41 (2001) （"由一个综合垄断者设定的操作系统和应用程序价格之和将低于由两个均具有重要市场影响力的独立公司分别设定的价格之和"）。

③ Bouchat v. Baltimore Ravens Ltd. Partnership, 737 F. 3d 932, 944 (4th Cir. 2013) （"如果可以禁止对其标识的所有描述，公司将面临不受欢迎的质疑是，社会评价和历史性叙述可能都会受到影响"）。

果被允许使用过度的权力去破坏或否决历史研究，就可能倾向于在历史事件的叙述上讨价还价。这些版权所有者通常是传记的主体，或者与传记的主体相关。对他们来说，篡改不容忽视的真相和禁止并不讨喜的描述可能非常吸引人，特别是在评论性传记中。如果法院要求传记作者就其作品的简短实际使用寻求研究对象的批准，许可市场将主要生产受研究对象青睐的传记。拒不合作问题可能会进一步扩大私人审查对中立传记供应的影响，因为历史研究通常涉及多个受版权保护的作品。

b. 证据

如前所述，在专利诉讼实践中，由于当事人将原著用于不同目的，许多法院豁免了学术论文的逐字复制，认定其为转换性使用。[1] 然而，对拒不合作问题的关注为合理使用的认定提供了一个更好的解释，而不是不切实际的假设，即科学家从未为专利优先的目的发表任何学术文章。[2]

美国专利及商标局要求专利申请人选择并提交所有现有技术资料的副本以获得专利权，这些材料通常包括在科学期刊上发表的许多文章。[3] 如果遗漏任何现有技术可能会损害专利申请，美国专利及商标局有权通过拒绝其申请来惩罚违反披露要求的申请人。[4] 如果现有技术的副本受版权控制，专利申请人需要寻求所包含的每一种出版物的许可，而且这些出版物通常没有为专利诉讼目的的市场替代品。因此，理论上，这些出版物的每一个版权所有者都有权坚持和要求高昂的版税，并对否决整个专利申请构成现实威胁。如果多个版权所有者要求的版税总额超过专利申请的市场价值，则很可能会出现交易破裂。合理使用认定通过彻底取消版权所有者对现有技术副本的否决权，清楚地解决了拒不合作问题。

这种推理同样适用于司法程序中的举证，因为专利诉讼实践中的现有技术基本上是准司法程序中的证据。如果合理使用抗辩不适用，在随后的

---

① Am. Inst. of Physics v. Winstead PC, No.3：12 – CV – 1230 – M, 2013 WL 6242843, at ＊6 (N. D. Tex. Dec. 3, 2013)；Am. Inst. of Physics v. Schwegman, No.12 – 528 (RHK/JJK), 2013 WL 4666330, at ＊10 (D. Minn. Aug. 30, 2013).

② 参见 P219 脚注⑤及相关正文。这并不是一个无法克服的交易成本，因为律所的影印版权许可证可以通过版权使用费结算中心（CCC）以与其他形式复印相同的程序轻松获得。

③ 37 C. F. R. § 1. 56（a）(2018).

④ Ibid.

诉讼中，先前存在的受版权保护的材料恰好是关键证据的情况下，可能会出现拒不合作问题。通过威胁隐瞒关键证据，每个版权所有者在许可使用谈判时都能够可信地掌控整个索赔诉讼，并要求支付高达全额价值的版权特许使用费。因此，在相关版权材料先于其证据价值的情况下，联邦法院传统上坚持合理使用以防止对司法程序造成不适当的妨碍。① 这一裁决与围绕合理使用辩护的立法史简明易懂的语言相一致，它承认将版权材料作为司法证据使用可能构成合理使用。②

　　尽管如此，这并不意味着在所有涉及司法证据的案件中都会出现拒不合作问题。例如，如果被告专门雇用原告为诉讼目的提供证据（例如，拍摄有争议的建筑工地的照片），原告将无法在谈判中拒绝合作，因为这通常发生在证据制作之前。③ 如果一个摄影师要求过高的版税，被告可以选择另一个摄影师。因此，如果被告决定保留原来的摄影师，即使后来抱怨约定的版税太高，也不能免除其在版权许可下应尽的义务。

　　3. 交易成本

　　a. 影印

　　勒瓦尔法官作出的"德士古公司"案判决首次在判例法中阐述了转换性使用概念，该案也因其认为为研究目的而影印可能不构成合理使用而著名。④ 他将"德士古公司"案与早期的"威廉威尔金斯"案区分开来，后者免除了国家卫生研究所和国家医学图书馆的科学家影印医学期刊文章的责任。⑤ 勒瓦尔法官指出，为了节约交易成本，出现了一个收费协会——版权使用费结算中心（CCC），这是"威廉威尔金斯"案发生几年后影印

---

① Bond v. Blum, 317 F. 3d 385, 394 - 97 (4th Cir. 2003); Healthcare Advocates Inc. v. Harding, Earley, Follmer, & Frailey, 497 F. Supp. 2d 627, 634 - 42 (E. D. Pa. 2007); Shell v. Devries, No. Civ. 06 - CV - 00318, 2007 WL 324592, at *3 - 5 (D. Colo. Jan. 31, 2007).

② Rep. No. 94 - 473, at 65 - 66 (1975); H. R. Rep. No. 94 - 1476, at 77 (1976).

③ Images Audio Visual Prods. , Inc. v. Perini Bldg. Co. , 91 F. Supp. 2d 1075, 1076 - 77 (E. D. Mich. 2000).

④ Am. Geophysical Union v. Texaco Inc. , 802 F. Supp. 1, 28 (S. D. N. Y. 1992), aff'd, 60 F. 3d 913 (2d Cir. 1994). 然而，第一个简单引用转换性使用的案例是 Basic Books, Inc. v. Kinko's Graphics Corp. , 758 F. Supp. 1522, 1530 (S. D. N. Y. 1991).

⑤ Williams & Wilkins Co. v. United States, 487 F. 2d 1345, 1347 (Ct. Cl. 1973), aff'd by equally divided Court, 420 U. S. 376 (1975).

不太可能构成合理使用的主要原因之一。

在 CCC 之前，一个愿意支付版税的诚实消费者面临一个几乎无法逾越的障碍，那就是获得许可会涉及大量交易成本。即使其从一本杂志上复制了 1 页，而这实际上可能仅需不超过 1 美元的许可费，也必须确定版权所有者及其联系方式，向版权所有者申请许可，协商适当的许可费，记录使用情况，并最终支付约定的金额。搜索和管理成本很容易抑制版税总额，这将使整个交易在经济学上不可行。因此，1973 年，"威廉威尔金斯"案的法院有理由担心，如果科学家被迫先通过昂贵而耗时的许可程序，这将严重阻碍科学研究，因为许多科学家会停止影印。①

相比之下，CCC 自 1978 年成立以来，通过向消费者提供各种创新的许可包，大幅降低了交易成本。② 例如，用户现在可以选择交易报告服务（TRS），只要用户报告影印件的制作并支付版权所有者要求的费用，就可接受从任何 CCC 注册出版物进行复印的全面许可服务。或者用户可以选择年度授权服务（AAS），这是一个综合性的年度许可，用于复印在 CCC 注册的任何期刊和书籍中的受版权保护的材料，而年度许可费是根据有限的复印调查确定的，并考虑用户的员工人数和用户定期复印期刊的复印费。由于交易成本降低，版权侵权裁判将不再限制研究人员使用有用的复印工具。相反，他们可以通过有效的市场交易快速获得版权许可，这对用户和作者都有好处。

联邦第二巡回法院明确确认了交易成本的基本原理：当没有现成市场或支付使用费用的手段时，应将特定的未经授权的使用视为"更合理"，而当有现成市场或支付使用费用的手段时，应将此类未经授权的使用视为"更不合理"③。

在数字时代，"德士古公司"案的推理仍然具有影响力。联邦第十一巡回法院最近裁决了一个复杂的合理使用案例：佐治亚州立大学涉嫌侵权，该案例允许教授根据学术书籍和期刊文章的数字摘录，编辑和分发电

---

① Williams & Wilkins Co. v. United States, 487 F. 2d 1345, 1361 (Ct. Cl. 1973).

② Stanley M. Besen & Sheila Nataraj Kirby, *Compensating Creators of Intellectual Property*: *Collectives That Collect* 46 – 53 (1989).

③ Texaco, 60 F. 3d at 931.

子课程包。① 法院基本上认为，在使用有争议时，如果版权所有人或 CCC 没有通过合理的许可程序提供原始作品的数字摘录，例如供教育用户根据每次使用情况对数字摘录进行许可是电子课程内容服务（ECCS），则课程包更有可能构成合理使用。它指出："如果版权所有者没有以特定的方式使用特定的作品来提供许可，那么可以推断出作者或出版商认为这样的使用不足以让许可证可用。"② 换言之，许可本身的可用性是一个强有力的指标，表明许可是否值得交易成本。

影印判决给我们上了两堂重要的课。首先，版权所有者应努力进入新的市场并设计创新的商业模式以降低交易成本，从而抢占有关新技术的合理使用抗辩。其次，基于交易成本的合理使用认定可能不是永久性的。由于交易成本最小化，同一类使用的市场交易在经济上是可行的，法院可能允许版权所有者在以后的某个时间推翻合理使用判决。

b. 搜索引擎

评论员们有时把谷歌图书馆项目看作拒不合作问题的典型。③ 一方面，为了开发图书搜索引擎和数据挖掘工具，谷歌扫描了数以百万计的图书以编译数字语料库。另一方面，它与出版商和作者进行了谈判，推出一家与亚马逊类似的在线书店，该书店在秦（Chin）法官拒绝谷歌图书和解协议后即停止运营。④

理论上，如果一个项目涉及多个版权所有者，并且每个所有者作出的许可对整个项目的运作都是至关重要的，那么可能会出现拒不合作问题。⑤ 因此，版权所有者可以从战略上拒绝增加版税份额的许可，但这可能导致

---

① Cambridge Univ. Press v. Patton，769 F. 3d 1232，1237（11th Cir. 2014）.

② Cambridge Univ. Press v. Patton，769 F. 3d 1232，1277（11th Cir. 2014）；Paul Goldstein，Copyright's Highway：From Gutenberg to the Celestial Jukebox 160（2003）.

③ Doug Lichtman，"Google Book Search in the Gridlock Economy"，53 *Arizona Law Review* 131，133（2011）（describing the trend）.

④ Authors Guild，Inc. v. Google Inc.，770 F. Supp. 2d 666，679（S. D. N. Y. 2011）.

⑤ Guido Calabresi & A. Douglas Melamed，"Property Rules，Liability Rules，and Inalienability：One View of the Cathedral"，85 *Harv. L. Rev.* 1089，1107（1972）；Mi-chael A. Heller，The Tragedy of the Anticommons：Property in the Transition from Marx to Markets，111 *Harvard Law Review* 621，623（1998）；Michael A. Heller & Rebecca S. Ei-senberg，"Can Patents Deter In-novation? The Anticommons in Biomedical Research"，280 *Science* 698，700（1998）.

谈判失败。谷歌图书馆并非如此。为什么这样一个项目为了成为独立发展的企业需要把世界上所有的书籍都囊括其中，目前尚不清楚。

假设谷歌已经获得了绝大多数扫描书籍的许可，但意外地包括了一本未经授权的书。如果作者声称侵犯版权，谷歌可以将侵权作品从数字数据库中删除，并继续使用其他授权作品。单方很难拥有阻止整个项目的否决权，这使得拒不合作问题变得渺茫。[①] 事实上，谷歌已经将从图书馆扫描图书的速度放慢到几乎完全停止，尽管联邦法院认为现有项目作为转换性使用可以免除版权责任。[②] 显然，为了设计图书搜索引擎和培训网络搜索算法而扫描更多图书的边际效益在扫描了 3000 万本图书后迅速下降，尽管谷歌在 2010 年宣布，在全球范围内共有 1.3 亿本图书（精确来说是 129864880 本）。[③]

值得注意的是，谷歌图书馆项目中的许可困难主要不是因为孤儿作品问题（在孤儿作品中，寻找相关版权所有者的搜索成本高得令人望而却步）。据估计，整个语料库中只有 1/4 是潜在的孤儿作品。[④] 作为世界上最大的搜索引擎，谷歌在识别绝大多数相关版权所有者方面没有问题，甚至在诉讼开始之前，它实际上还在与出版商协商许可协议。[⑤] 谷歌图书馆中涉及的版权作品数量本身也不足以成为法定豁免的理由。交易成本的增加与整个数据库的数量和价值的增加大致成比例。断然说数据库包含的版权作品越多，申请版权许可就越不合理，这毫无意义。

关键的障碍似乎是，任何单个作品对整个项目的增量价值通常低于获

---

① 最近几年强调拒不合作问题，see John M. Golden, Commentary, "Patent Trolls and Patent Remedies", 85 *Texas Law Review* 2111, 2139 (2007); Mark A. Lemley & Carl Shapiro, "Patent Holdup and Royalty Stacking", 85 *Texas Law Review* 1991, 1993 (2007).

② Jennifer Howard, *Google Begins to Scale Back Its Scanning of Books from University Libraries*, The Chron. of Higher Education (Mar. 9, 2012), https://perma.cc/D52N-T2HK.

③ Leonid Taycher, *Inside Google Books: Books of the World, Stand Up and Be Counted! All* 129, 864, 880 *of You.*, Google: Inside Search Blog (Aug. 5, 2010, 8: 26 AM), https://perma.cc/258A-TDET.

④ Michael Cairns, *580, 388 Orphan Works—Give or Take*, PERSONANONDATA (Sept. 9, 2009), https://perma.cc/764S-JXUA.

⑤ Authors Guild, Inc. v. Google, Inc., 954 F. Supp. 2d 282, 286 (S. D. N. Y. 2013), *aff'd*, 804 F. 3d 202 (2d Cir. 2015).

得该作品许可证所需的交易成本。① 如果扫描版权人的书籍使整个项目增加了 3 美分，即使定位版权人需要 1 美元（一个完全合理的搜索成本），谷歌也不会寻求许可证。这在本质上与在节目中使用大量音乐作品的电视和广播电台每天所面临的许可证障碍并无不同。如果以史为鉴，最好的解决方案是不要绕过版权交易。相反，我们可以通过主要出版商或收费协会将各种受版权保护的作品汇集在一起，以促进大规模数字化的一揽子许可证的发放。这种方法利用规模经济来降低交易成本，就像成立 ASCAP、BMI 和 SESAC 用于音乐版权许可所做的那样。②

网站搜索引擎提供了一个略微不同的例子。③ 虽然对网站内容的全面收集是搜索引擎的基础，但任何独立的网页都是很小的一部分，可以很容易地被替换或省略，并且对搜索引擎的整体功能没有任何有意义的影响。由于搜索引擎实际上帮助消费者定位网站内容，所以那些在网上无限制地提供内容的网站所有者通常愿意免费授予许可证，甚至愿意付费让搜索引擎将其网页包含在搜索结果中。在这种情况下，许可费实际上是零或负的。④ 如果大量网站所有者在市场交易中不收取版税，那么我们可以通过从选择性加入系统转变为选择性退出系统来进一步节约交易成本。⑤ 例如，法院可以推定网站所有者授予的默示许可，条件是搜索引擎已经为那些愿意选择退出默示许可的人提供了合理的机制。一些所有者选择退出的交易成本将低于搜索引擎去联系全部相关所有者的成本。

① 因此，谷歌图书项目实际上包括四类作品：（i）公共所有著作；（ii）作者选择加入的作品；（iii）所有者可以搜索但搜索成本超过其边际值的作品；（iv）孤儿作品，其所有者不能通过勤勉的寻找被定位。如果我们使用标题书的边际价值作为基准来定义一个勤勉的寻找，那么第三和第四个类别将合并为一个类别。Bernard Lang，"Orphan Works and the Google Book Search Settlement：An International Perspective"，55 *New York Law School Law Review* 111，131（2010）.
② 在过渡成本仍然无法克服并严重阻碍数字化项目的有限情况下，法院可以对责任加以限制，一旦出现降低交易成本的新机制，这种限制将变得不可用。
③ Perfect 10 v. Amazon. com，508 F. 3d 1146，154（9th Cir. 2007）；Kelly v. Arriba Soft Corp.，336 F. 3d 811，815（9th Cir. 2002）.
④ 建立一个具有垄断权力的收费协会来收取高昂的费用并承担处理版权使用费的大量行政成本，可能不是最佳选择。
⑤ Ty，Inc. v. Publ'ns Int'l Ltd.，292 F. 3d 512，517–18（7th Cir. 2002）；Field v. Google Inc.，412 F. Supp. 2d 1106，1122（D. Nev. 2006）（"有令人信服的证据表明，网站所有者不会要求支付他们作品的使用费"）.

　　然而，版权所有者愿意授予搜索引擎许可免版税的推定在谷歌图书馆案中有所不同，特别是对于那些一开始就没有在线提供图书电子档的作者来说。此外，虽然网站设计者通常熟悉爬虫协议，可以轻松地选择退出网络爬虫索引，但目前，在世界各地迅速发展的各种大规模数字化项目中，还没有适用于印刷书籍的统一且易于使用的选择退出协议。同样不清楚的是，作者如何有效地监控越来越多的大规模数字化项目，这些项目可能已经扫描了，也可能没有扫描过他们的书籍。如果作者决定停止数字化，他必须认真遵守不同国家的多个项目设定的不同程序。（这些艰巨的任务包括《伯尔尼公约》起草者在决定禁止任何手续作为享有和行使专有权的先决条件时所设想的此类手续。①）

总　结

　　在第 107 条规定的合理使用抗辩的历史中，它从一开始就见证了一长串流行语的流行和过时，如"创益性使用""市场不完善""价格歧视""功能测试""互补商品"②。最新也是最著名的是"转换性使用"，近年来90% 的合理使用判决中都有所涉及，它几乎已占据合理使用制度的绝对主导地位。在所有支持转换性使用的处置性判决中，94% 的判决最终都认定构成合理使用。转换性使用的控制效果在四要素检验中最为明显：转换性使用的认定凌驾于要素一中商业目的和恶意的认定之上；让要素二中原作品是创造性的还是未发表这一问题变得无关紧要；将要素三中允许的复制范围扩大到 100% 的逐字复制；排除了要素四中基础或衍生市场受损的证据，即使存在功能良好的使用市场。

---

① Berne Convention for the Protection of Literary and Artistic Works, Sept. 9, 1886, 1161 U. N. T. S. 30, as amended on Sept. 28, 1979, S. Treaty Doc. NO. 99 - 27, Art. 13.

② William M. Landes & Richard A. Posner, the Economic Structure of Intellectual Property Law 153 (2013); Melville B. Nimmer & David Nimmer, 4 Nimmer on Copyright § 13. 05 [A] [1] [B] (2002); Leon Seltzer, Exemptions and Fair Use in Copyright 23 (1978); William W. Fisher III, "Reconstructing the Fair Use Doctrine", 101 *Harvard Law Review* 1659, 1664 (1988); Wendy J. Gordon, "Fair Use as Market Failure: A Structural and Economic Analysis of the Betamax Case and Its Predecessors", 82 *Columbia Law Review* 1600, 1602 - 03 (1982).

尽管如此，很难有信心地说，转换性使用是对其前身的改进。虽然新标签协调了合理使用的措辞，但它在简化合理使用实践或是提高合理使用可预测性方面仍有所欠缺。法院在转换性使用的意义上存在广泛分歧。他们在认定内容转换、目的转换或两者都未认定时，都会支持有利于被告的学说。转换性使用容易导致滑坡谬误：法院首先在非争议的案件中谨慎地适用该理论，然后一步一步地拓展该理论，将其适用于与原始案件背景差异很大的事实模式中。

或许，勒瓦尔法官的建议是正确的："谴责检验的模糊性很容易。更困难的是要想出一个更好的理论。"① 也许，我们永远不会发现一个比转换性使用更伟大的理论。如果是这样的话，我们就能够进一步简化合理使用理论。与其继续寻求一个宏观的理论，不如更好地将精力用于实证检验合理使用判决中的各种不同的政策问题。考虑到个别案件中不同效率和公平考量的深入政策分析，需要法官投入更多的智力努力，而不是随便参考摘录，但要真正提高合理使用制度的连贯性和可预测性，还有很长的路要走。②

---

① Pierre N. Level，"Campbell As Fair Use Blueprint?"，90 *Washington Law Review* 597，606 (2015).

② Paul Goldstein，"Fair Use in Context"，*31 Columbia Journal of Law and Arts 433*（2008）；Pamela Samuelson，"Unbundling Fair Uses"，*77 Fordham Law Review* 2537（2009）.

参考文献

一　中文参考文献

（一）著作类

1. 曾世雄：《民法总则之现在与未来（第二版）》，元照出版有限公司，2005。

2. 刘春田主编《知识产权法（第五版）》，高等教育出版社，2015。

3. 吴汉东：《著作权合理使用制度研究（修订版）》，中国政法大学出版社，2005。

4. 吴汉东：《著作权合理使用制度研究（第三版）》，中国人民大学出版社，2013。

5. 陈锦川：《著作权审判：原理解读与实务指导》，法律出版社，2014。

6. 张今：《版权法中私人复制问题研究》，中国政法大学出版社，2009。

7. 王迁：《知识产权法教程（第五版）》，中国人民大学出版社，2016。

8. 崔国斌：《著作权法：原理与案例》，北京大学出版社，2014。

9. 《日本著作权法》，李扬译，知识产权出版社，2011。

10. 《保护文学和艺术作品伯尔尼公约（1971 年巴黎文本）指南》，刘波林译，中国人民大学出版社，2002。

11. 胡康生主编《中华人民共和国著作权法释义》，法律出版社，2002。

12. 黄薇、王雷鸣主编《〈中华人民共和国著作权法〉导读与释义》，中国民主法制出版社，2021。

13. 宋慧献：《版权保护与表达自由》，知识产权出版社，2011。

14. 黄铭杰主编《著作权合理使用规范之现在与未来》，元照出版公司，

2011。

15. 〔澳〕彼得·德霍斯:《知识财产法哲学》,周林译,商务印书馆,2008。

16. 〔德〕M. 雷炳德:《著作权法》,张恩民译,法律出版社,2005。

17. 〔德〕文德尔班:《哲学史教程》下卷,罗达仁译,商务印书馆,1993。

18. 〔澳〕布拉德·谢尔曼、〔英〕莱昂内尔·本特利:《现代知识产权法的演进:英国的历程(1760—1911)》,金海军译,北京大学出版社,2006。

19. 李钢:《"转换性使用"研究——以著作权合理使用判断的司法实践为基础》,博士学位论文,中南财经政法大学,2017。

20. 〔美〕威廉·M. 兰德斯、理查德·A. 波斯纳:《知识产权法的经济结构》,金海军译,北京大学出版社,2005。

21. 〔英〕约翰·穆勒:《功利主义》,徐大健译,上海世纪出版集团,2008。

22. 〔法〕米海依尔·戴尔玛斯-马蒂:《世界法的三个挑战》,罗结珍等译,法律出版社,2001。

23. 〔美〕希利斯·米勒:《文字死了吗?》,秦立彦译,广西师范大学出版社,2007。

24. 〔美〕A. 爱伦·斯密德:《财产、权力和公共选择:对法和经济学的进一步思考》,黄祖辉等译,上海人民出版社,2006。

25. 〔美〕朱莉·E. 科恩、莉蒂亚·P. 劳伦:《全球信息经济下的美国版权法》,王迁、侍孝祥等译,商务印书馆,2016。

26. 〔美〕加布里埃尔·A. 阿尔蒙德:《比较政治学:体系、过程和政策》,曹沛霖等译,上海译文出版社,1987。

27. 〔匈〕米合依·菲彻尔:《版权法与因特网》,郭寿康、万勇等译,中国大百科全书出版社,2009。

28. 〔美〕迈克尔·A. 艾因霍恩:《媒体、技术和版权:经济和法律的融合》,赵启杉译,北京大学出版社,2012。

29. 〔德〕图比亚斯. 莱特:《德国著作权法(第二版)》,张怀岭、吴逸越译,中国人民大学出版社,2019。

30. 〔德〕约格·莱因伯特、〔德〕西尔克·冯·莱温斯基:《WIPO因特网条约评注》,万勇、相靖译,中国人民大学出版社,2008。

（二）论文类

31. 王利明：《民法上的利益位阶及其考量》，《法学家》2014 年第 1 期。

32. 吴汉东：《论著作权作品的"适当引用"》，《法学评论》1996 年第 3 期。

33. 李明德：《关于〈反不正当竞争法〉修订的几个问题》，《知识产权》2017 年第 6 期。

34. 冯晓青、刁佳星：《转换性使用与版权侵权边界研究———基于市场主义与功能主义分析视角》，《湖南大学学报》（社会科学版）2019 年第 5 期。

35. 李雨峰：《版权法上基本范畴的反思》，《知识产权》2005 年第 1 期。

36. 王迁：《〈著作权法〉修改：关键条款的解读与分析（上）》，《知识产权》2021 年第 1 期。

37. 王迁：《电子游戏直播的著作权问题研究》，《电子知识产权》2016 年第 2 期。

38. 李琛：《论我国著作权法修订中"合理使用"的立法技术》，《知识产权》2013 年第 1 期。

39. 李琛：《论作品类型化的法律意义》，《知识产权》2018 年第 8 期。

40. 郑晓剑：《比例原则在民法上的适用及展开》，《中国法学》2016 年第 2 期。

41. 张玲玲、张传磊：《改编权相关问题及其侵权判定方法》，《知识产权》2015 年第 8 期。

42. 熊琦：《著作权转换性使用的本土法释义》，《法学家》2019 年第 2 期。

43. 熊琦：《著作权合理使用司法认定标准释疑》，《法学》2018 年第 1 期。

44. 梁志文：《著作权合理使用的类型化》，《华东政法大学学报》2012 年第 3 期。

45. 卢海君：《论合理使用制度的立法模式》，《法商研究》2007 年第 3 期。

46. 张陈果：《解读"三步检验法"与"合理使用"——〈著作权法（修订送审稿）〉第 43 条研究》，《环球法律评论》2016 年第 5 期。

47. 〔日〕田村善之：《"知识创作物未保护领域"之思维模式的陷阱》，李扬、许清译，《法学家》2010 年第 4 期。

48. 胡震远、朱秋晨：《改编作品的三步检验法》，《人民司法》2013 年第

8 期。

49. 张耕、林楠：《规范性路径下作品的转换性使用标准重构及本土化运用》，《西南民族大学学报》（人文社科版）2019 年第 8 期。

50. 陈绍玲：《短视频对版权法律制度的挑战及应对》，《中国出版》2019 年第 5 期。

51. 陈绍玲：《短视频版权纠纷解决的制度困境及突破》，《知识产权》2021 年第 9 期。

52. 孙松：《著作权转换性使用的本土路径重塑》，《电子知识产权》2020 年第 2 期。

53. 谢琳：《论著作权转换性使用之非转换性》，《学术研究》2017 年第 9 期。

54. 易磊：《〈德国著作权法〉自由使用制度研究》，《苏州大学学报》（法学版）2019 年第 3 期。

55. 周妍、张文祥：《移动互联网下的传播变革及其社会影响》，《山东社会科学》2019 年第 2 期。

56. 吴世文、石义彬：《新传播技术扩散与使用对我国政治发展的影响研究》，《福建论坛》（人文社会科学版）2013 年第 12 期。

57. 林楠：《三步检验法的司法适用新思路——经济分析主导下合理使用的引入》，《西南政法大学学报》2016 年第 6 期。

58. 周书环：《我国短视频著作权纠纷的现状、问题及其完善建议》，《大连理工大学学报》（社会科学版）2021 年第 4 期。

59. 熊文聪：《改编权的逻辑与边界》，北京知识产权法研究会微信公众号，2018 年 6 月 27 日。

60. 张伟君：《著作权法中复制与抄袭关系之辨析》，同济知识产权与竞争法中心微信公众号，2019 年 12 月 4 日。

（三）案例类

61. 最高人民法院（2009）民申字第 1065 号民事裁定书。

62. 北京市高级人民法院（2004）高民终字第 627 号民事判决书。

63. 北京市高级人民法院（2013）高民终字第 1221 号民事判决书。

64. 北京市高级人民法院（2020）京民再 128 号民事判决书。

65. 北京市高级人民法院（2022）京民再 62 号民事判决书。

66. 上海市高级人民法院（2020）沪 73 民终 552 号民事判决书。

67. 上海市高级人民法院（2021）沪民申 805 号民事裁定书。

68. 广东省高级人民法院（2018）粤民终第 137 号民事判决书。

69. 山东省高级人民法院（2007）鲁民三终字第 94 号民事判决书。

70. 北京市第一中级人民法院（2008）一中民终字第 6512 号民事判决书。

71. 北京市第一中级人民法院（2011）一中民初字第 1321 号民事判决书。

72. 北京市第一中级人民法院（2013）一中民终字第 12533 号民事判决书。

73. 上海市第一中级人民法院（2012）沪一中民五（知）终字第 112 号民事判决书。

74. 北京知识产权法院（2017）京 73 民终字第 1216 号民事判决书。

75. 北京知识产权法院（2020）京 73 民终 187 号民事判决书。

76. 北京知识产权法院（2020）京 73 民终 1775 号民事判决书。

77. 上海知识产权法院（2015）沪知民终字第 730 号民事判决书。

78. 上海知识产权法院（2017）沪 73 民终 181 号民事判决书。

79. 上海知识产权法院（2020）沪 73 民终 581 号民事判决书。

80. 广州知识产权法院（2017）粤 73 民终 85 号等民事判决书。

81. 广州知识产权法院（2019）粤 73 民终 6650 号民事判决书。

82. 北京互联网法院（2019）京 0491 民初 663 号民事判决书。

83. 广州互联网法院（2019）粤 0192 民初 745 号民事判决书。

84. 深圳市中级人民法院（2019）粤 03 民初 2836 号民事判决书。

85. 陕西省西安市中级人民法院（2021）陕 01 知民初 3078 号民事判决书。

86. 北京市朝阳区人民法院（2015）朝民（知）初字第 46312 号民事判决书。

87. 北京市朝阳区人民法院（2015）朝民（知）初字第 46301 号民事判决书。

88. 北京市朝阳区人民法院（2015）朝民（知）初字第 46303 号民事判决书。

89. 北京市朝阳区人民法院（2016）京 0105 民初 50488 号民事判决书。

90. 北京市朝阳区人民法院（2018）京 0105 民初 50036 号民事判决书。

91. 重庆自由贸易试验区法院（2019）渝 0192 行保 1 号之二民事裁定书。

92. 深圳市南山区人民法院（2017）粤 0305 民初字第 18896 号民事判决书。

93. 广州市天河区人民法院（2016）粤 0106 民初字第 12068 号民事判决书。

94. 台湾地区智慧财产法院（2008）民专上字第 20 号民事判决书。

95. 台湾地区智慧财产法院（2009）民著诉字第 2 号民事判决书。

96. 台湾地区智慧财产法院（2014）刑智上易字第 9 号刑事判决书。

97. 台湾地区智慧财产法院（2014）刑智上易字第 33 号刑事判决书。

98. 台湾地区智慧财产法院（2015）刑智上诉字第 47 号刑事判决书。

二 外文参考文献

（一）著作类

99. Silke Von Lewinski, *International Copyright Law and Policy*, Oxford: Oxford University Press, 2008.

100. William F. Patry, *Patry on Fair Use*, London: Thomson Reuters & Westlaw, 2013.

101. Ronan Deazley, *On the Origin of the Right to Copy: Charting the Movement of Copyright Law in Eighteen-Century Britain (1695 – 1775)*, Oxford: Hart Publishing, 2004.

102. Fiona Macmillan eds. , *New Directions in Copyright Law (Volume 5)*, Cheltenham: Edward Elgar Publishing, Inc. , 2008.

（二）论文类

103. Pierre N. Leval, "Toward a Fair Use Standard", *Harv. L. Rev.* 103 (1990).

104. Paul Goldstein, "Copyright's Commons", *Colum. J. L. & Arts* 1 29 (2005).

105. Jiarui Liu, "An Empirical Study of Transformative Use in Copyright Law", *Stan. Tech. L. Rev.* 22 (2019).

106. Vaver, "Abridgement and Abstract: Copyright Implications", *E. I. P. R.* 5 (1995).

107. Lara G. Lape, "Transforming Fair Use: The Productive Use Factor in Fair Use Doctrine", *Alb. L. Rev.* 58 (1995).

108. Carol M. Rose, "Roman, Roads and Romantic Creators: Traditons of Public Property in the Information Age", *Law & Comtemp. Prob.* 66 (2003).

109. Neil Weinstock Netanel, "Copyright and Democratic Civil Society", *Yale L. J.* , Vol. 106 (1966).

110. Wendy J. Gordon, "Fair Use as Market Failure: A Structural and Economic Analysis of the Betamax Case and Its Predecessors", *Colum. L. Rev.* 82 (1982).

111. Richard Arnold & Eleonora Rosati, "Are National Courts the Addressees of the InfoSoc Three-step Test?", *Journal of Intellectual Property Law & Practice*, 10 (2015).

112. Richard A. Posner, "When Is Parody Fair Use", *J. Legal Stud.* 21 (1992).

113. E Rosati, "Just a Laughing Matter? Why the Decision in Deckmyn is Broader than Parody", *Common Market Law Review* 52 (2015).

114. Brian Sites, "Fair Use and the New Transformative", *Colum. J. L. & Arts* 39 (2015 – 2016).

115. Caroline L. McEneaney, "Transformative Use and Comment on the Original: Threats to Appropriation in Contemporary Visual Art", *Brook. L. Rev.* 78 (2013).

116. Paul Goldstein, "Copyright's Commons", *Colum. J. L. & Arts* 29 (2005).

117. Pamela Samuelson, "A Fresh Look at Tests for Nonliteral Copyright Infringement", *Nw. U. L. Rev.* 107 (2013).

118. Mark A. Lemley, "Our Bizarre System for Proving Copying Infringement", *Copyright Soc'y U. S. A.* 57 (2010).

119. Eric Rogers, "Substantially Unfair: An Empirical Examination of Copyright Substantial Similarity Analysis among the Federal Circuits", *Mich. St. L. Rev.* (2013).

120. Julie E. Cohen, "The Place of the User in Copyright Law", *Fordham L. Rev.*, 74 (2005).

121. R. Anthony Reese, "Transformativeness and the Derivative Work Right", *Columbia Journal of Law & the Arts*, 31 (2008).

122. Jeremy Kudon, "Form Over Function: Expanding the Transformative Use Test for Fair Use", *B. U. L. Rev.*, 80 (2000).

123. Daniel Gervais, "The Derivative Right, or Why Copyright Law Protects Foxes Better than Hedgehogs", *Vanderbilt J. of Ent. & Tech. Law* 15 (2013).

124. Christophe Geiger etc. , "Limitations and Exceptions as Key Elements of the Legal Framework for Copyright in the European Union-Opinion of the European Copyright Society on the Judgment of the CJEU in Case C‑201/13 Deckmyn", *International Review of Intellectual Property & Competition Law* 46 (2015).

125. John Cady, "Copyrighting Computer Programs: Distinguishing Expression from Ideas", *Temp. Envtl. L. & Tech. J.* 22 (2003).

126. Douglas Campbell Rennie, "This Book is a Movie: The 'Faithful Adaptation' as a Benchmark for Analyzing the Substantial Similarity of Works in Different Media", *Oregon Law Review* 93 (2014).

（三）案例类

127. Sheldon v. Metro-Goldwyn Pictures Corp. , 81 F. 2d 49 (2d Cir. 1936).

128. Novelty Textile Mills, Inc. v. Joan Fabrics Corp. , 558 F. 2d 1090 (2d Cir. 1977).

129. Idema v. Dreamworks, Inc. , 162 F. Supp. 2d 1129 (C. D. Cal. 2001).

130. Wild v. NBC Universal, Inc. , 788 F. Supp. 2d 1083 (C. D. Cal. 2011).

131. Infopaq International A/S v. Danske Dagblades Forening, Case C‑302/10, ECLI: EU: C: 2012: 16.

132. Johan Deckmyn etc. v. Helena Vandersteen etc. , Case C‑201/13, ECLI: EU: C: 2014: 2132.

133. BVerfGE, June 29, 2000, 2001 GRUR 149.

134. Bundesgerichtshof, April 29, 2010, Case I ZR 69/08.

135. Harper & Row, Publishers, Inc. v. National Enterprises, 471 U. S. 539 (1985).

136. Perfect 10 v. Google, 508 F. 3d 114 (9th Cir. 2007).

137. Authors Guild, Inc. v. Google Inc. , 804 F. 3d 202 (2d Cir. 2015).

138. Flosom v. Marsh, 9 F. Cas. 342 (C. C. D. Mass. 1841).

139. Stowe v. Thomas, 23 F. Cas. 207 (C. C. E. D. Pa. 1853).

140. D'Almaine v. Boosey, (1835) 160 Eng. Rep. 117 (K. B.) 123.

141. Stranhan v. Newbery, (1774) 98 Eng. Rep. 913.

142. Lawrence v. Dana, 15 F. Cas. 26 (C. C. D. Mass. 1869).

143. Simms v. Stanton, 75 F. 6 (C. C. N. D. Cal. 1896).

144. Nichols v. Universal Pictures Corp. , 45 F. 2d 119 (2d Cir. 1930)

145. H. C. Wainwright & Co. v. Wall Street Transcript Corp. , 418 F. Supp. 620 (S. D. N. Y. 1976).

146. Meeropol v. Nizer, 361 F. Supp. 1063 (S. D. N. Y. 1973).

147. Williams & Wilkins Co. v. U. S. , 487 F. 2d 1345 (Cl. Ct. 1973).

148. Wilkins v. Alkin, 17 Ves. (Ch.) 422 (1810).

149. Universal City Studios, Inc. v. Sony Corp. of America, 659 F. 2d 971 (9th Cir. 1981).

150. Sony Corp. of America v. Universal City Studios, Inc. , 464 U. S. 417 (1984).

151. Campbell v. Acuff-Rose Music, Inc. , 510 U. S. 569 (1994).

152. American Geographical Union v. Texaco, Inc. , 60 F. Supp. 1 (S. D. N. Y. 1992).

153. Nunez v. Caribbean Int'l News Corp. , 235 F. 3d 18 (1st Cir. 2000).

154. Bill Graham Archives v. Dorling Kindersley Ltd. , 448 F. 3d 605 (2d Cir. 2006).

155. Kelly v. Arriba Soft, 336 F. 3d 811 (9th Cir. 2003).

156. Perfect 10 v. Amazon. com, 508 F. 3d 1146 (9th Cir. 2007).

157. Carious v. Prince, 714 F. 3d 694 (2nd Cir. 2013).

158. ACI Adam BV and Others v. Stichting de Thuiskopie and Stichting Onder-handelingen Thuiskopie Vergoeding, Case C – 435/12, ECLI: EU: C: 2014: 254

159. Football Association Premier League/QC Leisure, Case C – 403/08 & C – 429/08, ECLI: EU: C: 2011: 631.

160. Leibovitz v. Paramount Pictures Corp. , 137 F. 3d 109 (2 d Cir. 1998).

161. Bourne Co. v. Twentieth Century Fox Film Corp. , 602 F. Supp. 2d 499 (S. D. N. Y. 2002).

162. Dr. Seuss Enters. , L. P. v. Penguin Books U. S. A. , Inc. , 924 F. Supp. 1559 (S. D. Cal. 1996).

163. Mattel, Inc. v. Walking Mountain Prods, 353 F. 3d 792 (9th Cir. 2003).

164. Walt Disney Prods. v. Air Pirates, 581 F. 2d 751 (9th Cir. 1978).

165. Salinger v. Colting, 607 F. 3d 68 (2d Cir. 2010).

166. Paramount Pictures Corp. v. Axanar Prods. , No. 2: 15 - CV - 09938 - RGK-E, 2017 WL 83506 (C. D. Cal. Jan. 3, 2017).

167. SunTrust Bank v. Houghton Mifflin, 268 F. 3d 1257 (11th Cir. 2001).

168. Blanch v. Koons, 467 F. 3d 244 (2d Cir. 2006).

169. Rogers v. Koons, 960 F. 2d 301 (2d Cir. 1992).

170. Fox News Network, LLC v. Tveyes, Inc. , 883 F. 3d 169 (2d Cir. 2018).

171. Blake A. Field v. Google, 412 F. Supp. 2d 1106 (D. Nev. 2006).

172. Fiest Publication, Inc. v. Rural Telephone Service Co. , Inc. , 499 U. S. 340 (1991).

173. Atari, Inc. v. North American Philips Consumer Elecs. Corp. , 672 F. 2d 607 (7th Cir. 1982).

174. Ideal Toy Corp. v. Fab-Lu Ltd. , 360 F. 2d 1021 (2d Cir. 1966).

175. Computer Associates International Inc. v. Altai Inc. , 982 F. 2d 693 (2d Cir. 1992).

176. CCH Canadian Ltd. v. Law Society of Upper Canada, 2004 SCC 13 (Can. Sup. Ct.).

177. BGH, March 11, 1993, 1994 GRUR 206, 1993 ZUM 534

178. BGH, March 20, 2003, 2003 GRUR 956.

179. Google LLC v. Oracle America, Inc. , 583 U. S. [No.] 18 - 956 (2021).

图书在版编目（CIP）数据

转换性使用著作权问题研究：传媒发展融合的视角／
李杨著. -- 北京：社会科学文献出版社，2023.12
　ISBN 978 - 7 - 5228 - 3071 - 1

Ⅰ.①转…　Ⅱ.①李…　Ⅲ.①著作权 - 研究 - 中国
Ⅳ.①D923.414

中国国家版本馆 CIP 数据核字（2023）第 248868 号

转换性使用著作权问题研究：传媒发展融合的视角

著　　者／李　杨

出 版 人／冀祥德
责任编辑／高　媛
责任印制／王京美

出　　版／社会科学文献出版社·政法传媒分社（010）59367126
　　　　　　地址：北京市北三环中路甲 29 号院华龙大厦　邮编：100029
　　　　　　网址：www. ssap. com. cn
发　　行／社会科学文献出版社（010）59367028
印　　装／三河市龙林印务有限公司

规　　格／开　本：787mm × 1092mm　1/16
　　　　　　印　张：16.75　字　数：264 千字
版　　次／2023 年 12 月第 1 版　2023 年 12 月第 1 次印刷
书　　号／ISBN 978 - 7 - 5228 - 3071 - 1
定　　价／98.00 元

读者服务电话：4008918866